C·H·Beck
PAPERBACK

von Jutta

Friederike Hausmann

Herrscherin im Paradies der Teufel

Maria Carolina,
Königin von Neapel

C.H.Beck

Mit 14 Abbildungen und 2 Karten (Peter Palm, Berlin)

Originalausgabe

© Verlag C.H.Beck, München 2014
Satz: Druckerei C.H.Beck, Nördlingen
Druck und Bindung: Pustet, Regensburg
Umschlagabbildung: Anton Raphael Mengs,
‹Maria Carolina von Österreich, Königin von Neapel›,
um 1768
Umschlagentwurf: Geviert/Grafik & Typografie,
Michaela Kneißl
Printed in Germany
ISBN 978 3 406 66695 7

www.beck.de

Inhalt

L'air du pays est admirable, la terre est extrêmement fertile, et tout y est abondant: ce qui fait dire aux Italiens que Naples est un paradis habité par des diables.

Grand dictionnaire historique, ou le mélange curieux de l'histoire sacrée et profane (1674)

Proverbium Italorum: Regnum Neapolitanorum paradisus est, sed a diabolis habitatus, ulterius explicatum.

Titel eines Vortrags des Moralphilosophen Johann Andreas Bühel, Universität Altdorf (1707)

Il est vrai que les habitants de ce Royaume sont grossiers, inconstants, fainéants et même dissimulés; mais ils sont généreux, bienfaisants et les meilleurs gens du monde lorsqu'on sait s'accommoder à leurs manières.

Le Grand dictionnaire géographique et critique (1737-1741)[1]

If Naples be a «paradise inhabited by devils» I am sure it is by merry devils.

Joseph Forsyth, Remarks on Antiquities, Arts and Letters in Italy (1802)[2]

Editorische Notiz:

Da es oft schwierig ist, die Namen der gekrönten Häupter Europas auseinanderzuhalten, wenn man alle eindeutscht, habe ich mich dafür entschieden, sie in der jeweiligen Landessprache wiederzugeben. Das ist auch nicht immer konsequent durchzuhalten, nicht zuletzt bei Maria Carolina selbst, die bis zu ihrer Hochzeit Marie Charlotte hieß. Bei ihren Söhnen, die fast alle auch Carlo und/oder Gennaro hießen, habe ich die Rufnamen gewählt.

Alla mia «isolana bella»

Vorwort

«Als Staat des 18. Jahrhunderts entstand das Königreich Beider Sizilien [...] 1734 in Form der Monarchie und endete 1799 als revolutionäre Republik. Nach einer Phase der Anarchie entwickelte sich unter der erneuten Herrschaft der Bourbonen eine Art mediterraner Despotie – eine katholische Variante asiatischer oder islamischer Gewaltherrschaften. Dieser Schicksalsweg – Monarchie, Republik, Anarchie, Tyrannei – könnte gut aus Montesquieus ‹Esprit des lois› stammen. Er war aber dramatische historische Realität.»[1]

Knapper und zugleich präziser als mit diesen Worten des neapolitanischen Historikers Girolamo Imbruglia kann man die ungeheure Bedeutung der zweiten Hälfte des 18. Jahrhunderts für die Geschichte des italienischen Südens und ganz Italiens bis weit ins 19. Jahrhundert hinein kaum beschreiben. Seit 1768 war Maria Carolina, eine Tochter der österreichischen Kaiserin Maria Theresia, Herrscherin über das Königreich Neapel-Sizilien oder, wie man auch sagte, Beider Sizilien. Sie verlor einen Teil ihres Reiches durch die Revolution und konnte danach nur noch für wenige Jahre in ihre Hauptstadt zurückkehren, obwohl sie formal bis zu ihrem Tod im Jahr 1814 Königin blieb. Maria Carolina war also ohne Zweifel eine der wichtigsten Persönlichkeiten dieser dramatischen Epoche und blieb bis weit ins 20. Jahrhundert hinein eine ihrer umstrittensten Gestalten.

Die italienischen Historiker und Schriftsteller der Zeit des Risorgimento in der ersten Hälfte des 19. Jahrhunderts unterwarfen Maria Carolina dem Klischee weiblicher Macht im Ancien Régime, einem Klischee, in dem sich Misogynie und revo-

lutionäres Pathos untrennbar miteinander verwoben. Gestützt auf Zeitgenossen wie Vincenzo Cuoco und Pietro
Colletta zeichneten sie die neapolitanische Königin wie ihre
Schwester Marie Antoinette in Frankreich als ein Muster-
beispiel für den Sittenverfall und die politische Korruptheit
jener Zeit und betrachteten sie überdies als die Hauptverant-
wortliche für die blutige Repression aller Patrioten in der Revolution von 1799. Zum Klischee der *femme fatale* des Ancien
Régime gesellte sich die Ablehnung der Habsburgerin als Vertreterin der «Fremdherrschaft», gegen die das Risorgimento
kämpfte. Im Grunde hat sich diese Einschätzung in der italienischen Geschichtswissenschaft im Wesentlichen gehalten.
Der einflussreichste italienische Historiker der ersten Hälfte
des 20. Jahrhunderts, Benedetto Croce, schrieb geradezu empört: «Ich kann nicht verstehen, wie eine Frau zu rechtfertigen
ist, der abgesehen von den sittlichen Verfehlungen ihres Pri-
vatlebens offensichtliche Lügen und die Verletzung feierlich
beschworener Verträge nachzuweisen sind.»[2] Diejenigen, gegen die sich Croces Empörung wandte, waren vor allem Historiker österreichischer, d. h. habsburgischer Provenienz, allen
voran der konservative Politiker und Historiker Joseph Alexander von Helfert. Dieser wollte die «vielverleumdete» Königin in den achtziger Jahren des 19. Jahrhunderts in mehreren
Monographien reinwaschen, um ihren «Edelmut» und ihre
«Selbstverleugnung» zu beweisen. Helferts Bücher und die
Biographie Maria Carolinas von Egon Caesar Conte Corti aus
dem Jahre 1950 besitzen das große Verdienst, auf umfangreichen Quellenstudien sowohl in Wien als auch in Neapel zu
basieren.[3] Wegen der dezidiert konservativen und habsburg-
freundlichen Grundhaltung dieser Autoren wurden sie in der
italienischen Geschichtsschreibung zwar zur Kenntnis, selten
aber wirklich ernst genommen. Allerdings ist in Italien bis
heute keine wissenschaftlich fundierte Biographie von Maria
Carolina erschienen, und ihr Bild blieb, um Schiller zu zitieren,

deshalb «von der Parteien Gunst und Hass verwirrt»[4]. Heute dagegen ist Maria Carolina so gut wie vergessen.

Das liegt nicht zuletzt daran, dass sich die Geschichtswissenschaft der zweiten Hälfte des vergangenen Jahrhunderts bewusst von einer Betrachtung der Geschichte als Werk großer Männer – und weniger großer Frauen – und auch von der Ereignisgeschichte als solcher abgewandt hatte, um sich unter verschiedensten Gesichtspunkten und Fragestellungen gesellschaftlichen und politischen Strukturen, langfristigen Entwicklungen und Prozessen zu widmen. Diese Forschungen haben in vielen Bereichen zu einer völligen Neubewertung geführt, auch für die letzte Phase des Ancien Régime. In Italien spricht man in diesem Zusammenhang durchaus im positiven Sinn von «historischem Revisionismus». Auf dieser Grundlage erwachte in den letzten Jahren ein neues Interesse für Biographien. Dabei rückten auch und vor allem Frauen ins Blickfeld, zumeist bis dahin unbekannte und rebellische, die ihrer Zeit weit voraus waren. Außer dass sie eine Frau war, treffen diese Kriterien auf Maria Carolina nicht zu. Als Königin und Tochter der «unsterblichen Maria Theresia», wie sie ihre Mutter nannte, war sie nicht nur eine Protagonistin, sondern auch ein typisches Geschöpf des Ancien Régime und blieb dessen Werten und Vorstellungen ihr Leben lang treu. Anders als ihre Mutter aber lebte Maria Carolina in einer Zeit, in der die Druckwellen der Französischen Revolution und der napoleonischen Herrschaft auch im fernen Süditalien das gesellschaftliche und politische Leben von Grund auf erschütterten. Je rasender sich die Zeitläufte änderten, desto verzweifelter klammerte sie sich an die überkommenen Werte. Dadurch machte sie sich einige der bedeutendsten Männer ihrer Zeit, nicht zuletzt Napoleon zum persönlichen Feind, andere wiederum wie Admiral Nelson zum Freund und Bewunderer. Anders als ihre Mutter war Maria Carolina dabei stets «nur» die Frau an der Seite des legitimen, des männ-

lichen Herrschers, Ferdinando IV. aus dem Hause Bourbon.
Dennoch zweifelte keiner der Zeitgenossen auch nur entfernt
daran, dass in Wirklichkeit sie es war, die die Entscheidungen
traf, während Ferdinando lediglich, und das häufig nur widerwillig, seine Unterschrift leistete oder einen vorformulierten
Text ablas. Dieses unklare und ständig schwankende Ausmaß
ihrer tatsächlichen politischen Macht stürzte Maria Carolina
in vielfältige Konflikte, die man nicht umstandslos dem «zutiefst perversen», ja «diabolischen» Charakter der Königin
zuschreiben kann, wie dies auch ansonsten ernst zu nehmende
Historiker getan haben.[5] Anders als ihre Mutter war Maria
Carolina zudem Königin in einem Reich, das nicht nur geographisch am Rande Europas lag. Der Süden Italiens blickte
auf eine großartige Vergangenheit im Mittelalter zurück, war
aber seit der frühen Neuzeit durch die jahrhundertelange
spanische Fremdherrschaft an einer eigenständigen Entwicklung gehindert worden. Alle Übel der schlechten alten Zeit
des Ancien Régime überlagerten einander auf mitunter bizarre Weise und bildeten auf allen gesellschaftlichen Ebenen
eine eigene, schwer durchschaubare Welt. Gleichzeitig aber
hatte seit dem beginnenden 18. Jahrhundert eine intellektuelle
Elite den Anschluss an die Ideen der europäischen Aufklärung
nicht nur gesucht, sondern längst gefunden und erfuhr von
ihren Zeitgenossen weit über die italienischen Grenzen hinaus
große Anerkennung. Dass und wie sich Maria Carolina diesen
fortschrittlichen Kräften zunächst zuwandte, sie dann aber
scharf verfolgte, bildet das eigentliche Drama ihres Lebens.

Besonders diese Aspekte haben mich an der neapolitanischen Königin gereizt und machen es lohnend, sich mit ihr
wieder oder ganz neu zu beschäftigen. Mein Ziel war es, Maria
Carolina in den Kontext der komplexen gesellschaftlichen
Bedingungen und Entwicklungen im Königreich Neapel zu
stellen, und dazu die neuesten Erkenntnisse der Geschichtswissenschaft heranzuziehen. Deshalb erschien es mir notwen-

dig, immer wieder den Blickwinkel zu erweitern und wie mit der Kamera in eine Totale zu gehen, in der die Hauptfigur in den Hintergrund tritt, bevor wieder auf sie zurückgezoomt wird. Auf diese Weise, so hoffe ich, kann ein neues ausgewogeneres und differenzierteres Porträt der Königin in ihrer Zeit entstehen. Im Übrigen halte ich mich an eine Maxime des englischen Schriftstellers und Übersetzers David Constantine, die mir, die ich selbst Übersetzerin bin, besonders gut gefällt: «Zur weiteren Rechtfertigung möchte ich sagen, dass eine Biographie einer Übersetzung ähnelt: Es gibt keine endgültige Version, immer wieder muss eine neue Fassung erarbeitet werden. […] und ich war sehr gespannt, was bei meiner Beschäftigung mit diesem Mitmenschen herauskommen würde.»[6]

Ankunft in der Fremde

Zwei Mal dritte Wahl

~ Am 12. Mai 1768 erreichte der Wagenzug der königlichen Braut bei Terracina die Grenze zu ihrer neuen Heimat, dem Königreich Neapel-Sizilien. Die achtundfünfzig von berittenen Garden begleiteten Wagen hatten sich mehr als vier Wochen lang von Wien aus über die holprigen Straßen Österreichs und Italiens gequält. Man hatte den mühsamen Landweg statt der Einschiffung von Triest aus gewählt, um die Bedeutung der Heirat zwischen der noch nicht ganz sechzehnjährigen Maria Carolina, Tochter der österreichischen Kaiserin Maria Theresia, und dem um eineinhalb Jahre älteren Ferdinando IV., einem Sohn des spanischen Königs Carlos III., zu unterstreichen.

Maria Carolina war seit frühester Jugend darauf vorbereitet worden, dass sie einmal eine politische Rolle spielen sollte. Sie hatte erlebt, wie ihre Brüder und Schwestern zum Teil gegen heftigen Widerstand mit Prinzen und Prinzessinnen der wichtigsten Höfe Europas verheiratet wurden. Sie konnte Latein, Französisch, Englisch und Italienisch, auch wenn alles, was sie sagte oder schrieb, mit wienerischen Brocken durchsetzt war. Außer in Musik, Tanz und Literatur hatte sie auch in Mathematik, Geographie, Philosophie, Geschichte und Recht Unterricht erhalten. Und doch war die Fünfzehnjährige letztlich unvorbereitet.

Die Heiratsanbahnung zwischen den Höfen in Wien und Neapel hatte sich seit 1759 hingezogen. Als Braut für den damals achtjährigen Ferdinando war die neunjährige Erzherzogin Maria Johanna auserwählt worden. Bevor irgendetwas Konkretes erreicht war, erkrankte Johanna an Pocken und starb 1762. An ihrer Stelle wurde unverzüglich die um ein Jahr jüngere Maria Josepha als künftige Königin auserkoren. Die eigentlichen Vorbereitungen für die lange Reise nach und durch Italien konnten endlich beginnen, als Ferdinando 1767 in Neapel mit sechzehn Jahren für volljährig erklärt wurde. Es sollte ein Triumphzug werden, der für ganz Europa sichtbare Beweis, welche Rolle das Haus Habsburg in Italien nach wie vor spielte und auch künftig zu spielen gedachte.

In Neapel fanden für Hof und Adel glanzvolle Musikdarbietungen in der Oper statt, fürs Volk lärmende Feste auf Straßen und Plätzen. Am Wiener Hof trafen aus allen Teilen Italiens Gedichte ein, in denen das Brautpaar und die Verbindung der beiden großen europäischen Dynastien gefeiert wurden, bis Maria Theresia schließlich verbreiten ließ, es sei nun genug. Wenige Tage vor der Abreise musste die Braut noch eine traurige Pflicht erfüllen, gegen die sich das junge Mädchen vergebens mit Händen und Füßen wehrte. Doch die Mutter zwang sie, mit ihr in die Kapuzinergruft hinunterzusteigen, in der die Mitglieder der Familie noch heute begraben liegen. Maria Theresia empfand seit dem Tod ihres Mannes immer öfter ein inneres Bedürfnis, vor wichtigen Entscheidungen in die Gruft hinabzusteigen, um an den Gräbern ihrer Ahnen zu beten. Zugleich jedoch verstand sie dieses Ritual auch überaus wirksam politisch zu inszenieren. Mit ihrem Gatten Franz Stephan von Lothringen zusammen hatte sie einen glanzvollen Erweiterungsbau der habsburgischen Grablege errichten lassen. Seit er 1765 gestorben war, lag Maria Theresias Mann in dem riesigen Doppelsarkophag, in dem auch für seine Witwe ein Platz vorgesehen war. Um dieses zentrale Monument standen an den Wänden bereits die kleinen Sarkophage von Erzherzogin Johanna und sechs weiteren Kindern Maria Theresias, von denen vier das erste Lebensjahr nicht erreicht hatten. Noch nicht in einem der aufwendig geschmückten Bronzesarkophage verschlossen, sondern in einem mit rotem Samt ausgeschlagenen Holzsarg aufgebahrt, lag die aus Bayern stammende zweite Gemahlin von Kaiser Joseph II., dem Sohn und Mitregenten Maria Theresias. Sie war am 28. Mai 1767, vier Monate bevor die junge Braut des neapolitanischen Königs in die Gruft hinuntersteigen musste, ebenfalls an den Pocken gestorben. Nachdem die kleine Erzherzogin widerstrebend vor ihren verstorbenen Verwandten niedergekniet war und gebetet hatte, zeigten sich auch bei ihr die Symptome der gefürchteten Krankheit, und am 15. Oktober, einen Tag vor der geplanten Abreise war sie tot.

Maria Theresia war bereit, eine weitere ihrer heiratsfähigen Töchter anzubieten. In seinem Kondolenzschreiben an die Kaiserin hatte der neapolitanische König zum Ausdruck gebracht, dass er «zum Trost» einen neuen Vorschlag erwarte. Man ließ ihm die Wahl zwischen der fünf Jahre älteren Maria Amalia und der eineinhalb Jahre jüngeren Maria Carolina. Die Wahl fiel auf Maria Carolina. Die Reisevorbereitungen wurden an dem Punkt wieder aufgenommen, an dem sie beim Tod Maria Josephas unterbrochen worden waren. In Neapel war man nun allerdings vorsichtig geworden. Die Feierlichkeiten sollten diesmal erst dann angesetzt werden, wenn die Braut auch tatsächlich eingetroffen war. Am 7. April des folgenden Jahres wurde Maria Carolina *per procuram* in Wien vermählt, die Rolle des künftigen Ehemanns übernahm bei der Zeremonie ihr jüngerer Bruder, der ebenfalls Ferdinand hieß. Maria Theresia gab ihrer Tochter in einem langen Schreiben ausführliche Ratschläge für ihre künftige Rolle mit. Sie waren allerdings weder dem Charakter ihrer Tochter angemessen noch bereiteten sie diese auf das vor, was sie tatsächlich vorfinden sollte. Maria Carolina besaß nicht die Sanftmut und leichte Lenkbarkeit ihrer älteren Schwestern, sondern war, wie Maria Theresia ihr streng vorhielt, lebhaft, impulsiv und aufsässig. Ein Jahr vor ihrem Aufbruch in den Süden war ihr deshalb jeder Umgang mit ihrer um drei Jahre jüngeren Lieblingsschwester, der künftigen französischen Königin Marie Antoinette, verboten worden, weil sie mit dieser immer herumkicherte, tuschelte und Geheimnisse vor ihren Erzieherinnen hatte. Strenge Vorhaltungen machte ihr die Mutter auch, weil sie ihre Gebete «sehr nachlässig, ohne Ehrfurcht und Aufmerksamkeit und schon gar nicht mit Inbrunst» gesprochen hatte[1]. Die Gottesfurcht und das regelmäßige Gebet standen überhaupt im Mittelpunkt der Instruktionen, die Maria Theresia ihrer Tochter für ihre künftige Rolle als «Ehefrau und Herrscherin» mitgab: «Da der große Gott Euch zum Herrschen bestimmt hat, müsst Ihr Vorbild sein, vor allem in diesen schlimmen Zeiten, in denen unsere heilige Religion so wenig praktiziert und geliebt wird.»[2] Maria Theresia empfahl ihrer Tochter dringend, täglich die Messe zu besuchen und zu beichten, warnte sie aber davor, den Beichtvater, der ihr nach Neapel folgen sollte, in «irgendeine Angelegenheit» einzuweihen, die nicht ihr Seelenheil beträfe. Stattdessen sollte sie sich an erbauliche Lektüre halten und wenn möglich auch ihren künftigen Ehemann dazu anhalten. Für die Ehe gab Maria Theresia Ratschläge, wie sie ihre Tochter auch aus jedem dieser erbaulichen Bücher hätte entnehmen können: «Ihr müsst Euch stets um das Vertrauen Eures Ehemanns bemühen, und das ist Eure einzige Aufgabe. Dieses Vertrauen gewinnt man durch Liebenswürdigkeit ohne Übertreibung und ohne sich aufzudrängen. Ihr wisst, dass Frauen ihren Männern untertan sind, ihrem Willen und auch ihren Launen, sofern diese unschuldig sind. Für diese Regel gibt es keine Ausnahme, und in diesem Punkt finden Frauen keine Gnade.» Etwas persönlicher, aber ebenso zurückhaltend war Maria Theresia hinsichtlich der Rolle ihrer Tochter als Herrscherin. Sie warnte dringend davor, sich in die Geschäfte mehr einzumischen als es der König wünsche, und verwies dabei auf die Last, die für sie selbst

ihr Amt als regierende Erzherzogin bedeutete. Da aber Maria
Carolina anders als ihre Mutter bloß Ehefrau an der Seite des
rechtmäßigen Königs werden sollte, empfahl sie ihr, sich so
wenig wie möglich um die Staatsgeschäfte zu kümmern. Das
versuchte die Kaiserin ihrer Tochter mit Nachdruck klarzuma-
chen: «Da es nicht Eure Aufgabe ist zu regieren und nicht auf
Euch ankommt, lasst andere sich darum kümmern, die darüber
Rechenschaft ablegen müssen, ohne Euch damit zu belasten.
Widmet Euch stattdessen ganz und gar Eurem Ehemann.»[3]
Auf die besondere Situation, die Maria Carolina in Neapel
antreffen würde, ging ihre Mutter nur sehr vage und allgemein ein. Sie riet, vor allem anfangs, solange ihre Tochter noch
niemanden kannte, in jeder Hinsicht vorsichtig zu sein: «Ver-
bindlichkeiten, Protektion, Vertraulichkeiten und Eifersüch-
teleien spielen in Italien eine größere Rolle als hier. Nur durch
eine feste, aufrichtige und geradlinige Haltung, verbunden mit
Großzügigkeit, soweit Eure Finanzen es erlauben, werdet Ihr
Eure Umgebung für Euch gewinnen, bei Eurem Hof Anerkennung finden und das Wohl Eures Volkes fördern. Nehmt Euch
an Eurem Bruder Leopold [Großherzog von Toskana] und
seiner Frau ein Beispiel.»

Dass derartige wohlmeinende und wohlfeile Ratschläge
ihrer Tochter bei der Bewältigung ihrer zukünftigen Aufgaben
wenig nützen würden, wusste Maria Theresia vermutlich nur
allzu gut. «In großer Sorge» hatte sie sich – unter dem Siegel
der Verschwiegenheit – gegenüber der Erzieherin Gräfin
Lerchenfeld schon für Maria Josepha geäußert und ein Bild des
Königs von Neapel gezeichnet, das erbarmungsloser und ab-
stoßender nicht hätte sein können: «Sie wird auf einen jungen
Bräutigam treffen, der nichts über sich kennt, dem seit seiner
frühesten Jugend keine Grenzen gesetzt worden sind, der sich
bis jetzt keiner Sache gewidmet hat, der nur von Schmeichlern
umgeben ist und von Italienern, und das ist noch gefährlicher.
Ich arbeite unter der Hand am Hofe Spaniens, um die Erlaubnis

zu bekommen, eine oder zwei Personen meiner Tochter mitzugeben, aber ich zweifle, dass es mir gelingt, geeignete Personen zu finden, die ihr raten können. Sie werden von allen Seiten angegriffen werden. Der junge König interessiert sich für nichts außer für die Jagd und für die Opera buffa. Er ist überaus kindisch, versteht nichts, spricht nur das schlechte Italienisch des Landes und das auch nur sehr ungefähr; er hört nicht zu und hat sich oft genug als schlimm und grob gezeigt. Er ist daran gewöhnt, dass alles nach seinem Willen geschieht, niemand kann oder will ihn erziehen: Das ist das Unglück des Prinzen.»[4] Bei Josepha hatte die Mutter auf deren Fügsamkeit und Sanftmut rechnen können, doch von Maria Carolina wusste sie, dass diese ihr «von all meinen Töchtern am meisten ähnlich ist»[5] und kaum geneigt war, sich nach dem Willen eines anderen zu richten. Trotzdem war die Mutter bereit, ihre Tochter auf dem Altar der Politik zu «opfern», wie sie selbst es formulierte.[6]

Auf ihrem Weg nach Neapel hatte Maria Carolina wenig Zeit, sich ihre Zukunft auszumalen, denn sie war vollauf mit festlichen Empfängen durch ihre Verwandten in Italien beschäftigt. Von Tirol über Venedig kam sie nämlich im Herzogtum Mantua wieder auf habsburgisches Gebiet und musste dann ein erstes Mal Gebiete des Kirchenstaats durchqueren, wo ihr Bruder Leopold, der Großherzog von Toskana, sie in Bologna erwartete. Er hatte den Auftrag, zusammen mit seiner Frau Maria Luisa, einer Schwester des Königs von Neapel, die Braut bis nach Neapel zu begleiten und sie in die neue Umgebung einzuführen. In Florenz, wo der Hochzeitszug für einige Tage Halt machte, wurde Maria Carolina mit Banketten und Bällen in den Palästen ihres Bruders und der adeligen Familien und mit Theateraufführungen und Ausfahrten geehrt. Die Straßen waren mit Girlanden und Draperien geschmückt und nachts mit Fackeln hell erleuchtet. Das Volk drängte sich überall, wo die Kutschen der neapolitanischen Königin vorbeifuhren, und begeisterte sich an den Feuerwerken, die am Ufer des Arno und hoch über der Stadt, am Forte Belvedere, entzündet wurden. Maria Carolina schrieb nach Wien: «Ich finde, dass es eine hübsche Stadt ist… aber ich bleibe meinem lieben Wien immer treu; die Dinge hier sind wohl schöner, aber sie haben für mich nicht diesen Charme und diese weiche Zartheit wie jene von Wien.»[7]

Nach den festlichen Tagen in Florenz machte sich die habsburgische Karawane wieder auf den Weg. Aus den sanften Hügeln der Toskana mit ihren zahlreichen Villen und Kastellen, ihren Zypressenalleen und Weinbergen, ging es in die monotone Landschaft des Kirchenstaates, wo sich entlang der staubigen Straßen magere Weiden und dichte Macchia ausdehnten. Nur ängstliche, aufgescheuchte Schafherden belebten die endlose, sonnendurchglühte Einsamkeit. Der Aufenthalt in Rom war nur kurz. Bis zum Schluss war nicht einmal sicher gewesen, ob Maria Carolina die Hauptstadt der Christenheit überhaupt werde betreten dürfen. Die Reisevorbereitungen waren vor allem deshalb so langwierig und kompliziert gewesen, weil sich die Verhandlungen über die Art der Durchreise durch den Kirchenstaat als äußerst schwierig erwiesen hatten. Dabei lernte Maria Carolina erstmals etwas darüber, mit welchen uralten Bindungen ihr neues Reich zu kämpfen hatte. Seit Papst Urban IV. Mitte des 13. Jahrhunderts dem französischen Haus Anjou zum Thron des süditalienischen Königreichs verholfen hatte, betrachteten die Stellvertreter Petri Neapel als ihr «Lehen». Nicht zuletzt deshalb sagten Spötter, das Königreich Beider Sizilien sei eingezwängt «zwischen Salz- und Weihwasser». Die neuen Könige des 18. Jahrhunderts aus der spanischen Linie der Bourbonen hatten die Abhängigkeit vom Kirchenstaat zwar nicht formal aufzukündigen gewagt, dazu war das politische Gleichgewicht zu fragil, aber politische Entscheidungen getroffen, die dem Heiligen Stuhl missfielen. Wegen dieser schwerwiegenden diplomatischen Verstimmungen hatte man sogar erwogen, ganz auf einen Besuch Maria

Carolinas in der Hauptstadt des Kirchenstaates zu verzichten. Schließlich wurde jedoch insofern ein Kompromiss erreicht, als Maria Carolina Rom und die Peterskirche besuchen durfte, aber vom Papst nicht empfangen wurde.

Südlich von Rom wurde die Landschaft immer trostloser und die Straße immer schlechter. Die Verbindung zwischen dem Kirchenstaat und dem Königreich Neapel bestand eigentlich nur aus holprigen Feldwegen, obwohl man sie für den Empfang der Königin in allerletzter Minute mit großem Aufwand notdürftig hergerichtet hatte. Auch die bäuerlichen Elendsgestalten waren aus der Gegend verbannt worden. Die Qualität der Straßen hatte sich freilich nicht sehr gebessert. Dennoch näherte sich der Zug unaufhaltsam der Grenze und dem Tag, an dem die meisten österreichischen Begleiter umkehren und Maria Carolina in ihrem neuen Königreich zurücklassen würden. Diesen Abschied von den Hofdamen, von den schmucken Garden und vielen Zofen hatte die Schwägerin sorgfältig von der Begegnung mit dem Ehemann und König von Neapel getrennt. Nur ein «Kammermensch», eine Köchin und eine Hofdame durften oder mussten für immer bei Maria Carolina in Neapel bleiben. Von nun war die junge Frau von unzähligen unbekannten Gesichtern umgeben und musste sich ohne die Hilfe der gewohnten dienstbaren Geister in ihrer neuen Umgebung zurechtfinden. Ferdinando wartete einige Kilometer hinter der Grenze in Portello auf seine Braut, wo eigens ein Pavillon errichtet worden war. Anders als Maria Carolina hatte Ferdinando seine Heimat nie verlassen und anders als sie war er bereits seit geraumer Zeit Herrscher im eigenen Land. Doch auch er kannte den Schmerz des unwiderruflichen Abschieds und auch er war unvorbereitet.

Am Nachmittag des 6. Oktober 1759, als er noch nicht einmal neun Jahre alt war, hatte Ferdinando von der Mole unterhalb des Palazzo Reale aus zugesehen, wie seine Eltern und Ge-

schwister sich nach Spanien einschifften – für immer. Die Kanonen des über der Stadt gelegenen Castel Sant' Elmo und die
des Castel dell'Ovo unten im Meer schossen Salut, auch von
den flachen Dächern der hohen Häuser vom Hafen bis hinauf
zu den Hügeln wurden unzählige Gewehrsalven abgeschos-
sen. Die Glocken der sechshundert Kirchen und Klöster der
Stadt läuteten, und die Menschen am Ufer und auf den Balkonen sangen und suchten sich mit ihren Segenswünschen zu
überbieten. Inmitten dieses Tumults steuerte das Ruderboot
mit der königlichen Familie auf die auf Reede liegenden festlich geflaggten Segelschiffe zu; an Bord der scheidende König
Carlos, seine aus Sachsen stammende Gemahlin Maria Amalia
und sechs der acht Kinder. Zurück blieben Ferdinando und
sein ältester Bruder Filippo. Je weiter das Boot unter den
gleichmäßigen Ruderschlägen der Matrosen in Galauniform
hinausglitt, desto großartiger öffnete sich der Blick zurück
auf die Weite des Golfs von Capo Miseno im Norden bis zur
Punta delle Campanelle im Süden. Bald erschienen die Häuser
an den Hängen des Posilippo, des Pizzofalcone, Vomero und
von Capodimonte nur noch als weiß-graue Masse, umgeben
und durchsetzt von dunklem Grün und bewacht oder bedroht
vom Doppelgipfel des Vesuv mit seiner Rauchfahne.

Carlos kehrte nur widerwillig in seine Heimat Spanien zu-
rück, in die Düsternis und Strenge des Hofes, die bei seinem
Vater Felipe V. und auch bei dessen Nachfolger, Carlos' Halb-
bruder Fernando, die angeborene Schwermut allmählich in
Wahnsinn verwandelt hatte. Fernando war mit nur sechsund-
vierzig Jahren ohne Erben gestorben, und Carlos musste den
Gesetzen der Dynastie gehorchend als Carlos III. dessen
Nachfolge auf dem Thron Spaniens antreten. Auch Carlos'
eigener ersehnter Thronerbe, der nach fünf Mädchen auf die
Welt gekommen war, zeigte von Anfang an die gefürchteten
Symptome psychischer Störung. Als die Nachricht vom Tode
des spanischen Königs in Neapel eintraf, wurde dieses Famili-

endrama ein doppeltes Drama des Staates, denn es ging um die Frage, wer als möglicher Erbe mit nach Spanien reisen und wer als Carlos' Nachfolger in Neapel bleiben sollte. Carlos ernannte ein Gremium aus hohen Würdenträgern, Rechtsgelehrten und sechs Ärzten, um «den Zustand des Schwachsinns zu bestätigen, in dem sich der erstgeborene Sohn der königlichen Familie befindet». Nach zwei Wochen der Beobachtung des Prinzen kamen die Beauftragten zu dem Ergebnis, Filippo sei «unfähig zu eigenem Wollen und eigener Entscheidung». Daher wurde der zweitgeborene Carlos zum Prinzen von Asturien und künftigen Erben des spanischen Thrones erklärt, der drittgeborene Ferdinando zum König von Neapel. Bei seiner Abdankung setzte der König für den unmündigen Ferdinando einen Regentschaftsrat ein, denn er wollte «nicht die Vormundschaft übernehmen über einen Sohn, der in Italien über ein unabhängiges Reich herrschen wird, wie ich über Spanien herrsche».[8] Ganz entgegen derartigen Beteuerungen hatte Carlos jedoch durch die Art der Erziehung und die Auswahl des Regentschaftsrats von vornherein alles dafür getan, dass Ferdinando nie wirklich mündig und das Königreich Neapel nie wirklich selbständig sein würde. Um die Erziehungsgrundsätze am neapolitanischen Hofe zu charakterisieren, zitierte der leitende Minister, der dem Regentschaftsrat vorstand, ein Wort des antiken Satirendichters Lukian, der gesagt hatte, es gebe Menschen, die seien von Natur aus so dumm, dass die Götter sie zu Herrschern gemacht hätten, denn sonst müssten sie verhungern. Doch Ferdinando war keineswegs von Natur aus dumm oder gar schwachsinnig wie sein ältester Bruder, sondern ein waches, lebhaftes Kind. Aber man tat alles, um seine natürlichen Anlagen verkümmern zu lassen.

Ferdinandos Erzieher trug zwar den Titel Fürst von San Nicandro, war indes selbst nicht mehr als ein Plebejer, der außer in seinem Äußeren kaum von einem Stallknecht zu un-

terscheiden war. San Nicandro vertrat die unter neapolitanischen Adeligen weit verbreitete Ansicht, körperliche Ertüch-
tigung sei für die Bildung eines Edelmanns vollkommen ausreichend. Ferdinando hatte zwar ein wenig Unterricht in
Latein, Französisch und auch in Deutsch erhalten, doch wie
der Botschafter des Königreichs Sardinien berichtete, profi-
tierte «Seine Majestät herzlich wenig von den Lektionen, denn
er spricht nur den neapolitanischen Dialekt.»[9] San Nicandro
verstand seinen Erziehungsauftrag so, dass er die ohnehin vor-
handene Neigung des jungen Ferdinando zu wilden und grausamen Spielen in eine für die adelige Umgebung akzeptable
Richtung lenkte: Der Zögling lernte vor allem reiten, jagen
und fischen. Bald konnte er Wild eigenhändig ausweiden, in
unwegsamstem Gelände reiten und Wildenten mit einem
Schuss herunterholen. Am meisten aber gefiel es ihm, sich bei
Hetzjagden unter die Treiber zu mischen. Die wilde Schläch-
terei, die Ferdinando als Jagd empfand, beschrieb der englische
Botschafter so: «Seine Majestät ist wirklich unermüdlich. Wir
sind hier [in Persano] seit acht Tagen, und jeder Tag ist vollkommen und ausschließlich der Jagd in verschiedenen Teilen
des Waldes gewidmet … Mehr als tausend Hirsche, ungefähr
hundert Wildschweine, drei Wölfe und unzählige Füchse sind
schon erlegt worden, und es werden noch mehr als doppelt so
viele werden … Trotz der großen Ehre, teilnehmen zu dürfen,
kann ich diese Verschwendung und dieses Massaker, das nichts
mit Sport zu tun hat, nicht mehr mit ansehen.»[10]

Ferdinandos Heranbildung zu einem «plebejischen Aristokraten»[11] war paradoxerweise besonders durch die aus Spanien importierte Hofetikette gefördert worden. Die spanischen
Prinzen und Prinzessinnen erhielten als ständigen Begleiter
ihrer Kindheit einen etwa gleichaltrigen Gefährten nichtade-
liger Herkunft, der oder die die Aufgabe hatte, die Strafen auf
sich zu nehmen, die eigentlich den Kindern königlichen Ge-
blüts gegolten hätten. Man gab ihnen zwar den Titel *menino*

Ferdinando IV.
(1751–1825)
um 1770, etwa zwei
Jahre nach seiner
Hochzeit mit Maria
Carolina. (F. Liani)

[Edelknabe] / *menina* [Edelfräulein], wählte aber bewusst grobe und hässliche Kinder aus, die später oft die Rolle der Hofnarren übernahmen. Diese königliche Pädagogik verfolgte den doppelten Zweck, den Prinzen in dem Bewusstsein zu stärken, dass seine Person heilig und unantastbar sei, und ihm gleichzeitig zu vermitteln, wie etwaiges Fehlverhalten dennoch zu ahnden sei, nämlich durch Bestrafung der Untertanen. Ferdinandos *menino* hieß Gennaro Rivelli und war ein besonders hässliches und besonders wildes Kind, das Ferdinandos Amme aus einem kleinen Nest in Lukanien mit an den Hof gebracht hatte. Gennaro blieb Ferdinandos engster Vertrauter auch dann, als dieser nach der Abdankung seines Vaters das mit Brillanten besetzte Schwert der Bourbonen überreicht bekam, um damit «den Glauben, sich selbst und seine Untertanen zu verteidigen».[12] Gennaro stand hinter Ferdinando, als die königliche Familie Neapel verließ, und er begleitete den neuen König unmittelbar danach auf die Jagd, wo die beiden Kinder hinter den Hunden herrannten und lauter als alle Treiber krakeelten. Gennaro war mit von der Partie, als Ferdinando nach dem plötzlichen Tod seiner zweiten österreichischen Verlobten Maria Josepha einen tobenden Leichenzug durch den Palazzo Reale inszenierte, ein skandalöses Ereignis, das als Gerücht mit weiteren Anekdoten verbrämt bis an den Wiener Hof gelangte. Der *menino* war auch zur Stelle, als Ferdinando auf sein Jagdvergnügen verzichten und an die Grenze seines Reiches aufbrechen musste, um seine junge Braut zu empfangen.

Das erste Zusammentreffen zwischen den Eheleuten fand unter Ausschluss der Öffentlichkeit statt. Nur das toskanische Großherzogspaar und ein Kardinal waren zugegen, als Maria Carolina in dem Pavillon in Portello ihren vorschriftsmäßigen Kniefall und Handkuss absolvierte, und Ferdinando sie ebenso vorschriftsmäßig aber linkisch daran hinderte. Beide hatten bereits eine ungefähre Vorstellung vom Aussehen des anderen, weil sie Porträtdarstellungen auf Medaillons als Geschenke erhalten hatten. Doch beide wussten sehr wohl, dass diese Bildnisse alles andere als naturgetreu waren. «Der König ist sehr hässlich von Angesicht», schrieb Maria Carolina an ihre frühere Erzieherin Gräfin Lerchenfeld.[13] Bei Ferdinando war die lange Nase der Bourbonen so ausgeprägt, dass er den Spitznamen *re nasone* [König Langnase] trug; er war schlaksig, hielt sich schlecht, drehte beim Laufen die Knie nach innen und war entgegen jeglicher Etikette stets sonnverbrannt, weil er bei der Jagd selten einen Hut und nie Handschuhe trug. Deshalb waren vor allem seine Hände immer rissig und die Fingernägel schmutzig. Ferdinando verlor nie ein Wort über das Äußere seiner Frau. Er nahm es gleichgültig hin wie alles, was ihn von seiner geliebten Jagd abhielt, aber für einen König nicht zu vermeiden war. Maria Carolina war nicht so hübsch wie ihre jüngere Schwester Marie Antoinette, aber ihr Aussehen entsprach doch dem Geschmack der Zeit. Eine englische Reisende beschrieb die jugendliche Königin: «Ihre Majestät ist eine schöne Frau. Sie besitzt den feinsten und durchscheinendsten Teint, den ich je gesehen habe. Ihre Haare sind von wunderbar leuchtend hellem Kastanienbraun ohne jeden Rotstich, die Augen groß und strahlend dunkelblau, die Brauen schön geformt und dunkler als die Haare. Sie hat eine ziemliche Adlernase, einen kleinen Mund, sehr rote Lippen (aber nicht die wulstigen Lippen der Habsburger), sehr schöne weiße, gleichmäßige Zähne, und wenn sie lächelt, bilden sich Grübchen auf ihren Wangen. Ihre Figur ist perfekt, sie ist genügend rundlich, um nicht mager zu wirken, ihr Hals ist lang und schlank, ihre Bewegungen fließend. Ihr Auftreten ist majestätisch und zugleich graziös in Haltung und Positur.»[14] Maria Carolinas ganzer Stolz waren zeitlebens ihre weißen, wohl geformten Arme und Hände, und damit beeindruckte sie auch ihren Ehemann immer wieder. Der Gehorsam gegenüber ihren Pflichten als gottesfürchtige Tochter des Hauses Habsburg und die Vitalität ihrer kaum sechzehn Jahre gaben Maria Carolina die Kraft, den Schock und die Peinlichkeit des ersten Zusammentreffens mit ihrem rustikalen Ehemann zu überwinden und ihre neue Rolle anzunehmen. Vor allem war sie sich der politischen Bedeutung ihrer Heirat bewusst.

Die schönste Krone Italiens

Auch wenn man Maria Carolina vieles von dem, was man in Wien über den König von Neapel bereits wusste, verschwiegen hatte, so wusste sie doch über die Bedeutung des süditalienischen Königreichs sehr wohl Bescheid. Die Verbindung zwischen der Habsburgerin und dem Bourbonen war nach den

Worten Maria Theresias «das sicherste, wenn nicht das einzige Mittel, um den Frieden in Italien zu erhalten».[15] Dieser Frieden war in ihren Augen auch das Opfer dreier Töchter wert.

Noch fünfzig Jahre später, auf dem Wiener Kongress, erklärte der österreichische Kanzler Fürst Metternich herablassend, Italien sei für ihn nichts als ein «geographischer Begriff». Damit brachte er zweierlei zum Ausdruck: Italien war zwar geographisch eindeutig definiert als das Land zwischen Alpenkamm und Mittelmeer, politisch aber seit dem Untergang des Römischen Reiches nie mehr eine Einheit gewesen. Diese Zerrissenheit hatten die europäischen Mächte jahrhundertelang zum Anlass genommen, sich in die inneren Angelegenheiten der italienischen Staaten einzumischen und die besten Stücke des Kuchens selbst zu verspeisen. Seit der Mitte des 16. Jahrhunderts hatten die spanischen Habsburger mit dem Herzogtum Mailand und dem Vizekönigreich Neapel-Sizilien die Hegemonie über die Apennin-Halbinsel besessen. Erst seit Europa am Ende des 17. Jahrhunderts auf den Tod des letzten spanischen Habsburgers, des infantilen Krüppels Carlos II., wartete, wurde Italien wieder zum Spielball der europäischen Mächte. In mehreren europäischen Kriegen, deren Hauptschauplatz weit ab von Italien lag (Spanischer, Polnischer und Österreichischer Erbfolgekrieg), wurde in Italien schließlich unter englischer Vermittlung ein Ausgleich zwischen habsburgischem Einfluss im Norden und dem spanisch-bourbonischen Einfluss im Süden geschaffen. Dieses prekäre Gleichgewicht wurde im Frieden von Aachen (1748) bestätigt und sollte Italien eine jahrzehntelange Friedenszeit sichern. Mailand fiel direkt an das Haus Habsburg, die Toskana an Franz von Lothringen, der bereits seit 1736 mit Maria Theresia verheiratet war. Neben ein paar kleineren Pufferstaaten blieben im Norden das Königreich Piemont-Sardinien und die Republik Venedig weiter erhalten. Das Königreich Neapel-

Sizilien wurde unter dem Bourbonen Carlos als spanische Sekondogenitur selbständig. Zwischen dem habsburgischen Norden und dem bourbonischen Süden dehnte sich wie eine Barriere von der Romagna bis zur römischen Campagna der Kirchenstaat aus.

Als Maria Carolinas Schwiegervater achtzehnjährig im Jahr 1734 nach Italien aufgebrochen war, hatte ihm seine ehrgeizige Mutter Elisabetta Farnese den Auftrag mitgegeben, Neapel und damit die «schönste Krone Italiens» zu erobern. Das Land, in dem Carlos nun diese Krone trug, war durch die fast zweihundertjährige spanische Herrschaft und die Kriege der ersten Hälfte des Jahrhunderts – in deren Verlauf Neapel-Sizilien von 1707 bis 1734 österreichisch war – gründlich ruiniert. Der neue König trat als Carlos VII. von Neapel und Carlos V. von Sizilien (Titel, die er allerdings nie offiziell führte) ein schwieriges Erbe an.

Sein neues Reich bestand aus zwei sehr unterschiedlichen Hälften: dem eigentlichen Königreich Neapel, das von «Weihwasser und Salzwasser» eingerahmt vom Kirchenstaat bis zur Stiefelspitze der Apennin-Halbinsel reichte, und dem Vizekönigreich Sizilien. Beide Teile besaßen ganz eigene historische Traditionen, weshalb das Königreich Neapel-Sizilien manchmal auch den seltsamen Namen «Königreich Beider Sizilien» trug, der später zu seinem offiziellen Titel wurde. Obwohl die Ausdehnung des Reiches alle anderen italienischen Staaten übertraf, war der Süden wesentlich dünner besiedelt als Mittel- und Norditalien. Ende des 18. Jahrhunderts zählte der Staat ungefähr drei Millionen Einwohner (davon ca. eine Million in Sizilien), von denen allein in Neapel, einzigartig in Italien und nur vergleichbar mit den Hauptstädten in Frankreich und England, über 400 000 Menschen lebten, unter ihnen einige Tausend Ausländer und fast 20 000 Bewohner von Klöstern und ähnlichen Einrichtungen.

Der Mythos des von der Natur gesegneten Südens, der von
Vergil besungenen *magna parens frugum* (große Mutter der
Früchte)[16], geisterte zwar noch in den Köpfen der Reisenden
herum, hatte aber mit der Wirklichkeit nicht mehr viel zu tun,
zumindest hatte ein Großteil der Menschen wenig von der
natürlichen Fruchtbarkeit der Erde. An diesem Zustand trug
die zweihundertjährige spanische Herrschaft die wesentliche
Schuld. Spanien hatte das Land durch eine spezielle Form des
Nichtregierens regiert, denn sie hatte das flache Land den
adeligen Großgrundbesitzern, die man Barone nannte, und
dem Klerus überlassen, die auf ihrem jeweiligen Territorium
wie Landesfürsten Gerichtsbarkeit und Polizeigewalt selbständig ausübten und immer weiter gehende Rechte und Flä-
chen an sich rissen. Von den 1999 Gemeinden des Festlandes
unterstanden nur 59 der direkten Herrschaft Spaniens. Am
Ende der spanischen Zeit gab es 176 Fürsten, 313 Herzöge,
339 Marchesen und 78 Grafen, die zum Teil über ganze
Landstriche herrschten. Dabei stützten sie sich auf Rechtstitel, die bis in die Zeit der normannischen oder gar der staufi-
schen Herrschaft zurückgingen. Während in den Staaten
nördlich der Alpen der Absolutismus das Feudalwesen in allen
Bereichen zurückdrängte, ließ die spanische Herrschaft Adel
und Kirche außerordentliche Freiheiten. Anfang des 18. Jahrhunderts lebten die allermeisten Barone jedoch längst nicht
mehr auf dem Land, sondern in der Hauptstadt, verprassten
dort ihr Vermögen und überließen den Grundbesitz Pächtern,
die nichts anderes im Sinn hatten, als aus den Bauern das
Letzte herauszupressen. Außerdem gab es etwas mehr als
100 000 Geistliche, die über ein Drittel aller Einkünfte aus
Grundbesitz verfügten. Allerdings hatte die spanische Krone
dem einheimischen Adel auch jede politische Funktion entzogen. Weder im Heer noch in Regierung und Verwaltung
konnte sich der Adel entfalten. Die Kontrollorgane, die die
spanischen Vizekönige eingeführt hatten, um die Habgier der

Grundbesitzer zu steuern und ihre eigenen Einkünfte zu sichern, waren die über das ganze Land verteilten Gerichte. Deren Personal, die *togati*, Juristen aus niedrigem Adel, lagen im Dauerstreit mit den Baronen und versuchten ihre Existenzberechtigung durch endlose kostspielige Rechtsstreitigkeiten unter Beweis zu stellen. Die schiere Menge der Gesetze aus unterschiedlichen Epochen und Rechtssystemen führte unausweichlich dazu, dass nahezu alle Entscheidungen willkürlich und angreifbar waren. Dies führte bei den staatlichen Gerichten zu einem ungeheuren Kompetenzwirrwarr und einer Vielzahl unterschiedlicher Sondergerichte. Die wichtigsten Gerichte waren in Neapel konzentriert, und in der Mitte des 18. Jahrhunderts gab es allein dort mehr als 26 000 Anwälte, Richter, Notare und sogenannte Subalterne. Die bäuerlichen Massen auf dem Land hatten so gut wie keine Rechte, sie galten als «verfluchte Rasse». Erst gegen Mitte des 18. Jahrhunderts gab es Stimmen, die davor warnten, dass sich hier eine enorme Gefahr zusammenbraue. Wie ein zeitgenössischer Bericht es formulierte: «Weil das Volk sich nicht ausreichend ernähren kann und die Provinzen sich in einem solchen Zustand der Depression, der Erniedrigung und des Niedergangs befinden, ähneln die Menschen auf dem Land mehr den Wilden Amerikas oder Afrikas als den Einwohnern Italiens und bieten einen wahrhaft trostlosen Anblick. Daran kann niemand zweifeln, der sich je auch nur wenige Meilen von Neapel entfernt hat.»[17]

In dieser Wüstenei war Neapel eine exotische Blüte, die dem Land alle Lebenskraft aussog.[18] Neapel war Herz und Gehirn des Staates zugleich: Regierungssitz, Residenz des Adels, Zentrum von Handel und Gewerbe, wobei nur ein Sechstel der nichtadeligen und nichtgeistlichen Bevölkerung von ihrer Hände Arbeit lebte. Der Rest schlug sich mit Gelegenheitsarbeiten rund um den Adel und die verschwindend kleine bürgerliche Schicht durch. Zeitgenossen nannten die Stadt in ei-

Carlos III. (1716–1788), Maria Carolinas Schwiegervater, war von 1735 bis 1759 König von Neapel-Sizilien. (A. R. Mengs)

nem Atemzug ein «Ungeheuer» und «die prachtvollste aller Hauptstädte im schönsten aller Königreiche».[19] Auch für erfahrene Reisende, die alle großen europäischen Städte kannten, war Neapel etwas Außergewöhnliches. Nicht nur die unvergleichliche Lage zwischen Vesuv und Meer und die landschaftliche Schönheit der Umgebung machten die Besonderheit der Stadt aus, es waren vor allem die Menschen und die Art ihres Zusammenlebens. Das war für jeden, der die Stadt zum ersten Mal betrat, sofort sichtbar. Spötter sagten über Neapel, es gebe nur drei Straßen, die ein normaler Mensch benutzen könne, und hunderte, die unpassierbar seien, weil sie zu eng, zu schmutzig und zu gefährlich waren.[20] Diese drei Straßen waren Via Forcella (Teil des heutigen Spaccanapoli) von der Porta Capuana aus in west-östlicher Richtung, Via Toledo, die

der gleichnamige spanische Vizekönig in nord-südlicher Richtung hatte anlegen lassen, und schließlich Via Chiaia, die vom
Largo di Palazzo, dem Platz vor dem Königspalast, über den
Pizzofalcone ans Meer führte. Via Forcella war die schmalste
dieser drei Straßen. Rechts und links davon zweigten enge,
schmutzige Gassen ab, in die nie ein Lichtstrahl drang, denn
Neapel war eine Stadt der Hochhäuser. Trotz des raschen
Wachstums, das unter den letzten spanischen Vizekönigen
eingesetzt und sich unter Carlos' Herrschaft enorm beschleunigt hatte, galt noch das alte Stadtrecht, und für diejenigen, die
nicht jedes Mal beim Betreten der Stadt eine Abgabe zahlen
wollten, war es verboten, außerhalb der Mauern zu wohnen.
Deshalb waren, anderswo undenkbar, in Neapel fünf-, sechs-,
ja siebenstöckige, bis in die letzten Winkel belegte Häuser die
Regel. Dadurch kam es zu einer sozialen Vermischung wie in
keiner anderen Stadt, denn auch in den Adelspalästen wohnten
in den Erdgeschossräumen, in den Seitenflügeln und Dachgeschossen Diener, Händler und Gelegenheitsarbeiter mit
ihrer unübersehbaren Kinderschar. Weil das Licht auch in den
wenigen etwas breiteren Straßen nicht bis in die Tiefe drang,
hatten die Häuser flache Dächer, hohe Fenster und unzählige
Balkone und Terrassen. Das einzige Grün, das in den Straßen
und auf den Plätzen zu sehen war, waren die Markisen über
den Balkonen.

Zur Sonderstellung der Hauptstadt und ihrer Umgebung
hatte König Carlos entscheidend beigetragen. Er wollte Neapel zu einer Weltstadt machen, ebenbürtig den glänzenden
Zentren wie Sankt Petersburg, Wien und Paris. Und dies war
ihm auch gelungen. In den fünfundzwanzig Jahren seiner
Herrschaft verwandelte er Neapel und seine Umgebung von
Grund auf. Bei seinem Regierungsantritt zählte die Hauptstadt 270 000 Einwohner, dreißig Jahre später waren es fast
400 000. Was während dieser Jahre in Neapel geschah, war
nicht nur Gesprächsstoff an allen Höfen Europas, sondern

zog auch Reisende aus aller Welt an. Die Stadt am Golf wurde zum Ziel- und Endpunkt der «Grand Tour» des neu entstandenen Tourismus der Eliten in Italien.

Nach seiner Thronbesteigung hatte Carlos die Welt wissen lassen: «Wir haben keine territorialen Ansprüche und keinen diplomatischen Ehrgeiz.»[21] Allergrößten Ehrgeiz bewies Carlos dagegen als Bauherr. Davon zeugen in erster Linie die Schlösser in und um Neapel. Überall dort, wo er besonders gern auf die Jagd ging, hatte er anstelle der ursprünglichen Jagdhäuser größere Baukomplexe begonnen, die die Stadt wie ein Kranz umgaben. So waren im Nordwesten der Hauptstadt das riesige Schloss Caserta, im Südosten an den Ausläufern des Vesuvs das Schloss von Portici und im Norden Capodimonte entstanden. Außer der Jagdleidenschaft dienten die beiden letzten Schlösser vor allem als Museum: In Portici wurden die Ausgrabungen von Pompeji und Herculaneum untergebracht, und dieses Museum Herculanense nahm immer größere Teile des Palastes ein. In den Jahren von Ferdinandos Herrschaft vergrößerte sich die Sammlung von den ursprünglich fünf geplanten auf insgesamt achtzehn Räume. In Capodimonte dagegen fanden die Schätze der Sammlung Farnese eine – vorläufige – angemessene Heimstätte. Carlos' Mutter Elisabetta hatte diese weltberühmte Sammlung an Statuen, Bildern und Büchern ihrem Sohn überlassen, der sie zunächst im Stadtpalast untergebracht hatte. Ausländische Besucher hatten in alle Welt hinausposaunt, wie schandbar man dort mit diesen Kostbarkeiten umging. 1739 empörte sich Baron de Brosses über «diese barbarischen Spanier, die modernen Goten, die die herrlichsten Statuen und Bilder in einem finsteren Treppenschacht belassen haben, wo man auf einen Guido oder einen Correggio pisst.»[22]

Die Schloss- und Parkanlage von Caserta war der letzte der sogenannten *siti reali*, der Königssitze, und sicher Carlos' ehrgeizigstes Projekt. An Größe und Großartigkeit sollte es Versailles gleichkommen oder es sogar übertreffen. Die Auswahl des Standorts orientierte sich an drei Kriterien. Zum einen hatte Carlos in dieser Gegend seit seinen ersten Regierungsjahren ein Jagdschlösschen, denn für ihn und später noch mehr für Ferdinando war die Jagd nicht nur eine Leidenschaft, sondern eine Staatsangelegenheit. Zum anderen liegt Caserta ungefähr dreißig Kilometer nördlich von Neapel und damit in sicherer Entfernung vom Vesuv, aber auch in ausreichender Entfernung von der Hauptstadt, d. h. geschützt vor möglichen Aufrührern in der Stadt und feindlichen Überfällen vom Meer. Ursprünglich hatte Carlos eine ganz neue Hauptstadt geplant oder zumindest eine Art Verwaltungs- und Bildungszentrum. Vor den grünen Hügeln der Monti Tifani sollten in der weiten fruchtbaren Ebene alle Ministerien und Ämter in einem riesigen Palast neben den Gemächern der Königsfamilie vereint werden, umgeben von einer Universität, einem Priesterseminar, einer Bibliothek und natürlich einem Theater und einer Kirche. In Neapel waren für derart hochgespannte Pläne keine Architekten zu finden, denn bis dahin arbeiteten die besten Architekten Italiens entweder in Rom oder allenfalls noch in Turin, wo der dortige König seiner Residenz ebenfalls mehr Glanz verleihen wollte. Carlos gelang es, einen der bekanntesten Baumeister der Zeit zu gewinnen, nämlich Luigi Vanvitelli, der als Sohn eines flämischen Malers in Neapel geboren, dann aber nach Rom ausgewandert war. Bald nach der Grundsteinlegung an seinem sechsunddreißigsten Geburtstag am 20. Januar 1752 musste der König diese hochfliegenden Pläne jedoch begraben und einsehen, dass mit den finanziellen Mitteln seines Reiches höchstens ein Schloss und nicht gleich eine ganz neue Hauptstadt gebaut werden konnte. Aber auch das Schloss allein sollte gewaltige Ausmaße erhalten: Je zwei Linienregimenter und Schwadronen der Kavallerie mussten sich aufstellen, um den Grundriss von 247 mal 184 Metern zu markieren. Ein Heer von Bauarbeitern und muslimischen

Sklaven, die man an den Küsten Nordafrikas gefangen hatte, errichteten ein Bauwerk, das in seiner Monumentalität, aber auch in seiner Monotonie der in fünf Stockwerken sich endlos aneinander reihenden 1790 Fenster für 1200 Zimmer manchen Besucher spotten ließ: «Je kleiner das Königreich, desto größer der Palast».

Nach der ersten Begegnung mit Ferdinando an der Grenze zwischen dem Kirchenstaat und ihrem neuen Reich kam Maria Carolina zuerst in dieses «Versailles des Südens». Die riesigen hohen Räume und weiten Treppenaufgänge aus edelstem Marmor, die noch nicht einmal ganz fertiggestellt waren, mussten ihr kalt und leblos erscheinen, unendlich weit entfernt vom Liebreiz ihres heimatlichen Schönbrunn. Nicht nur großartig, sondern auch einladend und voller Liebreiz war dagegen die Gartenanlage, deren Höhepunkt die große Kaskade bildete. Vom Palast aus war in der Ferne zu sehen, wie von einem Hügel aus achtzig Meter Höhe das Wasser von Fels zu Fels sprang, um dann die Brunnen, Fontänen und den zwei Meilen langen Kanal zum *parterre* vor dem Schloss zu speisen. Für diese Wasserspiele war ein vierzig Kilometer langes Aquädukt gebaut worden, das an die Kühnheit der antiken Wasserversorgung anknüpfte und ursprünglich auch zur Verbesserung der Trinkwasserqualität der Hauptstadt gedacht war. Diese Anlage versetzte selbst diejenigen in staunende Bewunderung, die Versailles und die anderen großen Paläste Europas gesehen hatten. Maria Carolina kannte Versailles nicht, ihr Maßstab war das spielerische Schönbrunn, wo sie einen großen Teil ihrer Kindheit verbracht hatte. Im Vergleich dazu vermittelte Caserta den Eindruck der Schwere und des Machtanspruchs ihres bourbonischen Schwiegervaters, dem Maria Carolina von nun an auf Schritt und Tritt begegnen sollte.

Bei ihrer Ankunft wurde das Hoftheater von Caserta gerade

fertig und konnte mit dem Hochzeitsball eingeweiht werden.
Über die Festlichkeiten, die fünf Tage dauern sollten, bevor
das Königspaar in die Hauptstadt einzog, schrieb der englische
Botschafter, Sir William Hamilton, nach England: «Da Ihre
Majestäten immer unter aller Augen waren, war für jeden
deutlich sichtbar, welcher Unterschied in der Haltung Seiner
Majestät des Königs auf der einen und der Königin und des
Großherzogs auf der anderen Seite bestand. Der Adel Neapels
verheimlicht sein Unbehagen über die mangelnde Erziehung
des Souveräns nicht, und die Ausländer, von denen sehr viele
anwesend sind, zeigen sich sehr verwundert. Der Fürst von
San Nicandro, der letzte Erzieher Seiner Majestät, beugt das
Haupt, und die Höflinge, die bis vor kurzem ihren Herrn in
seinem unwürdigen kindlichen Verhalten bestärkt haben,
schämen sich, neben Seiner Majestät zu erscheinen, als ob sie
fürchteten, dass diese Vertrautheit ihnen einen Teil Schuld an
diesem Mangel an guter Erziehung Seiner Majestät auflädt.
Und das ist auch nur allzu wahr.»[23] Um solche Eindrücke einigermaßen zu verwischen, waren die fünf Tage ausgefüllt mit
einer endlosen Folge von Ausflügen zu den Naturschönheiten
der Umgebung, mit Konzerten, Theateraufführungen, Bällen
und Feuerwerken. Nur in der Nacht war das Königspaar sich
selbst überlassen. Darüber, was dann geschah, äußerte Ferdinando gegenüber seiner Begleitung lediglich, die Königin
«schläft wie tot und schwitzt wie ein Schwein».[24] Maria Carolina dagegen wollte «lieber sterben als noch einmal das erleiden, was ich da erlebte … Es ist keine Übertreibung, aber
wenn mir mein Glaube nicht gesagt hätte, denke an Gott, so
hätte ich mich umgebracht.»[25] Nach diesen ersten Erfahrungen wollte Maria Carolina lieber in der ärmlichsten Vorstadt
von Wien leben als weiter in ihre neue Hauptstadt ziehen. Für
die Erfüllung solcher Wünsche war es natürlich längst zu spät.
Die Pflichten ihrer neuen Rolle zwangen die junge Königin
unerbittlich unter ihr Joch.

Der Golf vom Posillip im Südwesten in seiner ganzen Schönheit:
Über der Stadt das Castel Sant'Elmo, im Meer das Castel dell'Ovo,
im Hintergrund der Vesuv. (X. della Gatta)

Am 20. Mai rollte das junge Paar in einer von acht Pferden
gezogenen Galakarosse und begleitet von fünfunddreißig
Sechsspännern der wichtigsten adeligen Familien auf die
Hauptstadt zu. Die von Zypressen gesäumten Alleen von Neapel zu den Schlössern waren die einzigen des ganzen Königreichs, die in gutem Zustand gehalten wurden. Auf der
schnurgeraden Verbindung von Caserta nach Süden durch die
fruchtbare Campania tat sich vor Maria Carolina, als sie am
Pfingstsonntag auf die Porta Capuana von Neapel zufuhr, zum
ersten Mal der Blick über den Golf auf. Durch dieses Tor hatten alle Könige des Südens die Stadt betreten: die Normannen,
die Staufer, die Anjou und die Aragon; nur die spanischen
Vizekönige waren übers Meer gekommen. Die Kutschen bahn-
ten sich nur langsam ihren Weg durch die jubelnde Menge,
und Maria Carolina hatte Zeit, einen ersten Blick auf ihre neue
Heimat zu werfen.

Blick über den Hafen nach Süden auf das Castel dell'Ovo, im Hintergrund die Silhouette von Capri. (C. G. Carus)

Aus der beängstigenden Enge der Via Forcella führte der Weg in die Via Toledo, die einzige Straße der Stadt, in der zwei Kutschen wirklich bequem aneinander vorbei kamen und in der auch noch Raum für Fußgänger blieb. Sie führte

auf den Largo di Palazzo zu, den weiten Platz um den königlichen Palast. Auch den Palazzo Reale hatte Carlos von Vanvitelli erweitern und durch Säulen und Statuen verschönern
lassen; dennoch blieb er in Größe und Wirkung weit hinter
Caserta zurück. Beeindruckend war nur die Lage auf dem
steil abfallenden Felsen direkt über dem Hafen, wo man einen
unvergleichlichen Rundblick vom Vesuv bis zum Castel dell'
Ovo und über das Meer bis zur Halbinsel von Sorrent und der
bläulichen Silhouette von Capri genoss. In den Nischen der
Fassaden standen später die überlebensgroßen Gestalten der
Könige, die in Neapel geherrscht hatten: der Normanne
Roger II., der Staufer Friedrich II., der Franzose Charles I.
d'Anjou und schließlich der Spanier Carlos von Bourbon.
Als Gemahlin des ersten in Neapel geborenen Königs der
neuen Dynastie konnte Maria Carolina am Abend des 22. Mai
1767 nach einer mehr als sechswöchigen Reise endlich ihr
neues Heim und ihre neuen Untertanen in Augenschein nehmen.

Unter den wilden Kindern des Schlaraffenbaums

Der König der Lazzari

~ Auch wenn sich der Palazzo Reale in seiner Größe vor der Wiener Hofburg nicht zu verstecken brauchte, kann Maria Carolina nicht sonderlich begeistert gewesen sein, vor allem nicht davon, wie es im Inneren des Palastes aussah. Zwar reihte sich Zimmerflucht an Zimmerflucht, die Wände waren mit kostbaren Seidentapeten bespannt, mit Spiegeln, Bildern und feinstem Porzellan aus der unter Carlos gegründeten Porzellanmanufaktur geschmückt, und es mangelte auch nicht an Mobiliar. Doch überall herrschte eine unglaubliche Unordnung und ein fürchterlicher Gestank. Auf den herrlichsten brokatbezogenen Möbeln räkelten sich Hunde, die ihren Unrat zurückließen, und in freskengeschmückten Marmorgemächern hausten allerlei Geflügel, Katzen, Kaninchen, ja selbst in Käfigen gehaltene Ratten und Mäuse. Dazu war der Palast bevölkert von Jägern, Treibern, Hundewärtern, Hanswursten und natürlich dem unvermeidlichen *menino* mit seinen Spießgesellen. Gennaro Rivelli hatte ein eigenes Zimmer. Der König fühlte sich wohler, wie der englische Botschafter einmal bemerkte, wenn er mit Menschen «der niedrigsten Herkunft» zusammen war, statt mit seinesgleichen. Mit dieser Entourage vollführte er die albernsten Streiche, ließ zum Beispiel die Ratten aus den Käfigen, um sie laut kreischend durch das ganze Schloss zu jagen. Eine weitere Besonderheit des Palastes war ein Marionettentheater mit den für Neapel typischen Figuren um den Pulcinella, den hageren, immer hungrigen

Hanswurst mit der schwarzen Maske. In diesem Theater wurde nicht für den König gespielt, sondern der König selbst spielte zur Belustigung seiner derben Gefährten und zufällig anwesender Gäste. Doch die Königin musste lernen, Haltung zu bewahren, die Merkwürdigkeiten ihres Ehemannes zu ertragen und gleichzeitig ihre Umgebung für sich zu gewinnen. Maria Carolina unterzog sich diesen Pflichten mit der ihr antrainierten Disziplin und genoss allmählich die Ehrerbietung ihrer Untertanen. Bald konnte sie bei diesen Gelegenheiten feststellen, dass Ferdinandos Vulgarität nicht nur kein Geheimnis, sondern auch überhaupt kein Nachteil für sein Ansehen und die Zuneigung seiner Untertanen war. Im Gegenteil.

Hatte es in Caserta, solange das großherzogliche Paar aus der Toskana die Königin begleitete, noch so ausgesehen, als ob sich die neapolitanischen Aristokraten ihres kindischen Königs schämten, so konnte Maria Carolina schnell feststellen, dass derartige Bedenken verflogen waren, sobald die Neapolitaner unter sich waren oder sich zumindest unter sich fühlten. Ferdinando wurde nicht trotz, sondern wegen seiner ungehobelten Manieren als König nicht nur anerkannt, sondern wirklich geliebt. Dabei verband sich das spanische Hofzeremoniell auf bizarre Weise mit neapolitanischer Lebensart. Die Feierlichkeiten, mit denen die Ankunft der Königin öffentlich begangen wurden, führten sie in diese Zusammenhänge ein. Ein Höhepunkt war die öffentliche Tafel, bei der das Königspaar im Freien vor den Augen des Volkes speiste. Dazu wurden auf dem Largo di Palazzo vor dem Palazzo Reale unter Sonnendächern Tische aufgebaut, und jenseits einer Absperrung konnte das Volk zuschauen, wie die Majestäten aßen. Diese Zeremonie diente einerseits der Zurschaustellung des königlichen Prunkes und damit auch der Einschüchterung, war aber andererseits ebenso Beweis und Gradmesser der Zufriedenheit des Volkes. Die öffentliche Tafel des jungen Paares wurde von

«Viva-Rufen», aber auch von Scherzworten begleitet, auf die der König vergnügt und schlagfertig in derbstem Dialekt antwortete. Die Begeisterung steigerte sich zu schrillem Jubel, wenn Ferdinando Makkaroni aß. Diese Leib- und Magenspeise des Volkes hatte in der höfischen Küche eigentlich keinen Platz oder wurde höchstens für Aufläufe verwendet, doch für Ferdinando durfte sie bei keiner Mahlzeit fehlen. Er aß wie die Leute aus dem Volk mit den Händen. Mit seinen vom Waidwerk unempfindlichen Fingern griff er in die heißen Nudeln, die man nur mit Schweineschmalz und Salz würzte, hielt sie in die Höhe und schlürfte sie mit leicht zur Seite geneigtem Kopf von unten geräuschvoll in den Mund.[1]

Nicht umsonst hieß Ferdinando nicht nur *re nasone*, sondern auch *re lazzarone*, König der Lazzaroni oder Lazzari, wie in Neapel die Ärmsten der Armen, die Bettler, Tagelöhner und Tagediebe genannt wurden. Und diese Bezeichnung brachte nicht Verachtung, ja nicht einmal Spott, sondern Bewunderung und Liebe zum Ausdruck. Denn die Lazzari trugen ihren Namen, der vom biblischen Lazarus oder vielleicht auch vom spanischen Wort für Lumpen oder Lepra abgeleitet ist[2], voller Stolz. Als sichtbarstes Zeichen dieses Stolzes trugen sie, auch wenn sie sonst kaum Kleider am Leib hatten, die rote beutelförmige Mütze, die später als phrygische oder Freiheitsmütze in der Französischen Revolution berühmt werden sollte. Die Lazzari waren stolz auf ihre Freiheit, auf ihre Lebensweise und auf ihre Traditionen. Benedetto Croce, der sich mit seiner Heimatstadt ausführlich beschäftigt hat, beschrieb die Lazzari so: «Die Lazzari hatten ihre Bedürfnisse an Behausung, Kleidung und Nahrung auf ein Minimum reduziert; drei Viertel des Jahres schliefen sie auf Treppenaufgängen von Kirchen und Palästen oder am Strand, im Winter zogen sie sich in Grotten und Höhlen zurück. Sie trugen während der drei milden Jahreszeiten eine einfache Leinenhose und im Winter warfen sie einen Umhang aus grobem Wollstoff über. Auf dem

Lazzarone mit der charakteristischen Beutelmütze und allem, was er zum Leben braucht. (Aufnahme um 1868, G. Sommer)

Kopf trugen sie die rote Mütze. Sie ernährten sich von Gemüseresten, Obst und vor allem von Makkaroni, die sie in den Garküchen auf der Straße kauften und mit der Hand aßen. Sie lebten in den Tag hinein, ohne für mehr als ihr tägliches Auskommen zu sorgen, unbekümmert und fröhlich, voller Witz und Sinn für Komik. Ihre Armut drückte die Lazzari nicht nieder, machte sie nicht traurig und finster, sondern gab ihnen eine geistige Elastizität, eine Art gelassene halb künstlerische, halb philosophische Sicht der Dinge.»[3] Die Lazzari waren in gewisser Weise der kollektive *menino* der höfischen Gesellschaft, ihr ins Komische, auch ins Grausame verzerrtes Gegenbild. Dieses Gegenbild war so faszinierend, dass die Reisenden der «Grand Tour» sich dafür mindestens ebenso interessierten wie für die Naturschönheiten, die Kunstschätze und das gesellschaftliche Leben der Stadt.

Doch die Lazzari waren mehr als nur ein lustiges, wildes Völkchen. Sie bildeten eine Macht, an der niemand vorbeikam. Wenn sie unzufrieden waren, wenn es in den Gassen zu brodeln begann, konnten sich die Bewohner des Palazzo Reale nicht mehr sicher fühlen. Denn die Lazzari waren alles andere als eine amorphe Masse halbnackter Bettler ohne festen Wohnsitz. Zwar hatten diejenigen, die keine direkten Steuern zahlten, keinerlei formale Rechte. Sie hatten keine Stimme für die Wahl der Stadtverordneten, die sogenannten *Eletti*. Dennoch waren sie auf eine mehrfache Weise die eigentlichen Herren der Stadt. Denn die Lazzari waren vor allem organisiert. Jedes Viertel hatte einen oder mehrere *caporioni*, Anführer des Viertels, die in den Gassen, in die sich die Gendarmen nicht hineintrauten, das Sagen hatten und für Ruhe und Ordnung, oder, wenn sie wollten, auch für Unruhe und Aufruhr sorgten. Wenn die *caporioni* wollten, drangen die Lazzari überall ein, denn sie waren Herrscher über die Stadt unter der Stadt. Der Tuffstein unter Neapel war seit der Antike ausgehöhlt und als Material für die Bauten auf der Oberfläche benutzt worden. Die Stadt hatte und hat unter sich eine Art Negativabdruck. Im Laufe der Jahrhunderte entwickelte sich ein nur für wenige Eingeweihte übersehbares Gewirr von Höhlen, Gängen und Schächten, die als Warenlager und Schlupfwinkel, als Ort geheimer Zusammenkünfte und Verliese dienten. Seit der Antike führte auch die Wasserversorgung von den Aquädukten außerhalb der Stadt durch Rinnen und große unterirdische Wasserreservoirs. Bis ins 19. Jahrhundert basierte die Wasserversorgung auf einem raffinierten System kommunizierender Röhren und Zisternen, aus denen das Wasser dann durch Brunnen an die Oberfläche geholt werden konnte. Um die unterirdischen Reservoirs und Röhren gelegentlich zu säubern, ließen sich gelenkige Knaben, die sogenannten *pozzari*, mit einer am Kopf befestigten Kerze in die «Unterwelt» hinab und konnten sich an den in regelmäßigen Abständen angebrachten Löchern der Schachtwände wieder in die Höhe hangeln. Sie waren die Einzigen, die sich dort unten wirklich auskannten, und konnten dieses Wissen auch zu allerlei anderen Zwecken nutzen. Einerseits waren sie wegen ihrer schmutzigen Arbeit in der Unterwelt verachtet, andererseits aber auch gefürchtet und von einem Mantel des Geheimnisses umgeben. Über Brunnen in den Höfen stand ihnen praktisch jedes Haus offen, sie wussten in jeden Winkel einzudringen und als flinke Helfershelfer der *caporioni* alle Häuser und Paläste auszuspionieren. Selbst die dicksten Palastmauern konnten die Lazzari nicht auf Distanz halten.

Nicht lange vor Maria Carolinas Ankunft, im Jahre 1764, hatten Missernten und Spekulationen zu Getreidemangel und ständig steigenden Brotpreisen geführt. In der Hauptstadt tauchten Flugblätter und Anschläge an den Mauern mit Drohungen und aufrührerischen Parolen auf. Sie waren stets von mehr oder weniger gelehrten Poeten in Versform formuliert, damit sie sich schnell von Mund zu Mund und auch unter den Lazzari, die nicht lesen und schreiben konnten, verbreiteten. Wenn die Lazzari sich zusammenrotteten, kämpften sie um das tägliche Brot oder gegen zu hohe Abgaben und Verbrauchssteuern. Wie eine Lichtgestalt oder aber als drohender Schatten erhob sich hinter jedem derartigen Tumult die Erinnerung an den legendären Aufstand unter Führung des Masaniello im Jahre 1647, der die spanischen Herrscher das Fürchten gelehrt hatte. Obwohl die von Masaniello ins Leben gerufene «Königliche Republik Neapel» nach einem Jahr blutig niedergeschlagen worden war, ging die spanische Herrschaft geschwächt aus dem Kräftemessen mit den Lazzari hervor und kannte seither nur noch *forca e mannaia* [Galgen und Henkersbeil] als Mittel, um das Volk ruhig zu halten.

Die bourbonischen Könige dagegen zogen die Lazzari vor allem durch Feste und große Gesten auf ihre Seite. Carlos nahm die Schlacht von Velletri am 11. August 1744, in der er sein Königreich gegen Österreich verteidigt hatte, zum Anlass für eine großartige Ausgestaltung des traditionellen Festes der Madonna di Piedigrotta am 8. September jedes Jahres. Dieses herbstliche Fest am Fuße des Posilipp, das auf antike Bacchanalien zurückging, war seit jeher mit Tanz und Gesang begangen worden. Carlos ließ an diesem Tag Militärparaden von solcher Pracht abhalten, dass das Fest weit über Neapel hinaus zu einer Attraktion wurde. Als der französische Botschafter 1792 Neapel verlassen musste, bedang er sich aus, noch bis zum Fest von Piedigrotta bleiben zu dürfen. Vom frühen Morgen an strömte eine bunte Volksmenge auf die Riviera di Chiaia, die Strandpromenade zwischen Santa Lucia und dem Posilipp, und begleitete sowohl die Parade als auch die Kutschen der Monarchen und des Adels mit Viva-Rufen und Konfetti. Tanzfeste und Musikdarbietungen im Freien dauerten die ganze Nacht.

Mit der Einrichtung eines dem heiligen Januarius gewidmeten Ordens erwies Carlos außerdem dem inbrünstig verehrten Stadtpatron seine Ehre. Im Glauben an San Gennaro als Beschützer vor jeder Form irdischen Unglücks vermischten sich tiefste Gläubigkeit und schwärzester Aberglaube untrennbar miteinander. Der Heilige, der als Bischof von Pozzuoli im dritten nachchristlichen Jahrhundert das Martyrium erlitten hatte, wurde vor allem deshalb verehrt, weil er zwar Bischof, aber ein Mann aus dem Volk gewesen war. Und er war in Neapel allgegenwärtig. Seine in Koralle geschnittene Hand gab dem Einzelnen den sichersten Schutz gegen den «bösen Blick». Das Wunder der Verflüssigung seines Blutes schützte die ganze Stadt vor Vesuvausbrüchen, Erdbeben, Pest und Hungersnot. Dreimal im Jahr, am Vorabend des ersten Sonntags im Mai, am 19. September, dem Tag des Martyriums und am 16. Dezember, dem Jahrestag des Vesuvausbruchs von 1631 und Festtag des Patrons, war ganz Neapel auf den Beinen, um der Prozession vom Dom zu den sieben großen Basiliken der Stadt beizuwohnen und das Wunder in Santa Chiara, der Metropolitankirche der Könige, zu erwarten. Die Büste des Heiligen und die Ampullen mit dem Blut wurden begleitet von den sechsundvierzig Heiligenbildern, die San Gennaro während der Wartezeit in seiner Krypta im Dom Gesellschaft leisteten. Die Prozession für San Gennaro war zugleich eine Prozession für alle Heiligen, für alle Beschützer und Fürsprecher für alle nur denkbaren Leiden und erhofften Freuden. Jeder und jede konnte sich den für seine persönlichen Sorgen zuständigen Heiligen aussuchen. Die Prozession allein dauerte über zehn Stunden. An ihr und der Zeremonie der Blutverflüssigung mussten alle Herrscher teilnehmen, doch nicht sie standen im Vordergrund, auch nicht der Heilige und seine heiligen Begleiter, sondern das neapolitanische Volk, das sich in diesem Ritual gewissermaßen selbst feierte. Auch der Kardinalbischof, der die Phiolen hochhielt und schüttelte, bis die Verflüssigung eintrat, hatte nur eine dienende Rolle. Die eigentlichen Protagonisten dieser Zeremonie waren die sogenannten Verwandten des Heiligen, Frauen und Männer hauptsächlich aus dem vom einfachen Volk bewohnten Viertel Forcella, die wieder und wieder, oft stundenlang das Credo anstimmten, in das die Gläubigen einfielen, um den Heiligen zur Vollbringung des Wunders zu veranlassen. Sie durften die Ampullen küssen, sie mussten schon Tage zuvor im Dom beten und um das Wunder bitten. Sie hatten aber auch das Recht, den Heiligen zu verspotten und zu beschimpfen, wenn er nicht reagierte. Deshalb waren die Herrscher über Neapel bei Strafe des Aufruhrs dazu verpflichtet, an dem großen Ritual der Blutverflüssigung teilzunehmen, hatten aber auf Zeitpunkt, Verlauf und Ergebnis des Geschehens so gut wie keinen Einfluss.

Trotz oder eben wegen ihrer streng katholischen Erziehung und trotz ihrer tiefen Gläubigkeit war das neapolitanische Blutwunder für Maria Carolina äußerst befremdlich und die

Vesuvausbruch 1774 von Jakob Philipp Hackert, der von 1786 bis 1799 als Hofmaler in Neapel lebte.

Teilnahme wurde ihr zunehmend zur Last. Noch viel fremdartiger erschien ihr ein anderes Ritual, in dem die Verbundenheit des Königshauses mit den Lazzari gefeiert wurde. Dabei war Ferdinando ganz in seinem Element und konnte die Gestaltung selbst entscheiden, denn es ging um einen irdischen Gott, dem die Lazzari und Ferdinando gleichermaßen ergeben waren: um den Magen. Das Fest hieß «Cuccagna», das Schlaraffenland, nach dem uralten plebejischen Mythos vom «goldenen Zeitalter». In diesem Ritual flossen zwei Traditionen zusammen: Zum einen das volkstümliche Spiel des «albero della cuccagna», des Schlaraffenbaums, bei dem Kinder an einem mit Fett eingeriebenen Baumstamm emporkletterten, um eine an der Spitze befestigte Wurst oder Ähnliches zu erobern. Und zum anderen die «carri della cuccagna», die Schlaraffenwagen, die von den Zünften während des Karnevals bei den großen Umzügen mitgeführt wurden. Daraus war unter Ferdinando ein Spektakel entwickelt worden, das ganz nach den Vorstellungen der Lazzari und ihres Königs war, zugleich aber eine wichtige politisch-soziale Funktion besaß.[4] Der König ließ die *cuccagna* vor seinem Palast auf dem Largo di Palazzo errichten und schaute im Kreise seines Hofstaats vom Balkon aus begeistert zu. Damit wurde dieses Ritual gewissermaßen «verstaatlicht». Statt auf der volkstümlichen Piazza Mercato, wo die *caporioni* das Feld beherrschten, fand die *cuccagna* unter den Augen des Herrschers statt. Statt der Zünfte und damit des Bürgertums, das dem Volk das große Fressen ermöglichte, erschien der König als der große Wohltäter (obwohl die Zünfte nach wie vor zahlen mussten). Welch wichtige Rolle die *cuccagna* für die Monarchie spielte, weil sie die bedingungslose Treue der Lazzari zu ihrem König untermauerte, zeigte sich während der Hungersnot von 1764, als das Volk die Durchführung der *cuccagna* verlangte. Der französische Botschafter berichtete über den Auftritt einer Delegation der Lazzari beim Erzieher des Königs: «Einer der *caporioni* verschaffte sich vor einigen Tagen Zugang zum Fürsten von Nicandro, den das niedere Volk für einen der Hauptverantwortlichen hält, und duzte ihn nach der Art dieses rohen Volkes: ‹Die Stadt ist ohne Brot, ich warne dich und rate dir gut.› Der Fürst wies jede Schuld von sich und versicherte, er werde alles in seinen Kräften Stehende tun. In diesem Augenblick erschien der König. Der *capo* kniete nieder, küsste ihm die Hand und zeigte Seiner Majestät ein Brot, das er aus der Tasche zog und dessen schlechte Qualität und geringes Gewicht seine Klagen genügend rechtfertigten. Dieses gefährliche Volk scheint geradezu zärtlich an seinem König zu hängen, den es seinen *picciolo*, seinen Kleinen, nennt.»[5]

Unter Ferdinando traten an die Stelle eines Baumstammes oder der Wagen riesige Holzkonstruktionen, die einem bestimmten Thema gewidmet waren. Meistens handelte es sich

um ein Kastell, errichtet nach allen Regeln der Festungsbau-
kunst, bedeckt mit Stücken von Fleisch und Speck, mit Schin-
ken, Gänsen, Truthähnen und Tauben, die ans Schlaraffenland
erinnerten. Manchmal wurde aber auch der Parnass dargestellt, der Garten der Hesperiden oder Orpheus, der die wilden
Tiere bezaubert. Diese Konstruktion wurde solange von Soldaten bewacht, bis der König die *cuccagna* für die hungrige
Menge zur Erstürmung freigab. Für die Reisenden in Neapel
war es gerade dieser «archaische Festrausch»[6], der sie anzog
und einen angenehmen Schauder erregte. Marquis de Sade
sprach von der «Wollust der Gewalt» und verarbeitete sie in
seinem Skandalroman «Juliette».[7] Was vom Balkon des Palastes wie ein wildes Getümmel aussah, war in Wirklichkeit
eine Art Mannschaftswettkampf. Die *caporioni* führten ihre
Gefolgsleute an. Nicht unbedingt diejenigen, die die meisten
Lebensmittel, sondern diejenigen, die die Standarten und
Symbole wie beispielsweise eine Statue des Mars oder der
Minerva eroberten, galten als Helden und wurden in den
Stadtvierteln tagelang gefeiert.

Die junge Königin war von dem Schauspiel so angewidert,
dass sie zum ersten Mal ihren Willen durchsetzte und die
Gewaltexzesse zumindest einschränkte. Bei künftigen Auffüh-
rungen des Schlaraffenlandes sollten die Tiere geschlachtet
werden, bevor sie dem Ansturm der Menge ausgesetzt wurden. Später erreichte sie sogar – sehr zum Missfallen der Bevölkerung –, dass die *cuccagne* in die sogenannten *maritaggi di
cuccagna*, eine Art Massenhochzeit umgewandelt wurden, bei
der die Monarchen armen Mädchen eine Mitgift spendierten.
Außerdem erreichte sie, dass Ferdinandos *menino* nicht nur
den Palast, sondern auch die Stadt verlassen und in sein hei-
matliches Lukanien zurückkehren musste. Der König willigte
schweren Herzens ein, seinen «Milchbruder» zu verbannen.
Maria Carolina dagegen konnte aufatmen, denn für sie war er
nichts anderes als ein «Monster».

Am kurzen und am langen Zügel

Dass Maria Carolina die Verbannung des *menino* hatte durchsetzen können, verdankte sie nicht nur der Stärke ihres Abscheus und ihrer eigenen wachsenden Willenskraft, sondern auch dem Einverständnis mit dem Ersten Minister des Königreichs Neapel, Bernardo Tanucci. Auch er war ein Fremder in Neapel, denn er stammte aus der Toskana, und auch er verabscheute die wilden Rituale dieser Stadt und ihres Hofes. Der Großherzog von Toskana hatte seiner Schwester beim Abschied geraten, sich mit Tanucci und seiner Frau gut zu stellen[8], und die kleine Habsburgerin hielt sich anfangs brav an diesen Rat ihres großen Bruders. Doch das Einvernehmen mit dem Minister konnte nicht von Dauer sein. Zu groß waren die Unterschiede des Alters, des Temperaments und vor allem der Interessen, die die beiden vertraten.

Als man während der Heiratsverhandlungen überlegt hatte, welches Begrüßungsgeschenk Maria Carolina bekommen sollte, hatte ein Diplomat den Rat gegeben, ein kleines lackiertes Schreibpult in dem gerade modernen chinesischen Stil zu wählen. Tanucci lehnte diesen Vorschlag schroff ab und begründete seine Haltung damit, ein solches Geschenk könne «in mehrfacher Hinsicht missverstanden werden, denn das Alphabet der Herrscher ist äußerst beschränkt.»[9] Zu diesem Zeitpunkt kannte Tanucci Maria Carolina noch nicht, und deshalb war es verzeihlich, dass er sich in ihr täuschte. Mehr noch als um einen Irrtum, handelte es sich bei der Fehleinschätzung Tanuccis wohl um den Wunsch, Maria Carolina davon abhalten zu können, sich in die politischen Angelegenheiten einzumischen. Und eine solche Einmischung fürchtete Tanucci nun vor allem von der Korrespondenz der jungen Königin mit ihrer Mutter. Maria Carolinas «Alphabet» war alles andere als beschränkt und sie schrieb regelmäßig, meist wöchentlich, manchmal sogar mehrmals pro Woche an ihre Mutter, von der sie mindestens ebenso viel Post erhielt. Dazu kam noch ein umfangreicher Briefwechsel mit ihren älteren Brüdern, mit Kaiser Joseph und Großherzog Leopold. Tanucci konnte diese Korrespondenz nur unzureichend überwachen, obgleich er das als seine Aufgabe betrachtete. Denn Carlos hatte ihn als «Wachhund» in Neapel zurückgelassen, um über alle Details der neapolitanischen Politik und des Lebens am Hofe informiert zu sein und aus der Ferne in Neapel weiterhin die Zügel fest in der Halt zu halten. Auch Ferdinando musste wöchentlich an seinen Vater schreiben. Er tat dies nur höchst widerwillig und hatte die geforderten Briefe zunächst seinem Beichtvater oder Tanucci diktiert. Dann aber verlangte der Vater eigenhändig geschriebene Briefe, aber was Ferdinando zu berichten hatte, drehte sich fast ausschließlich um die Jagd, um die erlegte Beute, um Hunde, Pferde und Gewehre. Ferdinandos Briefe dienten im Wesentlichen dazu, ihn durch die strengen Antworten des Vaters in vollkommener Abhängigkeit von Madrid zu halten, und Carlos hämmerte ihm stets ein, dass er in allen Belangen ausschließlich dem Rat seines Ersten Ministers zu folgen habe.

Ein weiteres Instrument, mit dem Tanucci Ferdinando in der Hand hatte, war dessen Abneigung gegen jedwede längere Aktenlektüre und gegen Entscheidungen von größerer Tragweite. Beides nahm ihm der Minister bereitwillig ab. Dafür sah der Minister dem König seine derben Späße nach, ließ ihn, so oft er wollte, auf die Jagd gehen und dann und wann eine *cuccagna* veranstalten, denn damit, so wusste er, gewann der König die Lazzari für sich. Der sklavische Gehorsam Ferdinandos gegen seinen Vater in der Gestalt des Ministers ging so weit, dass er Tanucci um Erlaubnis fragte, wenn er im Freien speisen wollte.[10] Der Gedanke, dass er als König das Recht haben könnte, die Regeln einfach zu ändern, kam Ferdinando überhaupt nicht in den Sinn. In Neapel regierte nicht er, sondern weiterhin «der Patriarch» Carlos, vertreten durch seinen Minister.

Bernardo Tanucci, der nunmehr mächtigste Mann Neapels, war 1698 geboren. Er entstammte dem Bürgerstand eines kleinen Ortes im oberen Arnotal und hatte sich schon früh als hervorragender Jurist an der Universität Pisa einen Namen gemacht. Carlos ernannte ihn 1735 zum Justizminister. Durch das absolute Vertrauen des Königs, dem er dafür mit unverbrüchlicher Treue dankte, durch seine teilweise schroffe Geradlinigkeit und seine an Pedanterie grenzende Sorgfalt gelang es ihm, zu noch größerer Macht aufzusteigen, denn er wurde 1755 zusätzlich Außenminister, schließlich Erster Minister und Vorsitzender des Staatsrats. Er war sich bewusst, wie sehr Neapel in den großen, in ganz Europa diskutierten Problemen einer Reform der Justiz, des Schuldenabbaus, der Reform des Feudal-, Geld- und Finanzwesens hinter den Ländern nördlich der Alpen zurückhinkte. Doch an die Durchsetzbarkeit grundlegender Reformen in Neapel glaubte er nicht, denn er war davon überzeugt, dass die hier überall «verbreitete Bosheit, die Kurie und unzählige Beispiele daran hindern, der darnieder liegenden Wirtschaft aufzuhelfen.»[11] Umso wichtiger wäre es gewesen, Verbündete um sich zu scharen. Doch Tanucci verlor sich in einen Kleinkrieg um Details. Seine Reformen verrannen «wie Flüsse, die dort, wo sie ins Meer fließen, sofort von Salzgehalt und Wellengang absorbiert werden.»[12]

In einem Punkt allerdings handelte Tanucci durchaus konsequent und wurde deshalb geachtet und gefürchtet: Er schritt gegen die Macht des Klerus ein und löste Neapel aus der engen Abhängigkeit vom Kirchenstaat. Sein erster bedeutender Erfolg war die Aufhebung des Jesuitenordens, die im engsten Einvernehmen mit den bourbonischen Höfen in Frankreich und Spanien schließlich auch in Neapel erfolgte, nachdem selbst Portugal 1759 gegen diesen «Staat im Staat» vorgegangen war. Sobald Ferdinando IV. 1767 volljährig geworden war, ließ Tanucci mitten in der Nacht Klöster und Kirchen besetzen und die Ordensmitglieder auf Schiffe bringen, um sie in den Kirchenstaat zu transportieren. Anders als in Spanien ließ sich der Orden in Neapel von dieser Nacht- und Nebelaktion anscheinend völlig überraschen, so dass er weder Geld noch sonstige wertvolle Güter vorher in Sicherheit hatte bringen können. Wie groß der ungeheure Reichtum war, der dem Staat durch das Verbot der Jesuiten in die Hände fiel, verheimlichte Tanucci geschickt, woraus ihm eine ungeheure Machtfülle erwuchs. Trotz der heftigen Proteste des Papstes rührte sich in Neapel keine Hand zugunsten des Ordens, denn die religiösen Gefühle des Volkes waren von dem Verbot nicht berührt. Die zu Tausenden zirkulierenden Pamphlete verfehlten ihre Wirkung.

Durch diesen Erfolg gestärkt konnte der inzwischen siebzigjährige Tanucci davon ausgehen, dass sich nach der Ankunft der Königin an seiner Stellung nichts ändern würde. Wie er es bei Ferdinando getan hatte, glaubte er, sie mit seinen Ratschlägen in die von ihm gewünschte Richtung lenken zu können. Dabei gab er der Königin von Anfang an zu verstehen, dass ihre Rolle darin bestehe, Kinder zu gebären, vor allem männliche, und in Geschmacks-, Mode- und Etikettefragen unter den Damen des Hofes und der Aristokratie die Führung zu übernehmen. Zumindest in dem letzteren Punkt hielt sich Maria Carolina an Tanuccis Rat. Bald lernte sie nämlich die angenehmen Seiten ihrer neuen Heimat und ihrer neuen Stellung kennen. Besonders liebte sie die Ausfahrten am Meeresufer bis nach Mergellina und weiter über den Posilipp, wo sich der Blick auf die im glitzernden Meer liegenden Inseln Nisida, Procida und Ischia öffnete. Die Brise brachte Kühlung und, wo sich die Straße den Hang hinaufwand, spendeten Zypressen und Pinien Schatten. Solche Ausfahrten fanden entweder in

großen «Zügen» von vielen goldverzierten sechs- oder acht-
spännigen Wagen statt. Oder aber, vor allem, wenn Ferdinando auf der Jagd war, fast inkognito in einer leichten Kale-
sche mit wenigen oder sogar nur mit einem Begleiter. Auch
wenn in Neapel die spanische Hofetikette noch mehr als anderswo zelebriert wurde, waren die Auftritte der Monarchen
auch dort in der zweiten Hälfte des 18. Jahrhunderts längst
nicht mehr streng ritualisiert, sondern mussten immer wieder
neu inszeniert werden. Es fand eine Art virtueller Wettbewerb
zwischen den Höfen Europas statt, denn durch Diplomaten,
Reisende und die besonders beliebten gedruckten Reisebe-
richte wurden alle Eindrücke weiter verbreitet. In Neapel ruh-
ten deshalb aller Augen auf der «Neuen», auf der «Fremden».
Wenn die Königin reich geschmückt in der Kutsche durch die
Via Toledo oder am Strand von Chiaia Richtung Mergellina
rollte, versammelten sich die Frauen aus den unteren Schichten, klatschten Beifall und begutachteten mit scharfem Auge
alles Neue an Kleidung und Schmuck, um dann für Tage und
Wochen darüber zu tratschen. Mit ihrer nordischen Schönheit,
ihrem weißen Teint und ihrer Jugend bezauberte die Königin
alle. Auch bei Hofe traf sie genau den richtigen Ton und übernahm resolut die Gestaltung des Lebens, wobei sich Feste,
Bälle, Konzerte, Ausflüge und Theateraufführungen mit atem-
beraubender Geschwindigkeit abwechselten. Hatte Tanucci
bisher selbst darüber bestimmt, wer zu den Handkussdefilees,
den *baciamani*, und den Bällen eingeladen wurde, so übernahm nun Maria Carolina die Kontrolle. Der Minister reagierte darauf mit Vorhaltungen über die allzu hohen Kosten
der Hofhaltung. Darüber aber setzte sich die Königin souverän
hinweg, und wenn Ferdinando in dessen Auftrag auf sie einzuwirken versuchte, nannte sie Tanucci nur einen «alten Dumm-
kopf».[13] Griesgrämig begann sich der Minister bei dem Patriarchen zu beklagen, und schrieb: «Die Königin äußert oft und
gegenüber jedermann, dass sie dem verhassten Minister so

viele Steine in den Weg legen und ihn so sehr demütigen wird, dass er von selbst abtreten will. Ich sehe deshalb keinen Silberstreif am Horizont, der mich auf einen Augenblick der Ruhe in diesem Leben hoffen ließe.»[14]

In dieser bereits angespannten Situation war es für den alten Minister keine besonders erfreuliche Nachricht, als sich Kaiser Joseph II. Anfang 1769 auf Geheiß seiner Mutter zu einem Besuch in Neapel ankündigte. Er sollte bei den «königlichen Fratzen»[15] nach dem Rechten sehen und kam mit dem präzisen Auftrag, das Vertrauen des Königs zu gewinnen, dessen Selbstbewusstsein zu stärken und ihn im Sinne des Hauses Habsburg mit guten Ratschlägen für seine Regierungstätigkeit zu versorgen. Der Kaiser schlug dem König gegenüber einen betont freundschaftlichen Ton an, und bald drängte Ferdinando darauf, dass die beiden gekrönten Häupter einander nicht mit «Eure Majestät», sondern schlicht mit «Don» anreden sollten. «Don Pepe» beteiligte sich geduldig an den Ballspielen «Don Fernandos» und ließ es sich gefallen, wenn ihm dieser unvermutet einen kräftigen Klaps auf das Hinterteil versetzte. Er nahm sogar an der berüchtigten «Sitzung» auf der *chaise percée* teil, denn es bereitete dem König größtes Vergnügen, möglichst viele Zuschauer um sich zu versammeln, wenn er nach einem üppigem Abendessen mit fettem Fleisch und Makkaroni auf der *chaise percée,* dem Leibstuhl aus Porzellan, sein Geschäft verrichtete. Mit heruntergelassener Hose unterhielt er sich mit seiner Umgebung und kommentierte den Fortgang des Geschehens, das sich nicht selten lautstark ankündigte. Es machte ihm besonderen Spaß, Diplomaten, die sich aus politischer Rücksichtnahme keinen Affront leisten konnten, zu zwingen, diesem Spektakel beizuwohnen. Sobald es so weit war, nahm Ferdinando eigenhändig die Vase und verfolgte damit die kreischend in alle Richtungen flüchtenden Zuschauer, die keine Lust verspürten, das Ergebnis der königlichen Bemühungen zu begutachten. An dieser Art von «Sit-

zungen» musste Maria Carolina nicht selbst teilnehmen, sie
musizierte derweil lieber in ihren Gemächern auf dem Cem-
balo. Der Schwager dagegen gab vor, sich köstlich zu amüsieren.

Ganz anders klang dies alles in dem umfangreichen Bericht,
den der Kaiser für seine Mutter über den Aufenthalt verfasste.
Darin zeigte er sich entsetzt über die Ignoranz und geistige
Trägheit des neapolitanischen Verwandten: «Ich bin sicher,
dass der König in seinem ganzen Leben noch nie über sein Leben nachgedacht hat, weder über sich selbst, noch über seine
physische und moralische Existenz, über seine Interessen oder
sein Land; in der Tat vegetiert er von einem Tag zum anderen,
einzig damit beschäftigt, die Zeit totzuschlagen … Der König
ist ein undefinierbares Wesen, der sich, auch wenn er in der
Vergangenheit nicht so völlig vernachlässigt worden wäre,
doch nie zu einem Mann von Distinktion herangebildet hätte,
sondern nur zu einem wie hundert andere.»[16]

Joseph war schließlich sogar vom Glanz der Hauptstadt und
von seiner Schwester enttäuscht. Maria Carolina versuchte
ihrem Bruder alles zu bieten, was Neapel an Außergewöhn-
lichem aufzuweisen hatte. Einer der Höhepunkte des Besuchs-
programms war eine festliche Opernaufführung im berühmten
Teatro San Carlo. Das Opernhaus war das größte Europas und
besaß auch das größte Orchester. An den Konservatorien der
Stadt gab es unzählige Sänger, Musiker jeder Art, Virtuosen
und Komponisten, die in ganz Europa begehrt waren. Obwohl
in Frankreich und England allmählich eine starke Konkurrenz
heranwuchs, war Italien nach wie vor führend in der Musik,
und Neapel galt als der Inbegriff dieser Tradition. Aus Neapel
kamen die berühmtesten Kastraten, diese «engelgleichen
Monster» zwischen Reinheit und Perversion wie z. B. Farinelli
und Caffarello. «Die Musik ist der Triumph der Neapolitaner», gestand der französische Komponist de Lalande ein,
«denn es scheint, dass in diesem Land das Ohr sensibler und

harmonischer ist als im übrigen Europa; die ganze Nation
singt: Die Gesten, die Stimmlage, die Kadenz der Silben, die
Unterhaltung – alles bringt Musik zum Ausdruck. Neapel ist
die hauptsächliche Quelle der Musik.»[17]

Obwohl Carlos selbst die Oper nicht besonders liebte,
hatte er das Theater unmittelbar nach seinem Regierungsantritt bauen lassen, um auch auf diesem Gebiet mit den anderen Hauptstädten Europas konkurrieren zu können. Auf der
Opernbühne feierte sich die höfische Gesellschaft in der alle-
gorischen Form großer Heldengestalten der Antike selbst.
Das San Carlo war in der Rekordzeit von nur sechs Monaten
gebaut worden. «Das Theater des Königs ist die größte Attraktion für jeden Besucher der Stadt», schrieb ein englischer
Reisender, «die großartigen Ausmaße der Bühne, die wunder-
bare Reihe der Logen und die Höhe des Raumes machen einen
wunderbaren Eindruck.»[18] Zur Eröffnung des San Carlo war
ein Libretto von Metastasio mit dem Titel «Achille in Sciro»
mit der Musik von Domenico Sarro aufgeführt worden, denn
als Schöpfer einer Oper galten damals die Librettisten, deren
Werke von verschiedenen Komponisten vertont werden konnten. Metastasio war Maria Carolina und Joseph von Jugend an
vertraut. Überall in Europa galt er als die Verkörperung des
italienischen Wesens, weil er die «Begabung zum Glück» besitze, und an ihm hatte sich Maria Carolinas Bild ihrer neuen
Heimat geformt.[19] Der 1698 in Rom geborene Pietro Metastasio, der eigentlich Trepassi hieß, war 1729 als Hofdichter
nach Wien gekommen und blieb dort bis zu seinem Tod im
Jahre 1782. Obwohl er seit den vierziger Jahren nicht mehr
viel schrieb, kannte ihn Maria Carolina schon allein deshalb
persönlich, weil er ihrer jüngeren Schwester Maria Antonia,
der späteren französischen Königin Marie Antoinette, Italie-
nischunterricht gab. Auch mit Metastasios Werk und der Musik der großen Komponisten seiner Zeit war Maria Carolina
intim vertraut. Bei der Uraufführung der Gluck-Oper «Il par-

nasso confuso» nach einem Libretto von Metastasio (anlässlich der Hochzeit von Joseph II. mit seiner zweiten Frau Josepha von Bayern 1765) hatten sie und ihre Schwestern die Titelrollen gesungen.

Doch der Geist Metastasios war längst aus Neapel verschwunden. An die Stelle der Kastraten waren die Primadonnen getreten, an die Stelle der «opera seria» die «opera buffa». Statt der heroischen antiken Dramen, die der adeligen Gesellschaft huldigten, vergnügte man sich mit heiter-harmlosen Geschichten, die den derben Späßen des Pulcinella und dem Alltag des Volkes entlehnt waren. Während Carlos sich wenigstens zum Besuch der Oper zwang – obwohl er regelmäßig einschlief –, ging Ferdinando lieber in die kleineren Theater, ins Fiorentini oder Teatro Nuovo, wo es lustiger zuging. Während sich Ferdinando besonders für die leichten und grotesken Farcen neapolitanischer Schule begeisterte, vertraute Maria Carolina ihrem Tagebuch an, wie unendlich sie sich dabei langweilte. Deswegen bestand sie darauf, dass Ferdinando wenigstens ab und zu auch die Oper besuchte. Aber dort herrschten Zustände, an die sich die Königin erst gewöhnen musste. Im San Carlo spielte nicht die Musik, sondern das Publikum die Hauptrolle, wie es ein französischer Besucher beschrieb: «In dem weiträumigen Zuschauerraum bevölkert die gute Gesellschaft die Logen, während der Mittelstand und das einfache Volk im Parterre auf Bänken Platz nehmen … Das Vorherrschende ist der Lärm. Man versteht, wenn vor der Öffnung des Vorhanges ein gewisses Gesprächsgetöse unvermeidlich ist; aber hier ist das etwas anderes … Alles ist erlaubt: Das Parterrepublikum verzichtet nicht auf Essen und Trinken, auch nicht nach Beginn der Vorstellung. Man sollte erwarten, dass dieses Spektakel mit Beginn der Oper ein Ende hat. Welcher Irrtum! Die ganze Aufführung vollzieht sich in einem wahren Tumult. Man erwartet die Aria, die große Nummer, die nach hergebrachtem Opernritus jede Szene beschließt.

Die endlosen, langweiligen Rezitative finden höchstens bei einer Schar von Musikbesessenen Gehör, die beim Schein einer Kerze der Partitur folgen. Das gesamte übrige Publikum aber bleibt bei völliger Verdunkelung des Raumes lebhafter Unterhaltung gewidmet.»[20] Die junge Königin passte sich diesen Gegebenheiten an, es störte sie nicht, wenn Ferdinando wie sein Vater die halbe Oper verschlief, ja nicht einmal, wenn er sich seine geliebten Makkaroni servieren ließ und sie vor dem begeistert klatschenden Publikum in sich hineinschlürfte. Kaiser Joseph stellte seine Schwester in dem schriftlichen Bericht für Maria Theresia zwar nur im besten Licht dar, doch er konnte nicht umhin vorsichtig anzudeuten, dass auch sie sich «neapolitanisiert» habe. Das, was Joseph nach seiner Rückkehr mündlich zu berichten hatte, und was Maria Theresia aus anderen Quellen erfuhr, klang noch viel beunruhigender. Die Neapolitanisierung Maria Carolinas war bereits wesentlich weiter fortgeschritten, als die Mutter dulden zu können glaubte.

Von Mutter und Schwiegervater bedrängt bemerkte Maria Carolina kaum, dass noch ein Dritter bereit stand, ihr Zügel anzulegen und sie in seine Richtung zu lenken: der englische Botschafter Sir William Hamilton. Er war seit 1764 am neapolitanischen Hofe akkreditiert. Schlank, vornehm und zurückhaltend, war er seitdem wie selbstverständlich immer und überall am Hofe präsent. Mit stoischer Ruhe ertrug er die Kindereien des Königs, nahm an den Sitzungen auf der *chaise percée* teil und ging sogar mit auf die Jagd, obwohl er als wahrer Sportsmann für das wilde Gemetzel, das Ferdinando als Jagd bezeichnete, nur Abscheu empfand. Durch eine glänzende Heirat mit einer reichen Adeligen, die als hervorragende Pianistin sogar Mozart bei seinem Besuch in Neapel beeindruckte, besaß er ein großes Vermögen. Hamiltons Amtssitz, der unterhalb des Pizzo Falcone gelegene Palazzo Sessa, und Villa An-

Sir William Hamilton (1730–1803), von 1764 bis 1800 englischer Botschafter in Neapel. (W. Hopkins)

gelica in Portici waren Treffpunkte der eleganten und gebildeten Gesellschaft Neapels. Gäste aus ganz Europa, vor allem aber die zahlreichen englischen Besucher Neapels ließen sich von der Liebe der Hamiltons zu dem Kleinod am Golf anstecken und in seine Mysterien einweihen. Goethe beschrieb 1787 begeistert das gastliche Haus: «Freilich wer sich Zeit nimmt, Geschick und Vermögen hat, kann sich auch hier breit und gut niederlassen. So hat sich Hamilton eine schöne Existenz gemacht und genießt sie nun am Abend seines Lebens. Die Zimmer, die er sich in englischem Geschmack einrichtete, sind allerliebst, und die Aussicht aus dem Eckzimmer vielleicht einzig. Unter uns das Meer, im Angesicht Capri, rechts der Posilipp, näher der Spaziergang Villa Reale, links ein altes Jesuitengebäude, weiterhin die Küste von Sorrent bis ans Kap Minerva. Dergleichen möcht' es wohl in Europa schwerlich zum zweiten Male geben, wenigstens nicht im Mittelpunkte einer großen, bevölkerten Stadt.»[21]

Hamilton verstand es, sich in fast allen Kreisen beliebt zu machen. Ein englischer Freund beschrieb diese Fähigkeit folgendermaßen: «Obwohl er ein perfekter Hofmann war, bewahrte er eine solche Unabhängigkeit und war frei von jeder Liebedienerei, dass er zum Diplomaten geschaffen schien. Seine Konversation war immer reich an Anekdoten. Deshalb war es kein Wunder, dass er das Vergnügen und die Zierde des Hofes von Neapel bildete. Kein fremder Botschafter, auch nicht die Botschafter der Verwandten aus Frankreich und Spanien, konnten sich in Neapel so großer Zuneigung Seiner Majestät des Königs beider Sizilien rühmen.»[22] Die Majestäten gaben ihm den Ehrentitel «paesano nostro», unser Landsmann, und Hamilton konnte sich zurecht als der Doyen aller Botschafter fühlen. Es gelang ihm sogar, sich bei den Lazzari so beliebt zu machen, dass man ihn ernsthaft bedauerte, weil er trotz seiner guten Eigenschaften als Ketzer werde in der Hölle schmoren müssen.

Eigentlich schien sich Hamilton in erster Linie für seine naturwissenschaftlichen und altertumskundlichen Studien zu interessieren. Als wahrer Dilettant, wie ihn das 18. Jahrhundert liebte, berichtete er als korrespondierendes Mitglied der Royal Society nach London auch über interessante Naturereignisse. Hamilton interessierte sich besonders für den Vesuv, was ihm den Beinamen «Liebhaber des Vulkans» einbrachte, und sein zweites großes Interessengebiet waren die Ausgrabungen in Herculaneum und Pompeji, die seit den ersten Funden 1738 von Carlos gefördert worden waren.

Seinem Naturell und Bildungsstand entsprechend interessierte sich Ferdinando überhaupt nicht für die Schätze der Antike. Der Minister Tanucci sorgte zwar für die Bestellung fachkundigen Personals, aber wirkliche Begeisterung konnte auch er nicht aufbringen. So war der englische Botschafter im Umkreis des Hofes bald der einzige Experte, der sich aus leidenschaftlichem Interesse mit den Ausgrabungen beschäf-

tigte. Er begleitete Kaiser Joseph auf den Vesuv und nach
Pompeji und Herculaneum. Im Gegensatz zu den Schätzen aus
den königlichen Ausgrabungen rund um den Vesuv zeigte
Hamilton seine eigene umfangreiche Sammlung äußerst bereitwillig allen Interessierten und ließ sie auch in aufwendig
gestalteten Prachtbänden abbilden und veröffentlichen. Für
das British Museum bildete Hamiltons erste Vasensammlung,
die er 1772 an das Museum verkaufte, den Grundstock der
Antikenabteilung. Dieser Verkauf löste nicht nur in England,
sondern in ganz Europa eine Mode aus und ließ die Preise in
die Höhe schnellen – sehr zum Missfallen des Diplomaten, der
sich dennoch bald eine zweite, noch umfangreichere Sammlung zulegte.

Die englische Regierung hatte Hamilton aber nicht nur aus
Interesse an Wissenschaft und Kunst nach Neapel geschickt.
Für die seit dem Spanischen Erbfolgekrieg von England betriebene europäische Gleichgewichtspolitik hatte das Mittelmeer große Bedeutung gewonnen und Neapel konnte zu einer
Art Zünglein an der Waage werden. Seitdem stand Neapel
unter strengster Beobachtung. Dieser Aufgabe kam Hamilton
stets gewissenhaft nach. Unter seiner äußeren Distanziertheit
verbargen sich ein wachsames Auge und ein untrügliches
Gespür für die Wahrheit hinter dem Schein. Als er den Kaiser
auf den Vesuv und zu den Ausgrabungen begleitete, bemerkte
er sehr genau, dass Don Pepes Leutseligkeit nur gespielt war:
«Er war nervös und reizbar, sogar jähzornig, wo er gutmütig
oder beherrscht hätte sein sollen. Ich begleitete ihn zum Gipfel des Vesuvs und sah mit Betroffenheit, wie er seinen Stock
an der Schulter des Führers Bartolomeo zerbrach, wegen eines
kleinen Ärgernisses, das dieser Seiner Kaiserlichen Majestät
gegeben hatte.»[23] Einstweilen beschränkte sich der Botschafter aufs Beobachten, denn auch ohne sein aktives Eingreifen
liefen die Dinge in der von ihm und seiner Regierung ge-
wünschten Richtung.

Königin der freien Geister

Feste und Verschwendungssucht

~ Gelassen konnte der englische Botschafter zusehen, wie Maria Carolina den Machtkampf mit Tanucci aufnahm und nach Mitteln und Wegen suchte, um sich und dem Rang, der ihr nach ihrem Selbstverständnis gebührte, Raum zu verschaffen. Zunächst schien es sich dabei um ein ganz unpolitisches Terrain zu handeln. Maria Carolina setzte gegen den erbitterten Widerstand des Ersten Ministers die Wiederzulassung der Maskenfeste im Karneval durch. Entsprechend seiner streng rationalistisch-paternalistischen Einstellung hatte Carlos bereits unmittelbar nach seinem Regierungsantritt das Tragen von Masken im Karneval nicht nur auf Straßen und Plätzen, sondern auch auf offiziellen und privaten Festen verboten. Begründet wurde dieses drastische Vorgehen mit dem Anstieg der Gewaltverbrechen während des Karnevals, mit den Frechheiten, die sich unbeteiligte Personen von Maskierten gefallen lassen mussten, und damit, dass sich allerlei übel beleumundete Personen unter dem Schutz einer Maske in die Paläste des Adels oder sogar bei Hofe einschlichen.

Schien die Begründung des Verbots in erster Linie gegen das niedere Volk und seine allzu großen Freiheiten gerichtet zu sein, so stieß es in Wirklichkeit vor allem beim Adel auf Widerstand. Denn mit enormer Prachtentfaltung und rauschenden Festen feierte sich der Adel im Karneval vor dem König, vor dem Volk und vor aller Welt. Genau diese Selbstdarstellung des Adels aber wollte der König verhindern, nicht so sehr aus Gründen der inneren Sicherheit, der öffentlichen

Moral, der Sparsamkeit oder der Einhaltung der Standes-
grenzen. Die Pracht adeliger Feste durfte vielmehr nicht in
Konkurrenz treten zu der Rolle des absoluten Monarchen
selbst oder sollte zumindest unter seiner strengen Regie stehen. Wenn ein Fest erlaubt wurde, galt dies als besonderer
Gunst- und Vertrauensbeweis, und wenn ausnahmsweise – ein
einziges Mal im Jahre 1748 – das große Karnevalsfest im Teatro San Carlo stattfand, durfte niemand anders als das königliche Paar im Mittelpunkt stehen. Während Carlos einerseits
dem Adel am Hof, in Regierung, Heer und Verwaltung wieder
eine politische Funktion zuwies, ihn zu Rang und Ehren kommen ließ, sollte diese neue Rolle andererseits klar begrenzt
und als «Gunst» des absoluten Monarchen erkennbar sein.

Als Maria Carolina die Aufhebung des Maskenverbots
durchsetzte, schien der Adel alles nachholen zu wollen, was
ihm in den letzten Jahrzehnten verwehrt worden war. Der
Karneval 1774 wurde zu einer Sensation und einem märchenhaften Spektakel von nie gesehener Kühnheit, von dem man
in ganz Europa sprach. Über die Maskenfeste im San Carlo
schrieb eine Engländerin: «Der Fremde, den der Zufall, der
Handel oder die Neugierde zum Karneval nach Neapel geführt
hat, wird vollkommen überwältigt. Der Deutsche kann nur
staunen. Der Engländer, der bis zu diesem Augenblick geglaubt hat, in Europa gehe nichts über die Masken von
Hay-Market, verbeugt sich vor denen Neapels. Der Franzose
kommt nicht umhin zuzugeben, dass die Bälle in der Pariser
Oper nicht an die im San Carlo heranreichen: Alle müssen
neidlos anerkennen, dass dieses Schauspiel zum Besten und
Großartigsten gehört, was in der heutigen Zeit dargeboten
werden kann. Der König und die Königin erschienen bei all
diesen öffentlichen Bällen in Maskenkostümen von exquisitem
Geschmack.»[1]

Wie nie zuvor trumpfte der Adel auch beim traditionellen
Maskenzug durch die Via Toledo auf. Er stand unter dem

Motto «Osmanischer Triumphzug» und wurde von den besten Familien Neapels gemeinsam gestaltet. Dargestellt war ein Pascha, der vier Völker unterworfen hatte und sie in Ketten nach Konstantinopel schleppte: Kalmücken, Tataren, Georgier und die Untertanen des Großen Moguls. Der Triumphzug begann mit vierundzwanzig türkischen Nobelgarden, begleitet von allen Ehrengraden, die in Schlachtordnung marschierten. Darauf folgte der Triumphwagen, geschmückt mit Fahnen, Standarten, Waffen und den Schätzen des besiegten Feindes, umringt von den triumphierenden Soldaten. Dahinter kamen vier Wagen mit Gefangenen, in denen jeweils zwölf Soldaten einer besiegten Nation angekettet waren und von türkischen Garden bewacht wurden. Außerdem schmückten den Zug zwölf Paschas, vierundzwanzig Eunuchen, ebenso viele Janitscharen, Mohren und Pferde, alle großartig ausgestattet und begleitet von Musikern, die auf türkischen Instrumenten türkische Märsche spielten. Ausländische Beobachter wunderten sich über die merkwürdige politische Botschaft der Maskeraden. Maria Carolina, die Tochter aus dem Hause Habsburg, deren Heimatstadt vor nicht einmal hundert Jahren nur knapp einer Eroberung durch die Osmanen entgangen war, verkleidete sich bei den «Ausfahrten aus dem Serail» als Große Sultanin, umgeben von der Königin von Transsylvanien, der Königin von Persien, der Sultanin von Griechenland und zwei maurischen Sultaninnen. Sie gebot über ein Heer von Eunuchen, die Kohlebecken mit duftenden Harzen schwenkten.

Tanucci betrachtete die immer sicherere Regie Maria Carolinas bei solchen Festen als Eingriff in seine Kompetenzen. Zornentbrannt beschwerte sich der alternde Minister in Spanien über die ungeheuerlichen Ausgaben für die aufwendigen Feste in Neapel und den Schlössern außerhalb der Stadt: «Die Ausgaben für den Karneval in Caserta, für die Bälle, Bankette, Opernaufführungen, für die das gesamte Personal aus Neapel herangeschafft werden musste, für die Stegreifkomödien usw.

belaufen sich auf fast 30 000 Dukaten, die die arme königliche Geheimkasse zu tragen hat. Nicht der König ist verantwortlich für diese Summen, sondern die Königin und ihre Damen, die mit ihren Deutschen den Aufenthalt hier sonst nicht erträgt.»[2] Alljährlich wiederholte Tanucci seine Klagen und wies warnend darauf hin, wie sehr die Zahl der Gewalttaten und Unruhen zunahm, die auch in normalen Zeiten nur schwer unter Kontrolle zu halten waren. Alljährlich und in immer strengerem Ton forderte Carlos seinen Sohn auf, die Ermahnungen und Warnungen Tanuccis ernst zu nehmen und die Maskenfeste wieder zu verbieten. Schließlich setzte er sich gegen seinen Sohn und sein Sohn gegen seine Gemahlin durch: Im Jahr 1776 konnte Tanucci triumphierend das neuerliche Verbot der Maskenfeste verkünden. Doch sein Sieg war in mehrfacher Hinsicht ein Pyrrhussieg.

Durch das Verbot waren zwar die öffentlichen Maskenfeste im Teatro San Carlo, die Umzüge und die Ausfahrten aus dem Serail unmöglich gemacht, aber ohne die aktive Unterstützung des Königs und der Königin, ohne ihre Vorbildfunktion als sparsame strenge Herrscher war die Prunk- und Spielsucht des Adels nicht mehr zu bremsen. Statt der Konzentration aller Aufwendungen auf die Karnevalszeit fanden die Feste nun über das ganze Jahr verteilt statt. Man überbot und ruinierte sich weiter mit immer außergewöhnlicheren Inszenierungen. Vergessen waren ein für alle Mal die an den Adel gerichteten Verbote aus der Zeit Carlos', mit denen «die Zahl des Gefolges, die übertriebene Pracht der Gewänder sowie die Menge und Ausstattung der Wagen» hatte beschränkt werden sollen.[3]

Maria Carolina hatte durch ihr glanzvolles Auftreten bei den Maskenfesten die Anerkennung gefunden, die sie brauchte, um eine eigenständige Rolle zu spielen, und sie war fest entschlossen, diese noch weiter auszubauen. Bei seinem Abschied von Neapel hatte Joseph seiner Schwester geraten, einen «Salon» zu eröffnen, um sich so einen Kreis von Vertrauten und

Anhängern, von Verbindungen und Informanten zu schaffen. Madame de Staël behauptete zwar noch zu Beginn des 19. Jahrhunderts in ihrem berühmten Roman «Corinne», dass es nirgendwo in Italien «Gesellschaft, Salons oder mondänes Leben» gebe.[4] Doch in Neapel war man da anderer Ansicht. Spätestens seit 1769 versuchte der ehemalige Botschaftssekretär in Paris, Ferdinando Galiani, ein bisschen von dem, was er in Paris so sehr genossen hatte, dadurch zu erhalten, dass er in einem intensiven Briefwechsel mit der berühmten Pariser Salonière Madame d'Epinay eine Art «virtuellen» Salon eröffnete, durch den er sich «in der Pariser Gesellschaft präsent» fühlte. Außer Ideen, Themen und Klatsch ließ sich Galiani auch mit regulierbaren Schleifen versehene Strumpfbänder, Taschentücher und andere Luxusgüter für die Damenwelt Neapels schicken, um sie von ihrer angeblichen Provinzialität zu befreien. Die potentiellen Abnehmerinnen, gebildete und interessierte Adelige, übernahmen nicht nur die modischen Attribute, sondern auch den gesellschaftlichen Rahmen schnell. Eigentlich waren nur sie als Frauen in der Lage, einen Salon, diesen außergewöhnlichen «Zwischenbereich von öffentlicher und privater Sphäre zu gestalten».[5] Denn nur ihnen war es gegeben, ohne Ansehen der Person und des Standes zu festen Terminen eine Gesellschaft oder einen Zirkel geladener Gäste um sich zu scharen und das Gespräch mit fester Hand so zu leiten, dass es unter Wahrung von Sitte und Anstand stets anmutig, geistreich und humorvoll blieb, aber dennoch der Belehrung und der Erweiterung des Wissens diente.

Dass die Königin in Neapel selbst einen solchen regelmäßigen Salon geführt hätte, war allerdings unmöglich, denn dagegen sprach schon allein die aufwendige Hofetikette, die die Ungezwungenheit und den freien Ideenaustausch und damit den eigentlichen Reiz eines Salons verhindert hätte. Maria Carolina hätte zudem die Unterstützung ihres Gatten und letztlich auch Tanuccis gebraucht. Und daran war unter den gegebenen Umständen nicht zu denken. Doch sie erwählte diejenigen ihrer Hofdamen zu ihren engsten Vertrauten, die dem Pariser Vorbild am meisten nacheiferten und dafür sorgten, dass Neapel keineswegs eine solche Ödnis war, wie Madame de Staël sie beklagte. Es waren vor allem zwei dieser Hofdamen, die nicht nur wegen der Eleganz ihrer Salons berühmt waren, sondern vor allem wegen der literarischen und politischen Fragen, die dort diskutiert wurden. Die Fürstin Belmonte und die Marchesa San Marco scharten die wichtigsten Köpfe der Aufklärung in Neapel und die unzähligen Fremden, die auf der «Grand Tour» die Stadt besuchten, um sich. Diese brachten nicht nur internationalen Klatsch und Tratsch, sondern auch neue Ideen und politische Themen mit. Bei den Hofdamen Maria Carolinas, deren Salons sie ohne Aufwand besuchen konnte, standen Gespräche über aktuelle philosophische, literarische und politische Fragen vielleicht nicht so im Vordergrund, wie es sich ein Galiani und eine Madame de Staël nach ihren Pariser Gewohnheiten gewünscht hätten. Ein Bonmot lautete vielmehr, es handle sich um «Gespräche, bei denen es nie gelingt, ein Gespräch zu führen».[6] Dennoch herrschte eine weltoffene und anregende Atmosphäre, die sich mit der französischen Hauptstadt durchaus messen konnte. Ein vielleicht nicht ganz so strenger französischer Reisender war entzückt von der Marchesa San Marco und berichtete, sie lade alle Ausländer, die in Neapel einträfen, zu sich ein und empfange sie «auf die allervollkommenste Weise».[7]

Die Philosophen Ihrer Majestät

In den Salons ihrer Hofdamen suchte und fand Maria Carolina Geistesverwandte, die ihr halfen, sich ihren Weg durch die verworrene und schillernde neapolitanische Gesellschaft zu bahnen. Dabei bediente sie sich eines Leitfadens, den sie aus ihrer österreichischen Heimat mitgebracht hatte: Sie orientierte sich am Gedankengut der Freimaurerei und wählte aus diesem Kreis Personen aus, die sie ihres Wohlwollens versicherte, und scharte so einen Kreis ergebener, durch gemeinsame Überzeugungen, Interessen und geheime Verbindungen zusammengehöriger Männer und Frauen um sich. Franz Stephan, Maria Carolinas Vater, war der erste Regent in Europa, der den Freimaurern angehörte. Er machte sogar einen Logenbruder, den Baron Carlo Antonio Martini aus Trient, zum Erzieher für seine Söhne Joseph, den künftigen Thronfolger, und Leopold, den künftigen Großherzog von Toskana. Auch die aufgeweckte Maria Carolina war von diesem Gedankengut geprägt und kannte die geheimen Gesten und Erkennungszeichen.

Eines der wichtigsten Prinzipien der Logen war die *Brüderlichkeit*, denn die Freimaurer sollten sich auch dann Brüder nennen, wenn sie unterschiedlichen Nationen, Religionen, Ständen oder politischen Richtungen angehörten. Auch außerhalb der Logen waren sie verpflichtet, einander zumindest nicht zu schaden. Aus dem Prinzip der Brüderlichkeit ergab sich notwendig das der *Toleranz* als eines der Grundgedanken der Aufklärung, und schließlich nahm der aus den alten Bünden der Freien Maurer übernommene Grundsatz der *Gleichheit* in den Logen eine ganz neue Bedeutung an. Bei den Freimaurern fanden sich nicht nur Katholiken und Protestanten, nicht nur Deisten und Atheisten, nicht nur Einheimische und Fremde zusammen, sondern auch Adelige und Bürger, die sich – zumindest im Rahmen der Loge – als Gleichgesinnte und Gleichgestellte fühlen durften.

Die auf diesen Prinzipien basierende freie Diskussion innerhalb der Logen, die Wählbarkeit der Ämter, die Mehrheitsentscheidungen nach dem Prinzip *one man one vote* führten demokratische Regeln ein. Noch dachte niemand daran, diese Regeln auch auf das politische Leben zu übertragen. Gegenüber dem Staat hatte der Logenbruder sich loyal zu verhalten, aber die Möglichkeit politischen Widerstands war zumindest individuell denkbar. In den Statuten einer Londoner Loge hieß es dazu: «Falls ein Bruder sich gegen den Staat erheben sollte, so darf er in dieser Rebellion nicht unterstützt werden. Man muss Mitleid mit ihm haben wie mit einem Verunglückten. So sehr die freie Bruderschaft solcher Rebellion abschwören und keinerlei derartigen Verdacht oder auch nur Misstrauen von Seiten der Regierung aufkommen lassen darf, kann dennoch ein Bruder, wenn er sich nicht eines anderen Verbrechens schuldig gemacht hat, deshalb nicht aus der Loge ausgeschlossen werden und seine Beziehung zu ihr bleibt unverändert.»[8]

In Neapel waren die ersten Logen wahrscheinlich von Offizieren der habsburgischen Heere in der Zeit zwischen 1707 und 1734 gegründet worden. Die phantasievollen Titel der Freimaurerei, die sogenannten hohen Grade wie «Ritter des Orients», «Ritter des schwarzen Adlers» oder «Erwählter der Neun» sprachen auch und gerade den Adel an. Deshalb traten in Neapel Mitglieder der höchsten Aristokratie der Freimaurerei bei, 1750 als einer der Ersten Raimondo di Sangro, Fürst von San Severo. Er wurde im selben Jahr Großmeister der neapolitanischen Freimaurer und «Venerabile» einer eigenen Loge, zu der nach einer anonymen Quelle nicht weniger als 280 Brüder gehörten.[9] Der Fürst hatte sich mit seinen alchimistischen Forschungen und aufsehenerregenden Erfindungen den Ruf erworben, über Zauberformeln und magische Kräfte zu verfügen. Er glaubte nicht an das Wunder des heiligen Gennaro, ja er behauptete sogar, das Geheimnis der Blutverflüssigung gelöst zu haben. Einem französischen Reisenden gegenüber führte er eine Phiole vor, die genauso wie die des Heiligen gestaltet war. Sie enthielt eine Mischung aus Gold, Quecksilber und Zinnober, die wie geronnenes Blut aussah. Um diese Mischung zu verflüssigen, war weiteres Quecksilber im Hals der Phiole versteckt, das durch ein Ventil in den Bauch der Ampulle tropfte, wenn sie umgedreht wurde.[10] Benedetto Croce nannte di Sangro «die neapolitanische Verkörperung des Doktor Faust».[11] Durch ihn wurde die Mitgliedschaft in den Logen gesellschaftsfähig. Aus Gesellschaften, in denen es um Geheimnisse ging, wurden geheime Gesellschaften, in denen sich die geistige Elite der Gesellschaft traf.[12] Trotz dieser einflussreichen Mitglieder ließ Carlos die Freimaurerlogen 1751 verbieten. In dem Edikt legte er seinen absoluten Herrschaftsanspruch und zugleich die Grenze seiner eigenen aufgeklärten Haltung grundsätzlich dar: «In jedem gut geordneten Staat gibt es kein Übel, das seiner inneren Verfassung mehr widerspricht und ihre Grundfesten mehr erschüttert als die schädliche Freiheit, wenn sich die Bürger anmaßen, nach eigenem Vermögen und Gutdünken Vereinigungen zu bilden und sich in Gesellschaften zusammenzuschließen.»[13]

Es war deshalb ein klarer Affront gegen die bisherige von Carlos und Tanucci verfolgte Politik, wenn Maria Carolina ziemlich unverstellt zu Freimaurern Kontakt aufnahm, seit 1773 mit dem neuen kaiserlichen Botschafter Josef Wilczek ein weithin bekannter Exponent der österreichischen Logen nach Neapel gekommen war. Schon im selben Jahr wurde Maria Carolina durch die Marchesa di San Marco mit Francesco d'Aquino, dem späteren Fürsten von Caramanico, einem der prominentesten Logenmitglieder Neapels bekannt gemacht. Sie regte ihn an, eine neue Loge ohne Abhängigkeit von ausländischer Oberhoheit zu gründen. Diese «Große Nationale Loge», die sich den Namen «lo Zelo», der Eifer, gab, betonte stolz die führende Rolle Neapels bei der Ausbreitung freimaurerischer Ideen und zog tatsächlich in kürzester Zeit wichtige Persönlichkeiten an. Die Loge wurde zu einem Treffpunkt nicht nur des Adels, sondern auch fortschrittlicher Kleriker, Bürger, Offiziere und Intellektueller, die sich neben philosophischen und mystischen Themen immer mehr auch konkreten politischen und wirtschaftlich-sozialen Fragen widmeten. Es kam zu einem regen Austausch mit Logen in Wien, Paris und London. Gerade deshalb wurde die neue Loge von ihren Gegnern von Anfang an als Keimzelle einer «habsburgischen Partei» verleumdet und bekämpft.

Dieser Vorwurf war insofern gerechtfertigt, als Maria Carolina die Verbindungen zu den Geheimgesellschaften nutzte, um politischen Einfluss zu gewinnen und die ihr genehmen Personen an die richtigen Stellen zu setzen. Sie beschränkte sich dabei anscheinend nicht darauf, bestehende Logen zu protegieren und die Gründung neuer anzuregen, sondern trat auch selbst einer Loge bei. Ein Bruder der Marchesa von San Marco hatte mit einem französischen Patent eine neue Loge mit dem Titel «Saint Jean du Secret et de la parfaite Amitié» gegründet, in der auch Frauen zugelassen waren, was heftige, weit über die Freimaurerei hinausreichende Gerüchte und Spekulationen auslöste. Neben der Marchesa von San Marco galten als weibliche Mitglieder dieser Loge die Gattin des exzentrischen Fürsten von Francavilla und eben die Königin höchstpersönlich. Auch ein Star des San Carlo, die Sängerin Antonia Bernasconi, war offensichtlich Mitglied dieser Loge. Als sie eines Tages auf offener Bühne dreimal hintereinander die geöffnete Hand vom Solarplexus zur Kehle führte und sich damit als Freimaurerin zu erkennen gab, wurde sie mit tosendem Beifall gefeiert. In den Augen des Patriarchen und Tanuccis wurde die Lage umso bedrohlicher, als die Königin es offenbar auch darauf anlegte und fast geschafft hatte, ihren Gatten zum Eintritt in eine Loge zu bewegen. Carlos drängte seinen Sohn dazu dagegen einzuschreiten, aber der verteidigte sich in einem Brief in der für ihn typischen Weise: «Bisher wollte ich nicht darüber reden, aber da Eure Majestät mein Bedauern kennt, kann ich sagen, dass es meine Frau ist, die alles daran setzt, die Freimaurerlogen zuzulassen ... und um des lieben Friedens willen musste ich es gestatten, wobei ich immer darauf bestand, dass es gegen meinen Willen geschah, wie Tanucci bezeugen kann.»[14]

Im Jahr 1775 wurde ruchbar, dass die Freimaurerei auch im königlichen Kadettenregiment Eingang gefunden hatte, das nach dem König benannt war und vom König persönlich kommandiert wurde. Obwohl der Fall zunächst großes Aufsehen erregt hatte, beschränkte man sich auf die Entlassung eines Franzosen, der an der Kadettenanstalt unterrichtet und mit seinen Ideen angeblich die Köpfe der jungen Männer verwirrt hatte. Die Offiziersanwärter selbst, die der Logenzugehörigkeit bezichtigt worden waren, blieben unbehelligt. Gegenüber der strengen Kritik seines Vaters ob dieses äußerst milden Vorgehens wehrte sich Ferdinando recht bequem damit, dass er die ganze Verantwortung auf seine Frau abwälzte: «Nur ich weiß, wie oft meine Frau mich auch dazu überreden wollte, aber ich habe mich immer dagegen gewehrt und ihr gesagt, dass mir solche Dinge nicht gefallen.»[15] Da nun auch Tanucci zu begreifen begann, dass Maria Carolina mehr als eine «Grünschnabelkönigin» war, wie Maria Theresia ihre Tochter titulierte, setzte er mit Rückendeckung des spanischen Königs und furchtsamer Zustimmung Ferdinandos ein neues Edikt durch (12. September 1775), in dem das 1751 ausgesprochene Verbot erneuert und seine energische Durchsetzung angekündigt wurde. Durch exemplarische Strafmaßnahmen sollte das ganze Freimaurerwesen zerschlagen werden. Allerdings schreckte Tanucci davor zurück, die Adeligen, die als Logenmitglieder bekannt waren, direkt anzugreifen. Deshalb beauftragte er seinen Polizeichef damit, die Kontakte der Offiziere zweier englischer Schiffe in der Stadt auszuspionieren und dann eine Logensitzung auffliegen zu lassen. Die Freimaurer, die in flagranti ertappt werden sollten, durften jedoch keine gesellschaftlich hochstehenden Persönlichkeiten sein, ihre Verhaftung sollte nur dazu dienen, den ernsthaften Willen der Regierung zu manifestieren das Freimaurerverbot durchzusetzen.[16]

Da es dem Polizeichef nicht gelang, diesen Vorgaben gerecht zu werden, inszenierte er (am 2. März 1776) mit eigenen oder bezahlten Leuten, vor allem Ausländern, ein Treffen, bei dem er in einer Villa in Capodimonte vor den Toren der Stadt ohne Schwierigkeiten intervenieren konnte. Die Versammlung, zu der durch einen Spitzel einige unbedeutende Logenmitglieder eingeladen waren, wurde in reißerischem Stil von bewaffneten Schergen gesprengt, und alle Anwesenden wurden verhaftet. In einem «Zimmer der Reflexion» war das ganze Arsenal geheimbündlerischer Rituale, wie man es sich nicht schauriger ausmalen konnte, aufgebaut: «eine brennende Öllampe, an der Wand elf aus schwarzem Papier ausgeschnittene Schädel und darunter das Bild zweier gekreuzter Knochen, über einem Stuhl ein blutbesudeltes Hemd, auf dem Tisch eine Tasse voller Blut und ein hölzerner Totenkopf ...»[17] Stolz meldete Tanucci das Ereignis seinem Herrn in Spanien und berichtete über die Reaktion Ferdinandos: «Der König, dem ich die Nachricht untertänigst unterbreitete, war unendlich erfreut darüber. Heute hat er mir versichert, es sei sehr opportun, dass es sich um Personen von geringer Bedeutung handelt. Denn so werden dennoch die Ritter von den Sitzungen Abstand nehmen und deshalb nicht überrascht werden.»[18] Diese Hoffnung konnte Tanucci auch deshalb hegen, weil alle Verhafteten gegen das Versprechen baldiger Entlassung dazu bereit waren, in einer vertraulichen Erklärung ihre Logenbrüder hemmungslos zu denunzieren. Diese Aussagen umfassten nach Tanuccis Worten «eine sehr große Zahl dieser Freimaurer und ... zwar aus allen Klassen, aus dem Adel, dem Heer und dem ganzen Land, ja sogar Frauen aus allen Klassen und insbesondere einige Frauen aus dem Theater».[19]

Bei dem darauf folgenden Prozess vor der *Giunta di Stato*, dem Staatsgericht, ging es um Majestätsbeleidigung, auf der die Todesstrafe stand. Doch anders, als Tanucci dies erwartet hatte, wurde das Verfahren zu einem zähen Machtkampf, in dem die öffentliche Meinung weit über die Grenzen Neapels hinaus eine wesentliche Rolle spielte. Tanucci hatte unterschätzt, wie weit die Freimaurerei bereits in allen Schichten des Königreichs Fuß gefasst hatte, aber auch, wie weit ihre Verbindungen über die Grenzen des Landes hinaus reichten. Weil bei der fingierten Logensitzung ein französischer Staatsbürger beteiligt war, schaltete sich der französische Botschafter ein, ja kurz darauf traf in Neapel sogar die Herzogin von Orléans ein, Gemahlin des als Großmeister der französischen Freimaurerei bekannten einflussreichen Louis Philippe Joseph d'Orléans, der später den Beinamen Philippe Égalité annahm. Die Herzogin wurde mit allerhöchsten Ehren bei Hofe empfangen, sie setzte sich mit Nachdruck für die Sache der «Brüder» ein, und bald wurden den Angeklagten Hafterleichterungen und Besuchserlaubnisse zuteil. Angehörige des höchsten Adels wie der Bruder der Marchesa San Marco, der Herzog von San Demetrio, viele Offiziere und zahlreiche Kadetten brachten durch Besuche ihre Solidarität mit den Verhafteten zum Ausdruck. Die Marchesa selbst ließ öffentlichkeitswirksam für das leibliche Wohl der Angeklagten sorgen.

Während des Besuches der französischen Herzogin erschien ein anonymes Pamphlet, in dem die Machenschaften des Polizeichefs aufgedeckt und gegen den Ersten Minister heftige Anklagen erhoben wurden. Das Büchlein wurde von der Regierung als «aufrührerisch, gottlos, skandalös und voller Fehler, Dummheiten und Hasstiraden» verboten und öffentlich verbrannt. Damit konnte man allerdings nicht verhindern, dass es in ganz Italien und in Frankreich jetzt erst recht reißenden Absatz fand. Als der Verfasser, ein Franzose namens Felice Lioy, bekannt wurde, entzog er sich seiner Verhaftung durch die Flucht, die sich in eine Art Triumphzug eines Märtyrers despotischer Willkürherrschaft verwandelte. Schließlich fand er Aufnahme beim Herzog von Sachsen und seiner Gemahlin Marie Christine, einer Schwester Maria Carolinas.

Die *Giunta di Stato* erklärte das Verfahren für hinfällig und
ließ die Verhafteten frei, nachdem der Polizeichef als vorsitzender Richter abgelöst und vom Ankläger zum Angeklagten
geworden war. Diese Wendung wurde in ganz Europa als ein
Sieg des Rechts und der Vernunft über die Willkürherrschaft
gefeiert, wie ein Chronist schrieb: «Die Freimaurer jubelten
und nicht nur in Neapel, sondern man kann sagen, in ganz
Europa. Der Überfall von Capodimonte war zu einem histo-
rischen Ereignis geworden, an dem sich die Vertreter der
neuen Ideen fast ebenso begeisterten wie am amerikanischen
Unabhängigkeitskrieg. Der Polizeichef erhielt traurige Be-
rühmtheit als Personifikation eines Systems von Willkür und
Gewalt gegen das von Philosophen und Juristen erweckte
öffentliche Bewusstsein. Die Zeitungen in Paris, London, Lau-
sanne und den italienischen Städten haben sich mit dem Prozess befasst und die Entscheidung der *Giunta* als Verteidigung
der Unschuld gefeiert. Und in all diesem darf man nicht nach
der Logik oder dem genauen Maß der Dinge suchen. Es war
der Anfang des Kampfes zwischen dem Alten und dem Neuen,
in dem jede Waffe recht war und vor allem treffen sollte. Die
Menschen, die sich scheinbar damit abgefunden hatten schwei-
gend jede Willkür hinzunehmen, genossen es, diesmal die berüchtigten Schergen an die Wand gestellt zu sehen.»[20]
Mehr als ein Sieg des «Neuen» über das «Alte» erschien
der Ausgang des Freimaurerprozesses in Neapel als ein ganz
persönlicher Sieg der ehrgeizigen jungen Königin über den
alten Minister Tanucci, der seine Kräfte bei weitem über-
schätzt hatte. Maria Carolina war zur Heldin der Freimaurer
in ganz Europa geworden. Überall feierte man die Königin
Neapels als Beschützerin des freien Denkens und der fortschrittlichen Ideen. Der mächtige Grand Orient in Frankreich
beschloss sogar, dass nach allen Banketten der Logen seines
Einflussbereichs dem üblichen Trinkspruch ein Toast auf
«Caroline, reine de Naples, protectrice des maçons persécutés»

[Carolina, Königin von Neapel und Beschützerin der verfolgten Freimaurer] zu folgen hatte.[21]

Maria Carolina nutzte ihren Erfolg, um denjenigen, die sie in den Salons ihrer Hofdamen und in den Logen als Vertreter neuer Ideen und Reformprojekte kennengelernt hatte, eine öffentliche Plattform zu geben. Sie war die treibende Kraft für die Gründung der «Reale Accademia scientifica e letteraria» [Königliche Akademie der Wissenschaften und Literatur] im Jahr 1778. Akademien waren seit dem 17. Jahrhundert in Europa die wichtigsten Transmissionsriemen zur Verbreitung des modernen naturwissenschaftlichen Denkens und der Ideen der Aufklärung. Ihre Mitglieder waren in der Mehrzahl entweder früher oder nach wie vor Mitglieder einer Loge. In Neapel gab es um die Mitte des 18. Jahrhunderts nur wenige solcher Gelehrtengesellschaften. Um als Institutionen der Zivilgesellschaft unter dem Ancien Régime zu bestehen, bedurften sie der Protektion und Förderung durch hochgestellte Persönlichkeiten, mussten aber vor allem von der Krone, wenn nicht gefördert, so doch wenigstens geduldet sein. Obwohl die Gelehrtengesellschaften mit ihren Statuten, einer festen Mitgliedschaft und öffentlichen Veranstaltungen mehr oder weniger klar strukturierte Institutionen waren, war dort ein wesentlich freierer Gedankenaustausch möglich als an den traditionellen Universitäten. Schon in der Namensgebung der neuen Akademie kam zum Ausdruck, dass man in Neapel endlich mit der bereits seit dem 17. Jahrhundert bestehenden französischen «Académie des sciences» gleichziehen wollte. Auch die englische «Royal Society» und die kaiserliche «Leopoldina» bestanden bereits seit langem. In den Akademien traten die Vertreter der Aufklärung aus dem Schatten der Geheimniskrämerei der Logen an die Öffentlichkeit und präsentierten sich als der «schöne Traum» einer «friedlichen Revolution, die von der Dynastie im Einklang mit den besten

Köpfen der Nation» ins Werk gesetzt wird.[22] Großzügig finan-
ziert und vom Hof unterstützt sollten in den Bereichen Phy-
sik, Mathematik, Geschichte und Literatur die «Denker unter
unseren Untertanen» zu Wort kommen, wie es im Statut der
«Accademia» hieß.[23]

Der einflussreichste Denker unter Maria Carolinas Untertanen war der 1752 – also im gleichen Jahr wie die Königin –
geborene Gaetano Filangieri. Mit nur zweiundzwanzig Jahren
veröffentlichte er erste Gedanken zur notwendigen Reform
des Rechtswesens, die sofort weit über die Grenzen Neapels
hinaus Aufsehen erregten. Im Vorwort stellte er die entscheidende Frage in den Raum, die die aufgeklärten Geister be-
wegte und seine Schüler später zu weit radikaleren Schluss-
folgerungen als ihn selbst trieb: «Sollte die Menschheit wirklich so unglücklich sein, dass sie entweder arm oder moralisch
korrupt ist?»[24]

Im Jahr 1780 erschienen die ersten beiden eines auf sieben
Bände angelegten Werkes unter dem Titel «Scienza della
legislazione» [Wissenschaft der Gesetzgebung], in denen
Filangieri die Grundlagen der Gesetzgebung für alle Bereiche
des gesellschaftlichen Lebens behandeln wollte. Obwohl er
seinen monumentalen Plan nicht zur Gänze ausführen konnte,
wurde sein Werk zur «Bibel» der nächsten Generationen von
aufgeklärten Geistern. Im ersten Band, in dem es um die allgemeinen Prinzipien der Gesetzgebung geht, geißelt Filangieri das Feudalrecht und das «Chaos der Gesetzgebung in
allen Ländern Europas». Anstelle eines auf Tradition, Ge-
wohnheit und Herrschaft basierenden Rechts entwirft er ratio-
nale Grundsätze von universaler Gültigkeit. Diesem auf Vernunft gegründeten Recht ist auch der Monarch unterworfen,
dem gegenüber die Gesellschaft durch die öffentliche Meinung
dieses Recht einfordern kann und muss.[25]

Filangieris Gedanken fanden rasch große Verbreitung über
die Grenzen Italiens, ja Europas hinaus. Aus dem fernen Ame-

rika schickte Benjamin Franklin dem neapolitanischen Gelehrten einen Entwurf der amerikanischen Verfassung und
bat um einen Kommentar. Er hatte Filangieris Schriften während seines Aufenthalts als Abgesandter des Amerikanischen
Kongresses am Hofe Louis' XVI. in den Jahren 1776–1785
kennengelernt und stand seitdem in brieflichem Kontakt mit
dem Gelehrten. Zu Filangieris Bewunderern gehörte auch
Goethe, der ihn im März 1787 besuchte. Als einzigen Einheimischen erwähnte Goethe Filangieri namentlich und sagte
von ihm: «Er gehört zu den ehrwürdigen jungen Männern,
welche das Glück der Menschen und eine löbliche Freiheit
derselben im Auge behalten.»[26] Obwohl Filangieri zu diesem
Zeitpunkt «noch in den Dreißigern» stand, wie Goethe sich
ausdrückte, starb er schon im darauf folgenden Jahr an Tuberkulose. An seinem Begräbnis nahmen Delegationen der Logen
aus ganz Europa mit allen Insignien ihres Bundes wie Zirkel,
Winkel und Senkblei teil.

Trotz ihrer Wertschätzung für die Philosophen vertiefte
sich Maria Carolina selbst wohl kaum in Details komplizierter
Fragen, wie sie Filangieri in seinen Büchern darlegte. Sie
verhielt sich vielmehr als eine professionelle Politikerin und
stellte sich in einem Büchlein in ihrer regelmäßigen steilen
Schrift Maximen großer Denker – von Pythagoras bis Rousseau – und Zitate aus den neuesten Schriften der neapolitanischen Aufklärer zusammen, die sie bei passender Gelegenheit
verwenden konnte. Diese Form der gezielten Vorbereitung
und gesteuerten Gesprächsführung wurde zum Beispiel an
Napoleon besonders bewundert. Talleyrand etwa beobachtete:
«Für solche Unterhaltungen machte Napoleon im stillen seine
kleinen Vorbereitungen, so dass er die zu besprechenden und
von ihm selbst gewählten Gegenstände genau kannte, von
denen natürlich kein Mensch vorher etwas wusste. Auf diese
Weise war er immer schlagfertig … Ich selbst habe oft die Bemerkung gemacht, vorzüglich, wenn er im Auslande war, dass

er wissenschaftliche und literarische Dinge sehr eingehend be-
sprach, was man von einem Feldherrn und Schlachtenführer
gar nicht erwartete. Dadurch imponierte er auch den gescheiten
ten Leuten außerordentlich.»[27] Bei einer Frau wie Maria Carolina dagegen kritisierte man ein solches Verfahren überwiegend als anmaßend. Ein Zeitgenosse bemerkte abschätzig:
«Da sie überdem sich immer gefasst hält, und die Fälle vorher
weiß, so übersieht sie ihre Lektion, ehe sie selbige aufsagt. Darin liegt der Grund der Bewunderung, womit so viele Fremde
sie angestaunt haben, und die sich nicht erhalten würde, wären
sie in Neapel geblieben, oder wenn ihr Enthusiasmus ihnen gestattet hätte, die Prüfung zu wiederholen.»[28] Dass Maria Carolinas Kenntnis der Ideen der besten Denker unter ihren Untertanen tatsächlich eher oberflächlich war und blieb, sollte in
späteren Jahren zu einer tragischen Entfremdung zwischen
der Königin und denjenigen führen, die sie in ihren Anfangs-
jahren begeistert gefeiert hatten.

Wonnen und Schrecken der Macht

Mutterschaft als politische Pflicht

~ Auch Tanucci war eigentlich stolz darauf, dass in Neapel «Kunst, Literatur und Bildung wachsen und gedeihen». Allerdings hielt er folgende Einschränkung für unumgänglich: «Ich spreche von den Männern. Die Frauen sollte man in keiner Nation in Betracht ziehen. Sie sind allesamt Messalinen und Agrippinen, unfähig zu irgendeiner Tugend.»[1] Auf wen dieses Verdikt in erster Linie zielte, war in Tanuccis Umgebung kein Geheimnis, aber auch Frauen wie «die» San Marco oder «die» Belmonte fielen durchaus darunter. Maria Carolinas Stellung als Königin war deshalb so lange nicht gefestigt, so lange sie nicht *die* Pflicht erfüllt hatte, die von einer Monarchin erwartet wurde und die Männer wie Tanucci überhaupt als deren einzige Aufgabe betrachteten: Kinder zu gebären und dem Land einen Thronfolger zu bescheren. In den ersten Jahren ihrer Ehe war Maria Carolinas Fruchtbarkeit das alles beherrschende Thema. In einer Flut von Briefen an die «königlichen Fratzen» begründeten Maria Theresia aus dem fernen Wien und Carlos aus dem fernen Madrid alle politischen Ratschläge mit dem Hinweis auf die Notwendigkeit, das geeignete Umfeld für die Geburt eines Thronfolgers zu schaffen. Das Thema wurde sogar Gegenstand diplomatischer Verwicklungen. Der spanische Botschafter in Wien berichtete nach Spanien, dass Maria Theresia sich über die Zustände in Neapel Sorgen mache: «Das Königspaar führt ein ungeregeltes Leben, das seiner Gesundheit schaden muss und unweigerlich auch auf die Frage der Nachkommenschaft Einfluss nimmt, von der man bisher nichts hört. Sie bleiben ständig lange auf, fahren des Nachts zu Wagen durch die Straßen, machen Lärm, wecken die Leute um drei, vier Uhr in der Früh auf usw. Zur Gesellschaft auf diesen Spazierfahren wählt man nur Schmeichler, nichtswürdige Leute, die bloß dem Ansehen und der Ehre ihrer Gebieter schaden.»[2]

Als die Ermahnungen der habsburgischen Kaiserin an ihre Tochter, sich zu schonen und für eine baldige Schwangerschaft zu sorgen, nichts fruchteten, wandte Maria Theresia sich sogar an den spanischen Botschafter. Der sollte seinen Monarchen dazu veranlassen, endlich energisch einzuschreiten. Carlos schrieb seinerseits einen Brief an seinen Sohn, über dessen Wirkung Maria Carolina ihrer Mutter bitterste Vorwürfe machte. Trotz aller Zerknirschtheit bewiesen ihre Worte ihr wachsendes Selbstbewusstsein und den Willen ihren eigenen Weg zu gehen: «Mein Gott, ich wage es gar nicht zu sagen, was haben Eure Majestät da getan? Ja, Ihr habt uns zugrunde gerichtet. Der König von Spanien begleitet seine Hinweise mit einem niederschmetternden Brief an meinen Mann, worin er sagt, er wäre gar kein solcher, wenn er mich nicht in Schranken halten könnte, und befiehlt ihm, selbst der allergeringfügigsten Anordnung Tanuccis auf das Pünktlichste zu gehorchen. Ich will gewiss nicht herrschen aber ich will, dass mein lieber Gatte König sei, und auf diese Weise wird er es nie werden … Ich wage zu sagen, dass ähnliche Szenen wie die von gestern Abend nicht das beste Mittel sind, Nachkommenschaft zu bekommen … Wenn Eure Majestät uns befehlen wollen, sind wir bei jeder Gelegenheit bereit zu gehorchen, aber wir wünschen nicht, dass irgendjemand sich in unsere *ménage* einmengt, die gottseidank sehr gut geht.»[3]

Maria Carolina verlangte nun von Ferdinando, die Briefe seines Vaters lesen zu können, verweigerte ihm jedoch die Lektüre der Briefe ihrer Mutter. Ferdinando insistierte nicht lange, denn er beschäftigte sich ohnehin nicht gerne mit

Schriftstücken. Es begann ein regelrechter «Krieg der Briefe», der immer heftiger wurde und immer absurdere Formen annahm. Der französische Geschäftsträger fragte sich verwundert, wie in diesem Klima ein einigermaßen geordneter Geschäftsgang überhaupt noch möglich sei. Maria Carolina war von Anfang an eine begeisterte, später eine geradezu obsessive Briefeschreiberin. Sie muss Stunden um Stunden mit der Abfassung ihrer in enger, steiler Handschrift verfassten Briefe an Verwandte, Freunde, Minister und Gesandte zugebracht haben. Sie schrieb auch an ihre engsten Verwandten, an ihre Mutter, ihre Schwestern und Brüder auf Französisch, unterzeichnete dann häufig mit dem Rufnamen ihrer Jugend als Charlotte. Auch bei dieser Korrespondenz war die Königin zwar so vorsichtig, alle an sie selbst adressierten Briefe zu verbrennen, konnte aber nicht immer verhindern, dass die eingehenden oder abgehenden Schreiben abgefangen und geöffnet wurden. An diesen Manövern waren nicht nur Tanucci und seine Nachfolger beteiligt, sondern auch die Botschafter Spaniens und Frankreichs. Maria Carolina schrieb dennoch immer eifriger, ja geradezu besessen und oft unüberlegt, so dass sie, als wieder einmal ihre Post geöffnet worden und in die falschen Hände gelangt war, resigniert zugeben musste: «Ich weiß absolut nicht mehr, was ich da geschrieben habe.»[4]

Ferdinando seinerseits begann neben den «offiziellen» Schreiben, die er seiner Frau zeigte, einen heimlichen Briefwechsel mit seinem Vater und er, der doch sonst so schreibfaul war und in seinen «offiziellen» Briefen nichts außer Nachrichten über seinen Tagesablauf, seine Verdauung und natürlich über seine Jagderfolge zu berichten hatte, scheute sich nicht, seine Gattin hemmungslos zu denunzieren und intimste Szenen auszubreiten wie diese: «Im Bett wurde sie zur Furie, begann zu schreien und zu toben, und schrie, ich sei ein Spitzbube der übelsten Sorte, und schließlich ging sie soweit – ich kann es mir nur als eine Art Konvulsion erklären –, dass sie

mich wie ein Hund ansprang und so in die Hand biss, dass man
es immer noch sieht.»[5] Während er täglich an seine «allerliebste Frau» schrieb, sobald er längere Zeit auf der Jagd war,
nannte er sie in den Briefen an seinen Vater eine «Schlange»
und berichtete, als wüsste er nicht, welche Wirkung er damit
erzielen würde, sie habe über ihn gesagt: «Dein Vater ist ein
alter Dickkopf, er hat fixe Ideen und ist für vernünftige Ratschläge unzugänglich. Reiß dich zusammen und tu, was ich dir
sage.»[6] Wenn Ferdinando sich gegen seine «allerliebste Frau»
nach solchen Szenen nicht durchsetzen konnte, begründete er
das seinem Vater gegenüber regelmäßig damit, dass er «den
häuslichen Frieden» schätze und «diesen Frieden so wenig wie
möglich zu stören» versuche.[7] Als Ferdinando aus gesundheit-
lichen Gründen einmal längere Zeit nicht in der Hauptstadt
war, sondern auf einem seiner Lieblingslandsitze, ließ er sich
in chiffrierten Briefen über alle Ereignisse in der Hauptstadt
und am Hofe genauestens Bericht erstatten. Der Zuträger
spielte jedoch ein doppeltes Spiel, offenbarte sich der Königin
und erklärte ihr den Schlüssel der Chiffren. Auch Tanucci
spionierte, wenn die Königin ihren Mann für längere Zeit aufs
Land begleitete. In diesem Klima von Heuchelei und allseitiger
Bespitzelung musste Maria Carolina um den ihr gebührenden
Platz kämpfen. Und dazu musste sie endlich ihre Pflicht als
Gebärerin erfüllen, wollte sie nicht das traurige Schicksal der
zahlreichen Königinnen erleiden, die wegen Kinderlosigkeit
verachtet, wenn nicht gar verstoßen worden waren.

Nach drei Jahren Ehe wurde die Königin erstmals schwanger. Schon Monate vor dem erwarteten Termin holte Maria
Theresia einen Geburtshelfer aus Paris und schickte ihn nach
Neapel, wo er mit fürstlichem Gehalt und entsprechender
Wohnung auf das große Ereignis wartete. Kurz vor ihrem
zwanzigsten Geburtstag brachte Maria Carolina am 6. Juni
1772 eine Tochter zur Welt. In einem Brief an ihre Schwiegertochter Beatrice d'Este stellte Maria Theresia die Geburt wie

eine Art sportliche Leistung als vorbildhaft dar: «Das ist ein nachahmenswertes Vorbild: vier Stunden Wehen und dann die perfekte Gesundheit. Das Kind genauso.»[8] Hatte Maria Carolina mit diesem ersten Kind zwar ihre Gebärfähigkeit unter Beweis gestellt, so galt eine Tochter eben doch wenig. Es ist die Beiläufigkeit, mit der eine Tochter als minderwertig abgestempelt wurde, die heute am meisten erschüttert. Das verdeutlicht zum Beispiel das Gedicht zur Feier der Geburt der zweiten Tochter im darauf folgenden Jahr aus der Feder einer Frau, das bei Hofe dankbar gewürdigt wurde. Die Dichterin Eleonora Fonseca Pimentel bezeichnete die beiden Mädchen als «leuchtende Morgenröten», die eine «größere Geburt» ankündigten.[9]

Keine zwei Jahre später, am 6. Januar 1775, war es dann endlich so weit. Maria Carolina brachte einen Jungen zur Welt, der auf den Namen Carlo Tito getauft wurde. Dieses Ereignis versetzte die «politische Welt in höchste Aufregung», wie ein bekannter Literat mit leicht ironischem Unterton einem fernen Freund berichtete. Aber auch er konnte nicht umhin, in aller Ausführlichkeit das öffentliche Aufheben um die Geburt eines männlichen Nachkommen zu schildern, das die gesamte Gesellschaft mit einbezog: Unmittelbar nach der Geburt «wurde der Priester gerufen, um den Neugeborenen zu taufen, und es erging Befehl, den erstbesten armen Schlucker, der am Schloss vorbeikam, zu holen. Es traf einen Maurer von der ärmsten Sorte. Die Wachen hielten ihn fest und brachten ihn ins Schloss. Sie können sich seine Bestürzung vorstellen, als er vor dem König stand, dem er sich zitternd zu Füßen warf. Der König aber, der bei dieser Gelegenheit besonders aufgeräumt war, sagte zu ihm: ‹Beruhige dich und hab keine Angst, du sollst meinen Sohn zur Taufe halten.›…Dann folgte in aller Einfachheit die Taufe. Der König soll dann dem Gevatter lebenslang zwölf Dukaten jährlich versprochen haben, dreihundert Dukaten als Mitgift für jede seiner fünf Töchter, eine

größere Summe auf die Hand und Kleider. Der Mann hat sein
Glück gemacht, denn weitere Gunstbeweise und Geldzu-
weisungen, die so ein Gevatter bekommt, sind beträchtlich.
Danach wurde die Nachricht in der Stadt bekannt gemacht,
den wichtigsten Beamten und dem diplomatischen Corps. Der
Adel und alle Minister kamen zum Handkuss zu Seiner Majestät, der als ersten Gnadenbeweis einem Sklaven die Freiheit
schenkte.» In der Kathedrale wurde ein feierlicher Dank-
gottesdienst abgehalten, wochenlang wurde die Stadt immer
wieder festlich beleuchtet, und es fanden Volksbelustigungen
wie zum Beispiel Pferderennen auf der zentralen Via Toledo
statt.[10]

Zwanzig weitere Jahre lang unterwarf sich Maria Carolina
geduldig der Pflicht, als Gebärerin zu funktionieren. Die Ab-
stände zwischen den Geburten betrugen nie mehr als zwei
Jahre. Bis 1793 brachte sie siebzehn Kinder zur Welt, ein Kind
mehr als ihre eigene Mutter. Maria Carolina litt jedoch weit
mehr als diese unter den Schwangerschaften und war häufig
unpässlich. Während Maria Theresia bei der ersten Niederkunft so stolz auf das vorbildhafte Verhalten ihrer Tochter
gewesen war, sprach sie bald nur noch von «meiner armen Königin», wenn Maria Carolina wieder einmal schwanger war,
und machte sich ernsthaft Sorgen. Ebenso wie ihre Mutter
betrachtete auch Maria Carolina die rasch aufeinander folgenden Schwangerschaften als unabänderliches Schicksal. Einmal
allerdings, so klagte Ferdinando seinem Vater, wagte sie tatsächlich den Aufstand und schrie ihn an: «Für mindestens ein
Jahr, ob du stirbst oder platzt, weigere ich mich schwanger zu
werden.»[11] Dieser bescheidene Wunsch wurde ihr nur wenige
Male erfüllt, und Maria Carolina unterzog sich weiterhin ge-
treulich ihren ehelichen Pflichten. Obwohl Zeitgenossen und
Nachwelt ihr unzählige Liebhaber andichteten und sie zu
einem «Monstrum an Schlüpfrigkeit»[12] abstempelten, hat
niemand auch nur ansatzweise gewagt, die Ehelichkeit ihrer

Kinder anzuzweifeln, wie das an anderen Höfen, z. B. bei
Carlos IV. in Spanien durchaus der Fall war. Maria Carolinas
tiefer und ernsthafter Glaube an die Heiligkeit und Unver-
brüchlichkeit der Ehe zeigt am besten eine spätere Äußerung
über das Schicksal ihrer Enkelin Marie Louise, der zweiten
Frau Napoleons, nach dessen Sturz und ihrer Rückkehr nach
Wien: «Wenn man fortfährt auseinander zu halten, was Gott
zusammengefügt, bleibt meiner Enkelin nichts übrig als ihre
Bettvorhänge zu einem Seil zu winden, sich daran in einer
Verkleidung herabzulassen und zu ihrem Mann zu laufen. So
zumindest würde ich es tun, wenn ich in ihrer Lage wäre; denn
wenn man verheiratet ist, so ist man es fürs Leben.»[13]

Maria Carolinas durch die vielen Schwangerschaften ange-
griffener Gesundheitszustand war allerdings einer der Gründe
dafür, dass viele Kinder schon bei der Geburt schwächlich
waren und früh starben. Als sie selbst 1814 im Alter von zwei-
undsechzig Jahren starb, waren nur noch vier ihrer siebzehn
Kinder am Leben. Von den sechs Söhnen starben vier bereits
im zarten Kindesalter. In der ständigen Sorge um die Kinder
waren sich Maria Carolina und Ferdinando einig wie sonst
selten. Als Ferdinandos schwachsinniger Bruder Filippo 1777
an den Pocken starb, setzten sie gemeinsam gegen den Willen
des Schwiegervaters durch, den Arzt Angelo Gatti an den Hof
von Neapel zu holen. Gatti war bekannt geworden durch sein
unbedingtes Eintreten für die sogenannte Variolation oder
Inoculation gegen die gefürchteten Pocken. Bei dieser Vorform
der Impfung wurde dem Patienten etwas Flüssigkeit aus Po-
ckenbläschen in die Haut eingeritzt. Auch am Wiener Hof war
die Inoculation bei den jüngeren Brüdern Maria Carolinas
erfolgreich durchgeführt worden, aber sie war nach wie vor
umstritten. Mit dem Argument, das Verfahren sei ein Eingriff
in den Willen Gottes, wollte sich Carlos auch in diesem Punkt
in das Leben seines Sohnes einmischen. Doch diesmal hielt
Ferdinando seinem Vater stand. Die drei kleinen Kinder des

Paares wurden behandelt, und als das Experiment gelang, hatte der Arzt «das Herz der Monarchen erobert» und wurde mit einer fürstlichen jährlichen Entlohnung zum *medico particulare* des Königs ernannt. Der lang ersehnte Carlo Tito, der von Anfang an schwächlich gewesen war, starb dennoch ein Jahr später an Scharlach[14]. Aber auch das Impfverfahren blieb höchst unsicher. Maria Carolinas Lieblingssohn, der 1780 geborene Gennaro, und der erst ein Jahr alte Carlo starben im Abstand von nur wenigen Wochen Anfang 1789 wahrscheinlich an einer falschen Dosierung der Pockenimpfung. Kurz darauf war Maria Carolina schon wieder schwanger, und am 2. Juli 1790 kam Leopoldo zur Welt, der im Herzen der Mutter die Stelle Gennaros einnehmen sollte. So lagen die Vorfreude auf oder die Freude über die Geburt eines weiteren Kindes und die Sorge um das Leben oder die Trauer um den Tod eines der anderen oft aufs engste beieinander. In dieser existentiellen Verbindung von Freude über die Entstehung neuen Lebens und Trauer über zu frühen Tod kam die Königin ihrem Volk wohl näher als auf irgendeinem anderen Gebiet. Denn dies war das Schicksal der allermeisten Frauen aus allen Schichten. Schmerzlicher und gesellschaftlich erniedrigender war es nur, wenn eine Frau, und vor allem eine Königin, überhaupt keine Kinder bekommen konnte. Wie das einfache Volk in die Freude über Geburt und Genesung durch Festlichkeiten und Feiern auf den Straßen einbezogen wurde, so bezeugte vor allem die weibliche Bevölkerung bei Krankheit und Tod durch überschwängliche Beileidsbekundungen, Geschenke, Abordnungen und massenhafte Teilnahme an den Trauergottesdiensten ihr tief empfundenes Mitgefühl.

Waren die kleinen Prinzessinnen und Prinzen auf der Welt und einigermaßen gesund, dann unterschied sich ihr Leben und der mütterliche Umgang mit ihnen natürlich himmelweit von Kindern aus dem einfachen Volk. Wie alle Neugeborenen aus besseren Kreisen bekam jedes Kind eine Amme, die oft

*Maria Carolina 1782 mit Ferdinando IV. und ihren Kindern (v. l. n. r.)
Maria Teresa (* 1772), Francesco (* 1777), Maria Cristina (* 1779),
Gennaro (* 1780), Giuseppe (* 1781), Luisa (* 1773). (A. Kauffmann)*

lange im Hause blieb. Die Anforderungen an die Amme waren
schlicht, aber doch nicht immer leicht zu vereinen. Die Frau
musste kräftig, gesund und reinlich sein, darüber hinaus verschwiegen, denn durch ihren Umgang mit dem Säugling hatte
sie Zugang zu den intimsten königlichen Gemächern. Maria
Carolina scheint in dieser Hinsicht eine glückliche Hand gehabt zu haben, denn bei der Auswahl der Ammen kam es nie zu
Problemen.

Mit besonderer Sorgfalt widmete sie sich der Erziehung
ihrer Kinder, wenn sie dem Säuglingsalter entwachsen waren,
und dabei gingen ihre Anforderungen weit über das in Adels-
kreisen übliche Maß hinaus. Maria Carolina wollte ihre Kinder
von frühester Jugend an auf ihren späteren «Beruf» vorbereiten, den sie auch für ihre Töchter als selbstverständlich ansah.
Alle ihre Kinder sollten künftig in einem der führenden Kö-
nigs- oder Fürstenhäuser Europas eine herausragende Rolle

spielen. Absolute Disziplin von frühester Jugend an und eine umfassende Bildung waren dafür die wichtigste Voraussetzung. Weil die Königin dabei gegenüber ihren Söhnen noch strenger verfuhr als gegenüber ihren Töchtern, wurde sie oft beschuldigt, ihre Töchter den Söhnen vorgezogen, ja diese durch ihre Strenge gequält zu haben. Ihre Briefe aber beweisen das Gegenteil. Sie war in ständiger Sorge um die Gesundheit ihrer Söhne, und als Gennaro einmal längere Zeit Fieber hatte, war sie so in Angst, dass sie eine Fehlgeburt befürchtete. Aber Maria Carolina hatte mit ihrem Mann auch tagtäglich das Beispiel eines Königs vor Augen, der in keiner Weise auf seinen «Beruf» vorbereitet worden war, und das wollte sie für ihre Söhne unter allen Umständen vermeiden. Einen interessanten Einblick in Maria Carolinas Erziehungsgrundsätze gibt die ausführliche Anweisung für den Umgang mit ihrer siebenjährigen Tochter Luisa an deren Erzieherin Caroline Frendel aus dem Jahr 1780. Die aus ungarischem Adel stammende Frendel war von Maria Theresia nach Neapel geschickt worden und heiratete Gaetano Filangieri.[15] Caroline Frendel war für Luisa zuständig und zugleich die Vorgesetzte der anderen Kindermädchen, denn jedes Kind hatte seinen eigenen Erzieher oder seine Erzieherin und daneben weitere Kinderfrauen, die den Prinzen oder die Prinzessin Tag und Nacht begleiteten. Wie Frendel eigens geholt worden war, so hatte sie selbst die Aufgabe, Kinderfrauen aus verschiedenen Listen auszuwählen, die Maria Carolina mit ihren Schwestern austauschte. Die Anweisungen erinnern bis in die Diktion daran, wie Kaiserin Maria Theresia über ihre Kinder geurteilt und was sie ihnen als Lehren mitgegeben hatte. Maria Carolina betrachtete ihre Tochter Luisa als «schwach und verwöhnt», aber «gutherzig» und durch deren Abneigung gegen eine andere Erzieherin als aufsässig und kapriziös. Deshalb sollte Frendel sorgfältig auf die strikte Einhaltung der «Tag-Ordnung» (im französischen Original deutsch) achten. Der Tag der kleinen

Luisa begann morgens um sieben Uhr nach dem Wecken mit dem Morgengebet und war bis abends um zehn Uhr im Halbstundentakt mit Unterricht in Französisch, Religion, Mathematik, Geographie, Musik, Zeichnen und Tanz durchgeplant. Latein hielt Maria Carolina in diesem Alter noch nicht für notwendig. Lediglich nach einem längeren Mittagsschlaf durfte sich das Mädchen eine halbe Stunde «amüsieren», bevor es mit der Wiederholung des am Vormittag Gelernten und anderem Unterricht weiterging. Mit den Lehrern war keinerlei «Geschwätz» oder Vertraulichkeit zuzulassen. Den größten Wert legte die Mutter auf die religiöse Erziehung, auf die Ernsthaftigkeit beim Morgen- und Abendgebet und während der Messe. Sie war der Ansicht, dass «die Gebete kurz sein sollen, aber klar und mit Innigkeit vorgetragen werden müssen». Auch während der Messe, die die Kinder täglich zu besuchen hatten, sollte die Erzieherin nachdrücklich auf gottesfürchtiges Verhalten achten. Erinnerte Maria Carolina sich bei diesen Anweisungen daran, wie ihre Mutter sie selbst, als sie bereits fünfzehn war, in einem Brief heftig gescholten hatte, weil sie ihre Gebete «sehr nachlässig, ohne Ehrfurcht und Aufmerksamkeit und schon gar nicht mit Inbrunst» gesprochen hatte?[16] Die Kinder wurden getrennt voneinander unterrichtet und bei Tag und Nacht von ihren Kinderfrauen, Erzieherinnen und Erziehern beaufsichtigt. So wie sie selbst mit fünfzehn Jahren von ihrer jüngeren Schwester Marie Antoinette strikt getrennt worden war und keinerlei Heimlichkeiten mehr mit ihr austauschen durfte, um sich erwachsen zu benehmen, so hielt Maria Carolina es auch bei ihren Kindern. Nur bei einer abendlichen Kutschfahrt, einem Spaziergang und einer Erholungspause vor dem Abendessen durften die Töchter beisammen sein, aber selbst da sollte Frendel ihnen weiter «spielerisch» Französisch beibringen. Dieser strikte Tagesablauf wurde nur in den Sommermonaten, wenn die ganze Familie in Caserta und Portici weilte, gelockert. Dort gab es neben den für die

Jagd gehaltenen Tieren Katzen, Hunde und Vögel für die Kinder, und Maria Carolina beschäftigte sich mehrere Stunden am Tag mit ihnen. Aber auch da ging es nicht ohne Lernen für den späteren «Beruf» ab. Die Königin führte ihre Kinder in die Kunst des Briefeschreibens ein, die sie selbst mit solcher Hingabe betrieb. Am Abend versammelte sie ihre Söhne und Töchter um sich und erklärte ihnen die Weltlage.

Schon früh, solange ihre Sprösslinge noch in den Kinderschuhen steckten, kümmerte sich Maria Carolina um geeignete Berufsaussichten für ihre Kinder, d. h. um Prinzen und Prinzessinnen an den bedeutendsten Höfen Europas, die für Heiratsanbahnungen in Frage kamen. Diese Aufgabe betrachtete Maria Carolina als eine, wenn nicht als *die* wichtigste Pflicht einer Königin. Wenn es um die Töchter ging, fehlte in ihrer Korrespondenz fast nie der Hinweis auf die Notwendigkeit, diese zu «etablieren». Dabei gab sie im Bemühen um Objektivität bei der Vermittlung zum Teil sehr distanzierte Urteile ab. Ihre erste Tochter Maria Teresa z. B. hielt sie für «frühreif und vernünftig», aber «zu wenig hübsch», Luisa dagegen trotz der intensiven Erziehung, die sie ihr hatte angedeihen lassen, für eine «völlige Null».[17] Um ihren Töchtern nachdrücklich einzuschärfen, wie wichtig ihre Etablierung sei, übte die Königin ein Ritual aus, das ein bisschen an die Besuche ihrer eigenen Kindheit in der Kapuzinergruft erinnerte. Sie nötigte ihre Töchter häufig, den Feiern beizuwohnen, bei denen junge Frauen aus dem neapolitanischen Adel den Schleier nehmen mussten, weil sich – meist wegen mangelnder Mitgift – kein geeigneter Bewerber als Ehemann hatte finden lassen. Das Thema der Etablierung, dem wir noch oft begegnen werden, war auch einer der wesentlichen Gründe, warum es später zu Konflikten mit fast allen ihren Töchtern kam.

Neapolitanische Kabalen

Ihre Mutterrolle hielt die junge Königin keineswegs von ihrem eigentlichen Beruf ab, sondern spornte sie im Gegenteil dazu an, nach der Geburt des ersten Sohnes den ihr zustehenden Platz in der Politik mit noch mehr Nachdruck einzufordern. Im Heiratsvertrag war festgeschrieben, dass Maria Carolina nach der Geburt eines Thronfolgers das Recht habe, an den Sitzungen des Staatsrats teilzunehmen. Eine solche Klausel war keineswegs unüblich, aber die Auswirkungen einer solchen Vereinbarung hingen ganz vom Charakter der Monarchen und ihrem Einvernehmen ab. Was bei Maria Carolina zu erwarten war, konnte für niemanden in Zweifel stehen. Die Königin selbst behauptete jetzt schon nicht mehr, dass sie «gewiss nicht herrschen» wolle, wie sie anfangs ihrer Mutter und ihrem Bruder gegenüber versichert hatte. Sie begann vielmehr, sich in aller Öffentlichkeit über die «unumschränkte Herrschsucht» Tanuccis zu beschweren.[18] Ferdinando seinerseits beklagte sich bei seinem Vater, dass seine Frau «um jeden Preis regieren» wolle[19].

Tanucci glaubte sich durch den Rückhalt des Patriarchen nach wie vor sicher und erzielte 1776 einen Erfolg, der Neapel in seinen Augen endgültig in die Reihe moderner, unabhängiger Staaten rückte. Tanucci schaffte den sichtbarsten und demütigendsten Beweis der Abhängigkeit vom Kirchenstaat ab, die sogenannte *chinea*. Alljährlich musste ein hochrangiger Vertreter Neapels in feierlicher Prozession einen mit 7000 Golddukaten beladenen Schimmel bis vor die Stufen des Altars in der Peterskirche führen, den Schimmel zum Niederknien bewegen, um dem Heiligen Vater den geschuldeten «Tribut» zu entrichten. Ein französischer Beobachter kommentierte dieses Ritual mit der beißenden Bemerkung: «Ich hatte den Eindruck, einem mexikanischen oder peruanischen

Ritus beizuwohnen.»[20] Tanucci nahm einen Streit um die Reihenfolge der geistlichen und weltlichen Würdenträger zum Anlass für die Erklärung, man werde anstelle der Zeremonie und des Tributs dem Papst künftig eine freiwillige Gabe überreichen. Dieser Schritt führte zu jahrelangen Spannungen mit dem Kirchenstaat, wobei die endgültige Abschaffung der *chinea* immer wieder verschoben wurde. Vorläufig aber glaubte sich Tanucci im Erfolg dieser Tat sonnen zu können und hielt seine Stellung für gesichert.

Eine Zeitlang war sein Widerstand gegen Maria Carolinas Teilnahme an den Staatsratssitzungen auch erfolgreich. Tanucci unterschätzte jedoch die Veränderung durch den Nachwuchs im Königshaus. Ferdinando, der sich anfangs nur im Rahmen des unbedingt Notwendigen um seine Frau, den Hof und den Staat gekümmert hatte, war nicht nur selbst Kind geblieben, sondern erwies sich auch, wie man heute sagen würde, als absoluter Kindernarr. So wie er sich liebevoll um seinen schwachsinnigen Bruder gekümmert, ihn regelmäßig besucht hatte und über dessen Tod ehrlich trauerte, hing er mit zärtlicher Liebe an seinen Kindern. Nicht umsonst wehrte er sich zum ersten Mal in der Frage der Impfung standhaft gegen den Willen seines Vaters. Deshalb konnte er der Mutter seiner Kinder immer weniger Widerstand entgegensetzen, obwohl auch er die Meinung seines Vaters und Tanuccis teilte, dass hinter ihr die «habsburgische Partei» stehe.

Als Tanucci unvorsichtigerweise – aber nicht zum ersten Mal – seinen Rücktritt anbot, überbrachte man dem völlig verdutzten Minister am 26. Oktober 1776 das Entlassungsschreiben des Königs. Die Nachricht schlug wie eine Bombe ein und wurde mit der Nacht- und Nebelaktion beim Verbot der Jesuiten verglichen. Dem empörten Carlos teilte Ferdinando in einem zweifellos von Maria Carolina diktierten Brief in ungewohnt selbstbewusstem und gemessenem Ton die Gründe für die Entlassung des nunmehr achtundsiebzigjährigen Ministers mit: «Katholische Majestät, Vater und Herr,… Ich bin jetzt sechsundzwanzig Jahre alt und mein Gewissen, meine Pflicht, mein Ruhm und die Liebe zu meinen geliebten und unschuldigen Kindern, drängen mich unabweislich dazu, an meine Aufgaben zu denken (wozu ich auch entschlossen bin); die Liebe zu meinen Untertanen und meine Ehre, alles zwingt mich dazu. Tanucci, ich kann es nicht leugnen, hat gut gedient und in einigen Dingen war er auch ausgezeichnet, doch sein fortgeschrittenes Alter von mehr als achtzig Jahren [sic!], seine Wirrnis, seine Trägheit und seine Haltung, die Geschäfte aller Ministerien an sich zu reißen und schließlich alles allein machen zu wollen, führt dazu, dass er nichts macht oder nur sehr wenig. Alles ist im Verzug, nichts wird zu Ende geführt, oft widerspricht er sich selbst und alles wird immer schlimmer. Die Menschen seiner Umgebung nutzen diese Schwäche aus, ziehen ihren Vorteil daraus und lassen zu, dass alles den Bach hinunter geht. Ich überlasse es dem weisen Urteil Eurer Majestät, wie ich mich fühle, wenn ich vor aller Welt als sein Befehlsempfänger dastehe, aber zu sehen, wie er die Dinge behandelt und dass er alles allein tun will, macht mich mutlos. … All dies veranlasst mich dazu, die Zustimmung Eurer Majestät zu erbitten, ihn von dieser Last zu befreien und einen neuen Sekretär zu berufen, der nicht Erster Minister ist, sondern sich nur um die Außenpolitik am Hofe kümmert…»[21]

Mit dem in diesem Brief demonstrierten neuen Selbstbewusstsein des Königs war es jedoch in Wirklichkeit nicht weit her. Wenige Wochen später schrieb er in einem der «separaten» Briefe an den Vater zu dessen empörten Vorwürfen wieder ganz im alten Ton, die Ablösung Tanuccis habe «den Mut» seiner Frau erhöht, und sie strebe nun, «angestiftet von ihrem Land», den Eintritt in den Staatsrat an: «Ich werde versuchen sie daran zu hindern, so sehr sie mich auch von allen Seiten bedroht und erklärt, sie werde mir schon zeigen, wer sie ist, wer ihre Eltern sind, und dass sie uns einen großen Gefallen getan haben und es ein großes Glück ist, sie in unsere Familie aufgenommen zu haben.»²² Tatsächlich konnte Ferdinando dem Wunsch seiner Frau zu herrschen noch eine Weile standhalten. Nachfolger Tanuccis wurde der fünfzigjährige Marchese della Sambuca. Er war ein Kompromisskandidat. Einerseits schätzte ihn Maria Carolina, weil er zuvor Botschafter am Hofe ihres Bruders Leopold im Großherzogtum Toskana und Gesandter in Wien gewesen war. Andererseits war auch der Patriarch im fernen Spanien mit dieser Wahl einverstanden, wenn es ihm schon nicht gelungen war, Tanucci zu halten. Der Sizilianer erwies sich jedoch in vielerlei Hinsicht als Missgriff. Nicht umsonst trug Sambuca den Spitznamen «il predone», der Räuber.²³ Im Gegensatz zu Tanucci, der – wenngleich weitgehend vergeblich – versucht hatte, die von den Jesuiten enteigneten Güter so zu verkaufen, dass eine neue Schicht von kleinen und mittleren Gutsbesitzern hätte entstehen können, überließ Sambuca die Güter der Spekulation und bereicherte sich auch selbst erheblich daran. Der britische Botschafter Hamilton, der schon an Einiges gewöhnt war, berichtete empört darüber, dass der Minister «über 150 000 Pfund Sterling» auf diese Weise gewonnen habe, aber bei der «hierzulande allgemein herrschenden Korruption» werde er wahrscheinlich in keiner Weise belangt werden.²⁴

Am 8. April 1778 nahm Maria Carolina dann doch erstmals an einer Sitzung des «kleinen» Staatsrats teil. In diesem Gremium, das drei Mal wöchentlich tagte, legten die Minister dem König ihre Vorschläge zur Entscheidung vor. Obwohl der König weiterhin formal als Einziger zu entscheiden hatte, war es von nun an fast immer Maria Carolina, die die wichtigen Weichenstellungen vornahm, denn sie war es, die sich ausführlich der Lektüre von Akten und Schriftstücken widmete, während ihr Mann, meist schon ermüdet von der Jagd oder dem Fischfang im Staatsrat erschien. Nach spanischem Vorbild gab es vier Ministerien oder Staatssekretariate: ein Ministerium

für das Königshaus und die auswärtigen Angelegenheiten,
dessen Inhaber der Erste Minister war, eines für Finanzen und
Handel, eines für Justiz und Kirche und eines für Kriegswesen
und Marine. Durch ihre offizielle Teilnahme an den Beratun-
gen mit den ausführenden Ministern brauchte Maria Carolina
von nun an ihre politischen Ambitionen nicht mehr zu verstecken. Und sie ließ sehr schnell deutlich werden, wohin die
Reise gehen sollte. Der Vorwurf ihrer Gegner, ihres Mannes
und ihres Schwiegervaters, sie vertrete allein habsburgische
Interessen, griff zu kurz, denn Maria Carolina wollte mehr.
Sie wollte ihr Königreich aus jeglicher Abhängigkeit lösen und
eine eigenständige Rolle in Italien und auf dem Schachbrett
der europäischen Politik spielen. Ihre Überzeugung, dass sie
berufen sei, als Königin von Neapel tatsächlich zu herrschen,
verstärkte sich, als am 8. Dezember 1780 ein Sonderkurier die
Nachricht brachte, dass Kaiserin Maria Theresia am 29. November verstorben war. Als Zeichen der Staatstrauer wurden
alle Schauspiele verboten, in der königlichen Kapelle und später im Dom wurden Trauerfeiern angesetzt. Während Ferdinando am Tag nach Bekanntwerden des Todesfalls schon
wieder auf die Jagd ging, hielt sich die Königin streng an die
halbjährige Trauerzeit, nahm aber nach der Geburt ihres vier-
ten Sohnes Giuseppe energisch die Zügel der Regierung in
die Hand. Während sie ihre Mutter bei aller kindlichen Liebe
doch immer auch gefürchtet hatte, fühlte sich Maria Carolina
nun vollkommen auf Augenhöhe mit ihren älteren Brüdern in
Wien und Florenz, gegenüber ihrer jüngeren Schwester Marie Antoinette in Paris und der älteren Maria Amalia in Parma
sogar als überlegene Ratgeberin.

Die Großwetterlage in Europa und die Kräfteverhältnisse
zwischen den Großmächten hatten sich seit der Zeit, als Maria
Carolinas Heirat mit Ferdinando von langer Hand geplant
worden war, entscheidend verändert, und dies war auch und

gerade im Mittelmeerraum zu spüren. Italien war nicht mehr nur der Zankapfel zwischen Österreich und den spanischen Bourbonen. Fast alle europäischen Großmächte traten hier in Konkurrenz zueinander. Aus dem Siebenjährigen Krieg (1756–63) waren sowohl Österreich als auch Preußen erschöpft und geschwächt hervorgegangen, dennoch hatte sich Preußen nun als fünfte Großmacht auf dem Kontinent etabliert. Das bisherige Gleichgewicht war instabil und England zum Schiedsrichter Europas geworden. Das österreichische Augenmerk verlagerte sich nach Osten auf Russland als möglichen Bündnispartner oder Gegner in der Rivalität zu Preußen und damit auch auf das schwächer werdende Osmanische Reich. Russland seinerseits erreichte durch die von Katharina der Großen betriebene Expansion nach Süden einen Zugang zum Schwarzen Meer und zeigte nach dem russisch-türkischen Krieg (1768–1774) mit seiner Handelsflotte eine neue Präsenz im Mittelmeer.

Im westlichen Mittelmeer nutzten Spanien und Frankreich die Verstrickung Englands im amerikanischen Unabhängigkeitskrieg dazu, ihre Positionen zu stärken. Die beiden absolutistischen Monarchien wurden aus der Ferne zu «Geburtshelfern» der amerikanischen Republik. Frankreich sah seine eigene Hegemonie durch die englischen Stützpunkte Gibraltar und Menorca bedroht und stand Spanien in dem seit 1779 andauernden Krieg gegen England bei. Carlos erwartete in dieser Auseinandersetzung mehr denn je die absolute Unterwerfung Neapels unter seine außenpolitischen Interessen. Seine Schwiegertochter dachte da ganz anders. Sie war der Meinung, die neue variable Mächtekonstellation nutzen zu können, um ihrem Königreich eigenständiges Agieren zu ermöglichen. Carlos' alte Devise für Neapel «Wir haben keine territorialen Ansprüche und keinen diplomatischen Ehrgeiz»[25] hatte für sie keine Gültigkeit mehr. Man sei hier plötzlich der Überzeugung, stellte der französische Geschäftsträger verärgert fest, dass die großen Mächte in keinem Bereich mehr Exklusivrechte beanspruchen könnten und dass die Zeit gekommen sei, in der auch zweit- und drittrangige Mächte Spielraum für eigene Initiativen hätten. Schon die bloße Äußerung derartiger Eigenmächtigkeit war für den spanischen Schwiegervater eine unerträgliche Provokation. Als scheinbar uneigennützige Unterstützer und Ratgeber boten sich Österreich und England an. Schon bei seinem ersten Besuch in Neapel hatte Joseph II. darauf hingewiesen, dass ein Staat wie das Königreich Beider Sizilien mit seinen langen Küsten, seiner exponierten Lage zwischen östlichem und westlichem Mittelmeer und seiner Nähe zu den sogenannten Barbareskenstaaten in Nordafrika, die von der Piraterie lebten, großes außenpolitisches Gewicht beanspruchen könne. Voraussetzung dafür sei allerdings die Existenz eines Heeres, mehr noch einer Flotte, die diesen Namen verdiene. Die gleichen Gedanken formulierte er in einem ganz unüblich auf Italienisch geschriebenen Brief an seinen «lieben Freund Don Ferdinando». Auf dessen Bitte, ihm Heeresoffiziere zur Verfügung zu stellen, gab Joseph zu bedenken: «Wenn ich König von Neapel und Sizilien wäre … würde ich mich ganz auf die Marine konzentrieren, denn sie würde mir Glaubwürdigkeit und großes politisches Ansehen verschaffen. Sie allein könnte mir in jeder möglichen Lage beträchtliche Vorteile und vielleicht auch Machtzuwachs verschaffen. Sie würde mich vom Mündel und gehorsamen Diener des bourbonischen Hofes zu ihrem Verbündeten und einem Freund machen, den alle anderen Höfe Europas auf ihre Seite ziehen wollen, vor allem jene, die selbst eine Flotte besitzen.»[26]

Der Mann, der Neapel zu einer solchen ansehnlichen Flotte verhelfen sollte, hieß John Francis Edward Acton und kam aus den Diensten des Großherzogs von Toskana. Ferdinando forderte ihn bei seinem Schwager an. Maria Carolina wollte Acton eigentlich von Anfang an zum Nachfolger Tanuccis machen, musste sich jedoch vorläufig auf Sambuca einlassen, und ihr Kandidat wurde erst einmal nur Generalmajor der neapolitanischen Marine. Trotz seines englischen Namens kam mit Acton eigentlich kein Engländer, sondern ein echter Europäer nach Neapel. Er war 1736 in Besançon als Sohn einer adeligen englischen Familie geboren worden, die aus religiösen Gründen England verlassen hatte. Schon als Vierzehnjähriger war er nach Livorno in die Obhut eines Onkels gekommen, der dort die toskanische Flotte befehligte. Nach einer gründlichen Ausbildung in der englischen und toskanischen Flotte zeichnete er sich 1775 als Kommandant eines toskanischen Schiffes beim Angriff Spaniens auf den Barbareskenstaat Algerien aus. Ein Jahr später stieg er nach dem Tod seines Onkels zum toskanischen Flottenkommandanten auf. Aus John Francis Edward Acton war längst Giovanni Acton geworden.

Angesichts dieses raschen Aufstiegs war es nicht unbedingt ein erstrebenswerter Karrieresprung, anstelle der toskanischen die neapolitanische Flotte zu übernehmen. Deren Zustand ließ sich schon allein aus der Tatsache entnehmen, dass sie bis dahin unter dem Kommando des Hofarztes gestanden hatte. Die Mehrzahl der Kriegsschiffe war untauglich, und deshalb beschränkte sich die neapolitanische Handelsschifffahrt aus Angst vor den nordafrikanischen Piratenangriffen im Wesentlichen auf den unmittelbaren Küstenbereich. Nur die Aussicht auf noch weit höhere Posten und umfassendere Macht kann Acton nach Neapel gelockt haben. Und die wurden ihm bald zuteil, denn er erwies sich nicht nur als ehrgeizig, sondern vor allem als äußerst tüchtig. Der sonst so kühle und distanzierte Beobachter Lord Hamilton pries den neuen Mann seiner Regierung gegenüber in den höchsten Tönen: «General Acton sucht mich oft auf, und ich wage zu hoffen, dass ich sein Vertrauen und seine Wertschätzung gewonnen habe. Er ist ohne Zweifel ein sehr feinfühliger Mensch und ein hervorragender Marineoffizier. Sowohl Frankreich als auch Spanien haben ihn mit verlockenden Angeboten überhäuft, aber er ist im Großherzogtum Toskana geblieben. Er hat unter Lord Bristol gedient und kennt deshalb den Zustand und die Organisation unserer Marine nur allzu gut. Ebenso gut kennt er die französische.» Aber, so fügte der Botschafter vielsagend hinzu: «Ich stelle fest, dass Acton immer noch Engländer ist.»[27] Die letztere Bemerkung war weniger eine Tatsachenbehauptung als ein Hinweis darauf, dass man Acton und seine Flotte nicht aus den Augen verlieren dürfe. Hamilton heftete sich von nun an diskret an Actons Fersen, berichtete ausführlich über alle Details der Reformen und nannte den General bald seinen «Freund».

Der französische Botschafter dagegen sah die Interessen Frankreichs im Mittelmeer massiv bedroht und warnte davor, dass der von Acton geplante Aufbau einer eigenen Handelsmarine, die unter dem Schutz der Flotte das ganze Mittelmeer befahren werde, «eine Bedrohung für den Levantehandel aller anderen europäischen Nationen» sei; mit allen anderen europäischen Nationen waren natürlich Frankreich und Spanien gemeint.[28] Aus diesem Grund ging auch Carlos aus der Ferne von vorneherein zum Generalangriff über und setzte alle Hebel von Befehl über Drohung bis hin zur Palastintrige in Bewegung um Acton zu vertreiben. Zunächst versuchte es der alternde König in einem Brief an den Sohn mit einem Gegenvorschlag, verbunden mit dem in eine rhetorische Frage versteckten Vorwurf: «Ist es nicht natürlich, dass ein Vater seinem Sohn gelegentlich Ratschläge erteilt?» Doch solche Appelle an Ferdinandos kindliche Ergebenheit dem Vater gegenüber fruchteten nichts mehr. In dem neuen Ton, den ihm Maria Carolina in die Feder diktierte, wies er geschickt darauf hin, dass Acton ja gar kein Engländer sei und dass selbst der inzwischen entlassene Tanucci Carlos' Kandidaten seine Unterstützung versagt habe.

Von der spanischen Partei, der sich auch Sambuca ange-
schlossen hatte, wurde Acton nunmehr als «der Fremde» abgestempelt, der mit Verachtung auf die neapolitanischen Verhältnisse herabblicke und im Verein mit der herrschsüchtigen
Königin die Macht an sich reißen wolle. Die Offenheit, mit der
Maria Carolina ihren Machtwillen zur Schau trug, rief nicht
nur in konservativen Kreisen Ablehnung bis hin zu blankem
Hass hervor. Die Vorstellung, dass eine Frau einfach selbst die
Zügel der Staatsgeschäfte in die Hand nehmen wollte, war
sogar in aufgeklärten Kreisen noch zu neu und zu bedrohlich.
Je eigenmächtiger Maria Carolina agierte, umso mehr suchte
man nach Liebhabern, Liebesintrigen und erotischen Hinter-
gedanken, die ihr ein solches Verhalten eingeflüstert haben
mochten. Katharina die Große hatte im fernen Russland weibliches Machtbewusstsein zwar schon vorgelebt, aber auch ihre
politischen Erfolge wurden im Wesentlichen mit der Wahl der
richtigen Liebhaber erklärt. «Die Art, mit der Maria Carolina
ihren Herrschaftswillen vor der Öffentlichkeit präsentieren zu
können glaubte, wäre ein Jahrzehnt früher noch vollkommen
undenkbar gewesen»,[29] und entfachte nach wie vor Reaktio-
nen, die schließlich eine kaum kontrollierbare Eigendynamik
entwickelten. Um der besonderen Situation ihrer Zeit im Allgemeinen und der Neapels im Besonderen Herr zu werden,
hätte es entweder eines kaltblütigeren oder eines vorsichtige-
ren Charakters bedurft, als ihn Maria Carolina besaß. Sie dagegen war jung, impulsiv und von aufbrausendem Wesen. Damit
konnte sie zwar Ferdinando immer wieder auf ihre Seite zwingen. Gegenüber dem geballten Widerstand der spanischen
Partei und der konservativen Kräfte in ihrem eigenen Land
verwickelte sie sich jedoch in kräftezehrende Palastintrigen,
Skandale und diplomatische Scharmützel, die ihr Handeln bald
widersprüchlich, inkonsequent und ineffizient werden ließen.

Die Achillesferse der Königin war die Untadeligkeit ihres
Rufes, den zu bewahren unter den Bedingungen des neapoli-

tanischen Gesellschaftslebens fast unmöglich war. Die locke-
ren Sitten am neapolitanischen Hof waren geradezu eine der
Hauptattraktionen für adelige Besucher aus dem Norden, und
englische Damen berichteten begeistert und natürlich mit der
nötigen Entrüstung darüber, wie ungeniert die adeligen Damen ihre Liebhaber in aller Öffentlichkeit vorzeigten und wie
wenig sich deren Ehemänner darum scherten. Selbst der französische Botschafter, der doch von zu Hause Einiges gewöhnt
war, berichtete nach Paris: «Der familiäre Ton, die Ungehörig-
keit und die Libertinage, die an diesem Hof herrschen, sind
unvorstellbar.»[30] Dies empfand auch Maria Carolina so, denn
sie schrieb an ihren Bruder Joseph: «… man kann auch keine
Gesellschaft wählen, denn es gibt gar keine solche, die irgendwelche Annehmlichkeiten böte, außer Galanterie, um nicht
zu sagen freie Liederlichkeit bei den Damen. Bei den Herren
wieder ist alles Leidenschaft, privater Ehrgeiz, Interesse, Geschäfte, das sind ihre Gespräche. Gar keine Kultur… kein Wissen, wenn ich Fremde sehe, ist es wie eine neue Welt, und ich
schäme mich, denn man verwildert, wenn man nie etwas hört,
und ich versichere, dass dies bei mir der Fall ist.»[31] Diese ihre
eigene Abneigung konnte freilich nicht verhindern, dass Maria Carolina selbst zum Gegenstand von Gerüchten, Klatsch
und Verdächtigungen wurde. Die obligatorische Galanterie
bei Hofe war eine Zwickmühle, die dem König gar nicht, der
Königin aber nachhaltig schaden konnte. Weil ihre offizielle
Rolle eigentlich nur darin bestand, die Monarchie möglichst
prachtvoll zu repräsentieren und für das Überleben der Dynastie zu sorgen, war Maria Carolina, wollte sie konkreten
politischen Einfluss gewinnen, geradezu gezwungen, das Spiel
der Galanterie mitzuspielen und Gunstbeweise zu verteilen,
um die Minister und wichtigsten Personen bei Hof und in der
Regierung persönlich an sich zu binden. Von ihren und deren
Widersachern wurde dagegen jedes Einverständnis der Königin mit einem Mann ihrer Umgebung, jedes längere Gespräch,

jeder Versuch einer Unterredung unter vier Augen als Zeichen
für ein Liebesverhältnis gedeutet. Und selbst wenn das Gegenteil der Fall war, drehte man ihr daraus den Strick der mo-
ralischen Verfehlung.

Als der bisherige Günstling der Königin, zugleich aber auch
vertrauter Jagdgefährte des Königs und führender Freimaurer,
Caramanico, als Botschafter zuerst nach London, dann nach
Paris und schließlich als Vizekönig nach Sizilien geschickt
wurde, machte das Gerücht die Runde, Acton habe mit ihm
nicht nur einen Rivalen in der Politik, sondern auch im Alko-
ven aus dem Weg geräumt. Der zweiundvierzigjährige, stets
schwarz gekleidete, gegen jedermann herablassende Acton
wurde zum Liebhaber der sechsundzwanzigjährigen, ewig
schwangeren Königin gekürt. Auch Ferdinando hatte seine
Affären, die in Neapel Gesprächsstoff boten, seinem Ansehen
aber in keiner Weise schadeten. Über die Königin dagegen
machten sich der Hof, die Reisenden und auch das Volk gierig
her. Selbst wenn niemand Anzeichen intimer Vertrautheit
erkennen konnte, drehte man ihr einen Strick daraus. Lady
Morgan, Roman- und Reiseschriftstellerin und zugleich eine
der erfolgreichsten englischen Klatschbasen der Zeit, beschrieb Maria Carolinas Verhältnis zu Acton auf folgende bizarre Art: «Die Königin fühlte sich besonders von seiner [Ac-
tons] zur Schau getragenen Gleichgültigkeit gegenüber ihrer
Verführungskunst angezogen, der sonst niemand an dem las-
ziven Hof ihres Mannes widerstehen konnte. Acton war der
Einzige, der dafür überhaupt nicht empfänglich war. Darüber
hinaus war er Ausländer und hegte die gleiche tief sitzende
Abneigung für das Volk, das sie regierte. ... Maria Carolina
setzte all ihre Koketterie ein, die sie wie ihre Schwestern perfekt beherrschte, und Acton zeigte sich davon zwar geschmeichelt, ließ sich aber nicht bezwingen. ... Die Königin, die eine
solche Kälte nicht gewohnt war, wurde von diesem Augenblick
an seine Sklavin, und vermittels der Königin wurde der König

zum ausführenden Organ der Pläne Actons.»[32] Solche und ähnliche Gerüchte waren bei einer jungen, lebenslustigen Frau kaum zu vermeiden, sie wurden mit immer pikanteren Details ausgeschmückt, wanderten vom Hof in die adelige Gesellschaft, wurden bei der Bevölkerung zu saftigen Spottversen geformt und verwandelten sich durch die Reisenden und ihre Journale in unumstößliche Tatsachen. Geschichten über Maria Carolinas Launen, ihr aufbrausendes Wesen, ihre Gunstbeweise für Acton und immer tollere Gerüchte über das Liebesleben der Königin machten die Runde nicht nur in Neapel, sondern an allen Höfen Europas. Der französische Botschafter hielt es zum Beispiel für notwendig, seiner Regierung zu berichten: «Der König verdächtigt Acton und soll zu seiner Frau gesagt haben: ‹Ich versuche euch zusammen zu erwischen, dann werde ich euch beide umbringen und die Leichen aus dem Fenster des Palastes werfen lassen.›»[33] Bei nüchterner Betrachtung gilt jedoch sicher das besonnene Urteil des Historikers Harold Acton: «Böse Zungen gab es viele, und die Affären der Königin waren wohl nicht mehr als Koketterie oder flüchtige Phantastereien einer jungen überschwänglichen Frau. Für ernsthafte Liebschaften hatte die Königin nämlich kaum Zeit.»[34] Die Gerüchte allein aber wirkten für Maria Carolina als überall lauernde Fallen, denn die Gerüchte waren Teil eines erbitterten Machtkampfes. Zunächst war es Maria Carolina, die zum Angriff überging.

Weil es ihr nach Tanuccis Sturz nicht gelungen war, Acton als Ersten Minister durchzudrücken, setzte die Königin den neuen Minister auf ihre Art schachmatt. Vor der eigentlichen Staatsratssitzung konferierte sie mit Acton, der über eine geheime Treppe in die Privatgemächer der Königin hinaufstieg und dort so lange blieb, bis die Königin in den «gelben Salon» bat. Zum Erstaunen der herbeigerufenen Minister fanden sich dort außer den Hofdamen auch externe Experten wie zum Beispiel Filangieri ein. Statt zu beraten und Vorschläge zu unterbreiten, durften die Minister dann nur noch Befehle entgegennehmen, die die Königin mit *vostra buona patrona* [Ihre wohlwollende Herrin] zu unterzeichnen pflegte. Damit war die Rolle des Staatsrats praktisch außer Kraft gesetzt. Durch die Botschafterberichte kam man auch an den Höfen Europas zu der Überzeugung, dass von nun an die Königin die Staatsgeschäfte gänzlich in die Hand genommen habe «und alles ihrer Autorität unterworfen»[35] sei. Weil der König nichts unternahm, um dieser Änderung der Verfahrensregeln Einhalt zu gebieten, war die Unterstellung eines Liebesverhältnisses zwischen Acton und der Königin die einzige Waffe, mit der man ihren politischen Einfluss noch hoffte aushebeln zu können.

Zu diesem Zweck schmiedete Sambuca im Verein mit dem spanischen und französischen Botschafter ein regelrechtes Komplott gegen die Königin. Der Erste Minister beschaffte sich mit Hilfe der Kammerdiener ihre Briefe an den russischen Gesandten, er ließ Papiere Actons verschwinden, und der spanische Botschafter streute das Gerücht, dass der «Fremde» im Bett der Königin zu Gast sei. Das schon unter Tanucci bereits von Misstrauen und Verdächtigungen geprägte Klima am Hofe wurde unter Sambuca vollends vergiftet. Carlos fuhr in einem Brief an seinen Sohn vom 20. Juli 1784 endgültig scharfe Geschütze auf: «Wenn du die Augen öffnest, mein Sohn, wirst du sehen und erkennen, wer dich blendet und wer dich dazu bringt, mich so zu beleidigen, dass ich Dir den Rücken kehre. Nachdem sie dich zu einem König aus Pappmaché gemacht haben, nehmen sie Dir jetzt auch noch Deine Ehre, das Wohl Deiner Kinder und Deine Seele. Glaube nicht, dass ich übertreibe. Wenn Du diesen Brief liest, den nicht lesen darf, wer Dich zugrunde richtet, wirst Du erfahren, was längst jedes Kind weiß, nicht nur in Neapel, sondern auch an allen Höfen Europas, von denen man mir Dinge schreibt, die ich nicht wiedergeben kann. Alle wundern sich darüber, was vor sich geht, auch Deine Verwandten und die Deiner Frau. Lass Dein hinterlistiges Gerede... Du musst Dich sofort von Acton befreien und ihn aus Deinem Reich verbannen. Wenn Du es nicht tust, kann ich nicht mehr glauben, dass Du ein guter Sohn bist und ich bete zu Gott, dass er mir einen Ausweg zeigt.»[36]

Carlos hatte jedoch den Einfluss seiner Schwiegertochter unterschätzt. Ferdinando nämlich tat genau das, was sein Vater hatte vermeiden wollen, er zeigte den Brief sofort und in höchster Erregung seiner Frau. Die entfachte ihrerseits vor aller Welt einen riesigen Skandal. Als Ehefrau und Mutter seiner bereits zahlreichen Kinderschar und des noch ungeborenen Lebens, das sie unter dem Herzen trug, trat sie als die tödlich Beleidigte, als die in ihrer Ehre zutiefst Gekränkte und Verfolgte auf. Nachdem sich das Ehepaar vierundzwanzig Stunden lang vor niemandem mehr blicken ließ, forderte Ferdinando die Abberufung des spanischen Botschafters und versicherte Acton ausdrücklich seines Vertrauens. Die Fronten waren vollkommen verhärtet, und nicht einmal ein aus Neapel an den spanischen Hof entsandter Sonderbotschafter konnte Frieden stiften. Der Erste Minister Spaniens musste, obwohl er wesentlich an dem Komplott mitgewirkt hatte, resigniert feststellen, dass der spanische König seinen Sohn nicht mehr weiter nach Gutdünken lenken könne, nur weil der ihm die Krone verdanke. Der Skandal gab Maria Carolina die Gelegenheit zurückzuschlagen. Während eines längeren Aufenthalts in Caserta wurde ein offenes Geheimnis gelüftet. Der Küchenjunge, der die Vorräte für den Hofstaat zu besorgen hatte, transportierte in regelmäßigen Abständen eine Schatulle, zu der offensichtlich der Erste Minister, aber auch zahlreiche Hofdamen den Schlüssel besaßen. Diese Schatulle enthielt, wie sich herausstellte, chiffrierte Briefe des spanischen Königs, seiner Minister und anderer Personen, die nur Sambuca zu Gesicht bekommen sollte. Während Ferdinando sich vor allem

über den Briefwechsel einer Adeligen mit der österreichischen
Köchin aufregte, aus dem hervorging, dass die Köchin seine
Fasaneneier stahl, machte Maria Carolina aus dem geheimen
Briefwechsel Sambucas einen zweiten großen Skandal und er-
reichte, dass sie den *predone* 1784 endlich loswurde.

Diesen Erfolg nutzte Maria Carolina zu einer Selbstdarstellung, die den Ruf der neapolitanischen Monarchie und die
Bedeutung ihres Landes in den Augen Europas rehabilitieren
sollte. Sie überredete Ferdinando, der noch nie über seine
Jagdgebiete hinausgekommen war, zu einer großen Rundreise
nach Mittel- und Norditalien. Im Frühjahr 1785 ging es zunächst an den Hof ihres Bruders Leopold in Florenz, der mit
Ferdinandos Schwester Maria Luisa verheiratet war. Weiter
fuhr das Königspaar an den Hof von Parma, wo Ferdinandos
gleichnamiger Cousin seit 1769 mit Maria Amalia, einer älteren Schwester Maria Carolinas verheiratet war, die seitdem
mit einem ähnlich ungehobelten Ehemann und ähnlichen Ein-
mischungsversuchen aus Madrid und Wien zu kämpfen hatte.
Von Parma aus führte die Reise nach Mantua zu einem Treffen
mit Maria Carolinas Bruder Kaiser Joseph und nach einem
kurzen Aufenthalt in Turin, der Hauptstadt des Königreichs
Sardinien-Piemont, in die von Wien aus regierte Hauptstadt
des Herzogtums Mailand. Was sich – mit Ausnahme Turins –
als eine Art «Verwandtenbesuch» anhört, wurde von öffentlichen Festen, Bällen, Theateraufführungen und Empfängen
aufwändig begleitet. In Mailand feierte ein Dichter Maria Carolina als «schönste Zierde Italiens», und die Monarchen
erhielten Einladungen zu Staatsbesuchen in die Republiken
Genua und Venedig. Ferdinando bedeutete dies alles nicht viel.
Er fühlte sich eingesperrt und langweilte sich zu Tode. An
Acton schrieb er aus Florenz: «Seit zweieinhalb Tagen bin ich
da und noch habe ich nicht ein bisschen frische Luft geatmet.
Im Haus sehe ich nichts anderes als vier Mauern und vier Zypressen, ich verfüge nur über zwei Zimmer, durch die alle Welt

durchgehen muss und insbesondere das Großherzogspaar, das sich förmlich in der Wache ablöst, indem alle halben Stunden ein Teil von beiden kommt. Daher habe ich jeden Augenblick alle meine Papiere zu verstecken. Heute Vormittag musste ich fünf Stunden lang in Kirchen herumlaufen und dazu Nachmittag auch noch zwei Stunden, was mir sehr lästig fiel… Morgen Vormittag sollte noch so ein Kirchenrundgang losgehen, aber ich habe mich unter dem Vorwand gedrückt, ich müsse für den Kurier nach Spanien Briefe schreiben; zudem will ich auch ein wenig schlafen.»[37] Die Königin dagegen fühlte sich von den Ehrungen geschmeichelt und interessierte sich für die «bewundernswerte Ordnung» in den von ihren Brüdern regierten Herzogtümern. Ihr heimlicher Wunsch, schon auf dieser Reise Heiratsverhandlungen für ihre Kinder anzubahnen und dadurch die Stellung ihres Königreichs weiter aufzuwerten, blieb jedoch unerfüllt. Der Kaiser wurde ohnedies immer ungehaltener über seine Schwester, denn sie überhäufte ihren «Ratgeber und Freund» zwar mit Briefen, fragte ihn aber immer erst dann um Rat, wenn sie ihre Entscheidungen bereits getroffen und in die Wege geleitet hatte.[38]

War die Reise nach Mittelitalien für Ferdinando nur ein langweiliger Verwandtenbesuch, so verband Maria Carolina damit eine klare Zielsetzung. Im Zusammenspiel mit Acton nutzte sie das daraus gewonnene internationale Ansehen, um den seit Tanuccis Abgang eingeschlagenen außenpolitischen Kurs zu festigen. In der Auseinandersetzung mit Großbritannien um Gibraltar und Menorca hatte Spanien erneut versucht, Neapel auf seine Seite zu ziehen. Ferdinando lehnte ab und begründete seine Weigerung in dem neuen, von Maria Carolina diktierten diplomatischen Ton mit dem Hinweis auf die bereits geleistete Unterstützung. Geschickt hob der Brief dabei Actons Rolle hervor: «Es wäre daran zu erinnern, dass Acton noch vor der Kriegserklärung dem Hof Spaniens die gesamte

Munition der königlichen Arsenale überlassen hat. Wenn seitdem nichts mehr geliefert wurde, so einfach deshalb, weil keine
einzige Kugel mehr vorhanden war.»[39] Seit 1776 hatte das
Königreich dauerhafte diplomatische Beziehungen zu Russland eingeleitet und Botschafter ausgetauscht, ließ sich aber
dennoch nicht in den von Österreich und Russland gemeinsam
gegen das Osmanische Reich geplanten Krieg (1778) hineinziehen. Stattdessen wurden Freihandelsabkommen sowohl mit
dem Osmanischen Reich als auch mit Russland abgeschlossen.
Darüber hinaus machte man auch der französischen Flotte im
Mittelmeer Konkurrenz, und einheimische Schiffe übernahmen
den Handel neapolitanischer Produkte. Erstmals befuhren
«Polacker aus Sorrent», Dreimaster, die bis dahin nur im Mittelmeer heimisch waren, sogar den Atlantik bis in die Nordsee.

Das geschickte Taktieren zwischen den Fronten wurde
unterfüttert durch den Aufbau einer Flotte und durch eine
Heeresreform, die ganz Actons und Maria Carolinas Werk
waren. Im Laufe weniger Jahre schuf Acton eine Flotte von
fast einhundertfünfzig mit Artillerie bestückten Schiffen. Er
ließ die Werft in Castellamare in großem Stil modernisieren
und holte aus Frankreich einen erfahrenen Schiffsbauer. Als
erstes Schiff und als sichtbarster Beweis für die neue Eigenständigkeit des Königreichs lief 1786 die mit vierundsiebzig
Kanonen bestückte «Partenope» vom Stapel. Der Name erinnerte an die antike Stadtgöttin Parthenope, eine Nymphe,
nach der die erste Siedlung auf dem steilen Felsen über dem
Golf benannt war. Zwei Jahre später verfügte die Königliche
Kriegsmarine bereits über neununddreißig mit insgesamt
neunhundertzweiundsechzig Kanonen bestückte Schiffe. Diese
imposante Zahl täuscht allerdings darüber hinweg, dass der
größte Teil der Flotte aus Kanonenbooten mit lediglich zwei
bis drei Kanonen bestand. Auch Ende der achtziger Jahre verfügte Neapel nur über vier Linienschiffe mit mehr als sechzig
Kanonen. Von einer Flottenstärke wie der englischen mit

neunzig oder der französischen mit sechsundsechzig Linienschiffen war und blieb Neapel himmelweit entfernt. Dennoch war die finanzielle und organisatorische Leistung enorm. Acton ließ nicht nur Schiffe bauen, sondern schuf auch eine Marineinfanterie, sorgte für die Offiziersausbildung in vier neu gegründeten Marineschulen und schickte die Kadetten in den französisch-spanischen Krieg gegen Großbritannien, um sie Erfahrungen sammeln zu lassen. 1780 übernahm der General trotz des Widerstands aus Spanien auch das Kriegsministerium und damit die schwierige Aufgabe, aus einer Theatertruppe ein schlagkräftiges Heer zu machen.

Im Heer existierten eine Reihe von privilegierten Korps, so die «Guardia del Corpo Reale» [Königliche Leibgarde], eine sogenannte Schweizer Garde und das Königliche Kadettenbataillon. Adelige konnten darin Ehrentitel und Auszeichnungen erwerben, ohne militärische Fähigkeiten oder gar militärische Erfahrungen zu besitzen. Seit Carlos' Machtantritt hatte sich Neapel an keinem Krieg beteiligt. Die Tätigkeit dieser Korps bestand darin, an pompösen Paraden teilzunehmen, die in seltsamen Kostümspielen endeten. So versorgten zum Beispiel der König und die Königin als Koch und Köchin verkleidet in einer riesigen Zeltstadt am Strand von Portici die Offiziere in ihren großspurigen Uniformen mit Speis und Trank. Ferdinandos liebstes Regiment waren die sogenannten «Liparioti», deren Mitglieder ursprünglich von den Liparischen Inseln vor Sizilien kamen. Über die Exerzierübungen dieser lebendigen Spielzeugsoldaten hatte Joseph II. schon bei seinem ersten Besuch halb amüsiert, halb angewidert an Maria Theresia berichtet: «Ich würde niemals zu Ende kommen, wenn ich all die armseligen Dummheiten beschreiben müsste, die sich bei diesem Exerzieren zeigten, und den Eindruck schildern sollte, den das auf mich machte. In wenigen Worten: Dreißig Kavaliere, unter ihnen Leute von vierzig Jahren, geben sich dazu her, diese Komödie zu spielen und täglich Faustschläge, Fußtritte und Stockhiebe des Königs einzustecken, der sie befehligt. Das Bataillon ist wirklich der Sammelpunkt aller unglücklichen Spitzbuben und Hanswurste, die diesen Fürsten umgeben. Vor allem haben die Übungen, die sie machen, überhaupt keinen Sinn… Die Tambour- und Spielleute betätigen sich in der Mitte des Zimmers fortwährend, und diesem Lärm gesellen sich die durchdringenden Schreie des Königs, der mit dem Säbel in der Hand kommandiert, schreit, schimpft, lacht und über alle die herfällt, die irgendetwas verfehlen. Er wie die Teilnehmer sind sämtlich gleichmäßig blau und rot angezogen. Mitten während der Übungen kündigt man an, der Marketender sei angekommen, alles legt die Waffen ab und rennt essen, das heißt, zerreißt eilig, stehend …das Fleisch mit den Händen und trinkt ohne Gläser aus den Flaschen. Das muss alles so sein, damit die Sache einen mehr kriegerischen Anschein hat.»[40] So «armselig» dieses seltsame Bataillon dem Kaiser erschien, so einträglich war es für die Beteiligten, denn aus der Staatskasse wurden großzügig Ehrentitel und Auszeichnungen dotiert, sofern deren Inhaber dann bereit waren, nicht nur an solchen Exerzierübungen, sondern auch an den Jagdausflügen und sonstigen Belustigungen des Königs teilzunehmen. Für den chronisch überschuldeten Adel war dies eine unschätzbare Quelle dringend benötigter Finanzmittel. Hier tummelten sich die Offiziere, um wenigstens einen Teil ihrer notorischen Spielschulden begleichen zu können.

Die Abschaffung der adeligen Sinekuren und die Reorganisation des Heeres mit Hilfe zahlreicher ausländischer Offiziere und Spezialisten trafen den neapolitanischen Adel deshalb an einer empfindlichen Stelle und dementsprechend formierte sich der Widerstand gegen Acton. Die Beschwerden der Betroffenen bei ihrem Schutzherrn Ferdinando fruchteten nichts, denn offensichtlich war auch er mit seinen über dreißig Jahren allmählich den Kinderspielen entwachsen und konnte den Verlust seiner Liparioti verschmerzen. Deshalb wandten sich die Adeligen direkt an den Patriarchen im fernen Spanien und gingen zu offenen Drohungen über. Als im September 1784 auf dem mit vierundsechzig Kanonen bestückten Flaggschiff «San Giovanni» im Hafen ein Feuer ausbrach und seltsamerweise nicht gelöscht werden konnte, hielt sich hartnäckig das Gerücht, der Brand sei als Attentat auf Acton absichtlich gelegt worden.[41]

Der «Fremde» holte zwar tatsächlich viele ausländische Militärs ins Land, suchte sie aber aus aller Herren Länder zusammen und wählte aus fremden Vorbildern das aus, was ihm für die jeweilige Aufgabe am passendsten erschien. Er war und blieb alles andere als ein Diener habsburgischer Interessen. Dazu war er selbst viel zu ehrgeizig. Die delikate Aufgabe der Auflösung der Nobelgarden wurde dem Schweizer General De Salis übertragen. Die Infanterie wurde nach österreichischem Vorbild ausgerüstet und ausgebildet, während die Artillerie nach französischem und die Kavallerie nach preußischem Muster organisiert war. Als einen der ersten Leiter der bald in ganz Europa hochangesehenen Militärakademie «Nunziatella» zog Acton Giuseppe Parisi aus dem engsten Kreis der neapolitanischen Reformer heran und schickte ihn zum Studium der Militärarchitektur nach Wien.

Der schöne Traum der Aufklärung

All die großangelegten Projekte, die in kürzester Zeit aus dem Boden gestampft wurden, erforderten riesige Investitionen, und es lag auf der Hand, dass nur eine durchgreifende Reform des Finanzwesens Aussicht auf Bewältigung dieser Aufgaben schaffen konnte. Aus diesem Grund war bereits mit Dekret vom 19. Oktober 1782, also noch unter Sambuca als Erstem Minister, der «Supremo consiglio di finanze» [Oberster Finanzrat⌉ eingerichtet worden, in dem neben den Ministern ständige Berater und Assessoren für wirtschaftliche und finanzielle Fragen vorgesehen waren. Schon allein die Schaffung dieses neuen zentralen Gremiums, das das Kompetenzwirrwarr unterschiedlichster Ämter und Institutionen aufheben und die Aufgaben auf höchster Ebene bündeln sollte, bedeutete eine politische Wende und den entscheidenden Schritt hin zur Zusammenarbeit zwischen aufklärerischer Intelligenz und Monarchie. Das neu geschaffene Gremium wurde zum «Ausgangspunkt neuen reformerischen Elans».[42] Neben seinen Weggefährten wurde später sogar Filangieri selbst aus seiner Gelehrtenstube in den Obersten Finanzrat berufen. Über ihn sagte Acton: «Angesichts all dieser Widerstände und der schwierigen Aufgaben ist es ein einzigartiger Trost zu sehen, wie dieser junge, aufrichtige Filangieri seine Landsleute aufklärt und den Mut besitzt, die Unterdrückung durch die Barone, die Gerichte und unsere absurden Gesetze anzuprangern.»[43]

An dem reformerischen Elan hatte der neue Erste Minister Domenico Caracciolo dei Duchi di San Teodoro entscheidenden Anteil. Eigentlich hatte Maria Carolina endlich Acton an Sambucas Stelle setzen wollen. Als dies gegen den Widerstand des spanischen Patriarchen immer noch nicht gelang, einigte man sich auf Caracciolo. Anders als Sambuca hatte er schon als Vizekönig von Sizilien bewiesen, dass er zu durchgreifenden Reformen bereit war. Als Diplomat hatte er Turin, London, vor allem aber Paris kennengelernt, wo er zum Freundeskreis so bedeutender und fortschrittlicher Geister wie Necker, Holbach, Helvétius und vor allem d'Alembert gehört hatte. Begeistert wollte er die Ideen, mit denen er dort in Berührung gekommen war, nach seinem Amtsantritt in Sizilien 1781 umsetzen. Seine Tätigkeit dort wurde «zum Versuchsgelände einer entschiedenen Offensive gegen das Feudalwesen»[44]. Sizilien war insofern ein besonderes Terrain, als die Insel unter der spanischen Herrschaft ein «Nebenland des Nebenlandes» gewesen war und auch unter den Bourbonen als Nebenland durch einen Vizekönig regiert wurde. In Sizilien existierte deshalb schon immer ein trotziger Selbstbehauptungs- und Beharrungswille. Politisch konzentrierte der sich in dem von den Baronen beherrschten Parlament. Eine von diesem gewählte «Deputazione del Regno» [Exekutivrat für Sizilien] hatte das Recht zur Eintreibung der von Neapel geforderten Abgaben, die dann als «Geschenk» (*donativo*) nach Neapel weitergeleitet wurden. In der Regel war die Verteilung so, dass etwa die Hälfte durch eine Mahlsteuer auf Getreide eingetrieben und somit auf die Ärmsten der Armen abgewälzt wurde. Die Barone zahlten den geringsten Anteil und trieben auch diesen wieder von den abhängigen Bauern ein. Dagegen wollte Caracciolo vorgehen und schrieb darüber an Acton: «Sizilien hat einenhalb Millionen Einwohner, darunter siebzig Barone ... Sollen sie wirklich weiterhin nichts zahlen? Ist es gerecht, das Wohlergehen von einenhalb Millionen Menschen der Tyrannei weniger, unbeugsamer Familien zu opfern? ... Hier in Palermo und dort in Neapel verbreitet die sizilianische Bosheit jede Art von Verleumdungen über die Reformpläne als chimärisch, verstiegen, bedrückend für das Volk und in ganz Sizilien verhasst. ... Natürlich bringen sie Schwierigkeiten mit sich: Wie sollte es jedoch möglich sein, mehr als zwei Jahrhunderte alte Übel ohne Schmerzen, Geschrei und irgendwelche Schwierigkeiten auszurotten?»[45]

Caracciolo sollte in Sizilien bald erfahren, wie groß die Widerstände gegen seine Reformbemühungen tatsächlich waren. Als er eine der Hauptforderungen der Reformer, die gerechte Verteilung der Steuern und dazu die Erstellung eines Katasters, in die Wege leiten wollte, liefen die Barone dagegen Sturm und wandten sich nicht nur an den ihnen gewogenen Sambuca, sondern direkt an den Patriarchen in Madrid. Die Unterstützung, die Caracciolo von Acton, der Königin und

den Mitgliedern des Obersten Finanzrats erhielt, war nicht
entschieden genug, um diesen Widerstand zu brechen. Das für
Sizilien verantwortliche Gremium der Regierung, die «Giunta
di Sicilia», lehnte das Reformprojekt ab, und Ferdinando war
nicht dazu zu bewegen, von seinem Recht Gebrauch zu machen, sich über dieses Votum hinwegzusetzen und Caracciolo
den Rücken zu stärken. Damit war ein Präzedenzfall geschaffen, der sich Jahrzehnte später bitter rächen sollte – wovon
noch die Rede sein wird.[46] Caracciolo war demnach gewarnt,
als er 1784 an die Stelle Sambucas treten sollte. Sein Neffe,
Marchese del Gallo, der mit Maria Carolina um diese Zeit in
einen intensiven Briefwechsel trat und deshalb sicherlich auch
deren Meinung wiedergab, schrieb ihm zu seinem Amtsantritt:
«Es lässt sich wohl nur äußerst schwer ein korrupterer Staat
als der unsere finden. Euch, die Ihr ein Freund der Gerechtigkeit, des Verdienstes und der Wahrheit seid, … [stellt sich die
Aufgabe] Ordnung herzustellen, wo Durcheinander ist, Sparsamkeit, wo Verschwendung herrscht, Ruhe, wo Parteiungen
und Fraktionen regieren, und ganz allgemein einen glücklichen Zustand des Staates, auf den man seit vielen Jahren mit
unvollkommenen, schlecht koordinierten Anstrengungen und
wenig dauerhaftem Erfolg hingearbeitet hat.»[47]

Angesichts dieses düsteren Bildes ist nicht zuletzt die Wahl
Caracciolos ein Beweis dafür, dass unter Maria Carolinas Regie
Reformen in Gang gesetzt werden sollten, um das Gesicht des
Landes grundlegend zu verändern. Die Königin zog dazu sehr
bewusst als neue Elite den Kreis der aus den Akademien und
Freimaurerlogen hervorgegangenen Aufklärer heran, die nun
den Weg von der Theorie zur Praxis gehen und sich mit der
komplexen Realität ihres Landes auseinandersetzen mussten.
Die Schwerpunkte und Zielsetzungen der Königin und dieser
neuen Elite drifteten allerdings von vorneherein und im Lauf
der Jahre immer weiter auseinander. Maria Carolina ging es
vor allem darum, das Königreich als ernstzunehmende Macht

nach außen zu etablieren, für die Aufklärer, für die sogenannten Philosophen, die mit Caracciolo zu Wort kamen, hatte eine
radikale Reform von Wirtschaft und Gesellschaft im Inneren
Priorität.

Als ihre wichtigste Aufgabe betrachteten die Reformer es
nicht mehr nur, das Feudalwesen bloß zu reformieren, wie dies
Tanucci versucht hatte. Sie wollten es ganz und gar abschaffen
und zielten auf eine vollkommene Neugestaltung der Gesellschaft, auf freies Eigentum und freien Markt, denn «die *lais-
sez-faire*-Theorien eines Adam Smith und der Physiokraten
trugen auch in Neapel Früchte».[48] Die ersten Schritte in diese
Richtung wollte man zum Beispiel dadurch unternehmen, dass
das Vermögen der «Cassa sacra», die aus aufgelösten geistlichen Einrichtungen bestand, als eine Landwirtschaftsbank
kleinen Grundbesitzern und Bauern ermöglichte, Grund frei
zu erwerben und landwirtschaftliche Verbesserungen einzuführen. Die Basis für ein gerechtes Steuerwesen, für die Libe-
ralisierung des Grunderwerbs und für den Aufschwung von
Landwirtschaft, Handel und Gewerbe war und blieb aber die
Erstellung eines Katasters, um überhaupt eine realistische
Vorstellung der Gegebenheiten zu erhalten, ein Thema, das im
18. Jahrhundert in allen europäischen Ländern auf der Tages-
ordnung stand. Dazu hieß es in den vom Obersten Finanzrat
1783 veröffentlichten «Instruktionen» für einen Kataster:
«Die Produkte der Erde, das grundlegende Gut für die
Menschheit und das solideste Fundament des Staates, sind es
wert, dass alles, was zur Verbesserung der Landwirtschaft
führt, politisch gefördert wird. Um dieses Ziel zu erreichen,
muss man genaue Kenntnis des Grundbesitzes haben, um ihn
zu verbessern und seinen Wert zu steigern.»[49]

Gegen diese und ähnliche Programme erhob sich der wü-
tende Protest der Barone. Statt mit Argumenten zu kämpfen,
beteiligten sie sich nun an der Verleumdungskampagne gegen
Acton und Maria Carolina, die sie als die Hauptverantwort-

lichen für die neue Politik ausgemacht hatten. Hinter ihnen stand der Patriarch in Spanien. Als die Königin die kostspielige Propagandareise nach Mittel- und Norditalien unternahm, machte ihr Carlos den Vorwurf, sie hätte lieber eine Reise durch ihr eigenes Königreich antreten sollen. Damit traf er einen kritischen Punkt. Eine Reise durch ihr eigenes Land wäre umso dringender geboten gewesen, als 1783 Kalabrien und Teile Siziliens von einer Reihe verheerender Erdbeben heimgesucht wurden, durch die wahrscheinlich bis zu 50 000 der 450 000 Einwohner Kalabriens ums Leben kamen. Der Oberste Finanzrat legte eine Sondersteuer von über einer Million Dukaten auf und schickte als Sonderbevollmächtigten General Francesco Pignatelli, Graf von Laino, in die Provinz. Außerdem rief der Finanzrat aus diesem Anlass die oben erwähnte Landwirtschaftsbank «Cassa sacra» ins Leben und verlangte von den Baronen ihre Rechtstitel nachzuweisen. Wenn dieser Nachweis nicht gelang, sollten die feudalen Einkünfte und Privilegien erlöschen. Um den massiven Widerstand der Barone zu brechen, die mit aller Macht versuchten, die «Cassa sacra» in ihre Hände zu bringen und den Verlust ihrer Privilegien zu verhindern, wäre der sichtbare und spürbare Einsatz der Monarchen unumgänglich gewesen. Ferdinando beschränkte sich darauf, aus seiner Privatschatulle die allerdings beträchtliche Summe von 60 000 Dukaten zu spenden, Maria Carolina dagegen reagierte überhaupt nicht. Gleichzeitig wurde kolportiert, sie habe ihren «Favoriten» 30 000 Dukaten geschenkt. Im Süden des Landes wuchsen Unzufriedenheit und Unruhe in allen Schichten, und es kam zu Revolten und Übergriffen durch bewaffnete Banden. Maria Carolina machte keinerlei Versuch, sich dem Volk als «Landesmutter» anzuempfehlen und folgte in diesem entscheidenden Punkt dem Vorbild ihrer Mutter nicht. Ihr mangelndes Gespür für die Bedürfnisse und den wahren Zustand ihres Königreichs führten zu einer immer stärkeren Entfremdung zwischen ihr und ihren Untertanen, die von den Gegnern der Reformen weidlich ausgenutzt wurde. Als 1792, also neun Jahre nach dem Erdbeben, der Vertreter des Finanzrates Giuseppe Maria Galanti nach Kalabrien geschickt wurde, um die Ergebnisse der Reformen zu überprüfen, kam er zu dem niederschmetternden Ergebnis, dass das Feudalwesen dort nach wie vor ebenso unangetastet wie «abstoßend» sei. Caracciolo war bereits drei Jahre zuvor völlig überraschend gestorben, es war von Gift die Rede. Die Reformen gerieten ins Stocken. Nicht nur die tieferliegenden Ursachen, sondern auch das Ausmaß der Gefährdung ihrer hochfliegenden Pläne blieben Maria Carolina jedoch verborgen, weil sie Ende der achtziger und zu Beginn der neunziger Jahre innen- und außenpolitisch noch einmal große Erfolge erzielte, die sogar so groß waren, dass sie die von der Französischen Revolution heraufziehenden düsteren Vorzeichen zunächst kaum wahrnahm.

Das innenpolitische Ereignis, das auf alle Beteiligten wie die Krönung des «schönen Traums der Aufklärung» von der gedeihlichen Zusammenarbeit der Monarchie mit ihren besten Köpfen erschien, war die Eröffnung der königlichen Seidenmanufaktur von San Leucio im Juni 1789, einen Monat vor dem Sturm auf die Bastille in Paris. An der Schaffung und Ausgestaltung der «königlichen Kolonie San Leucio» mit einer eigens dafür ausgearbeiteten «Verfassung» waren Maria Carolina und Ferdinando in seltener Einmütigkeit beteiligt.

San Leucio war zunächst das Lieblingsprojekt Ferdinandos, mit dem er seit den siebziger Jahren beschäftigt war. Mit ihren umfassenden Wohn-, Bildungs- und Kultureinrichtungen für die Arbeiter und deren Familien mutet das Experiment, das ein Jahrzehnt lang erfolgreich funktionierte, wie ein letztes Aufleuchten der großen Hoffnungen des Jahrhunderts auf die ordnende Hand des aufgeklärten Monarchen an. Die Verfassung, der «Codice» oder die «leggi corrispondenti al buon governo» [Gesetze zur guten Regierung], so der offizielle Titel, weist zugleich Aspekte von teilweise überraschender Modernität auf. Der «Codice» trägt – wie alle Gesetze – die Unterschrift des Monarchen. Wer der oder die tatsächliche(n) Verfasser waren, ist bis heute umstritten. Als Autoren werden vom König selbst über Maria Carolina bis hin zu einem Freimaurer namens Antonio Planelli oder dem königlichen Sekretär Domenico Cosmi allerlei Namen mit mehr oder weniger stichhaltigen Begründungen vermutet. Rätselhaft ist zudem, dass der Text nach den Worten des königlichen Sekretärs zunächst in aller Heimlichkeit und nur in wenigen Exemplaren gedruckt werden durfte, bevor er dann großes Aufsehen erregte und allenthalben begeistert aufgenommen wurde.[50] Eines lässt sich jedoch zweifelsfrei feststellen: Die materielle Ausgestaltung der Kolonie war das ganz eigene Projekt Ferdinandos, das Benedetto Croce zu Unrecht als fürstliche «Laune» abgetan hat[51]. Wie ernsthaft Ferdinando diese «Laune» betrieb, geht beispielsweise aus dem Bericht der englischen Schriftstellerin Elizabeth Berkeley Craven hervor, die mit ihrem Geliebten und späteren Mann, dem Markgrafen von Ansbach, 1789 nach Neapel kam: «Ferdinando hatte einige Meilen von Caserta entfernt ein Gebäude erbauen lassen, das er mir unbedingt zeigen wollte. Es war ein Schlösschen namens ‹Belvedere›, von dem aus man den Ausblick auf die schöne Landschaft um Caserta genießen konnte. Hinter und neben dem Schlösschen lag ein Gebäude für die Herstellung von Seidenstoffen. Ich wurde in einen großen Saal im Erdgeschoss geführt, wo einige Frauen und viele Mädchen mit dem Abhaspeln der Seide an einer großartigen Maschine zum Garnwinden beschäftigt waren, die der König aus Lyon hatte kommen lassen. Diese Seidenindustrie ist vom König in San Leucio eingerichtet worden, um den Familien am Ort einen ehrlichen Broterwerb zu ermöglichen. Ferdinando IV. war bereits in dem Saal, als ich eintrat. Er führte mich fast eineinhalb

Stunden lang überall herum und erklärte mir alle Regeln der Anlage bis in die schwierigsten mechanischen Details, die die Arbeiten erleichterten. Das tat er mit unglaublicher Präzision, Klarheit und Befriedigung, weil er offenbar über all das, was ich nur schwer wiedergeben könnte, genauestens Bescheid wusste und sehr mit dieser Industrie zufrieden war, die er für das Wohlergehen seiner Untertanen geschaffen hatte.»[52]

Den Berg von San Leucio oberhalb von Caserta hatte bereits Carlos als Wasserreservoir für sein «Versailles des Südens» erworben und später dort ein Jagdschlösschen errichten lassen. Da Ferdinando dieses Jagdschlösschen besonders liebte und es oft besuchte, siedelte er dort mehrere Familien von Wildhütern und Jagdhelfern an. Seit den achtziger Jahren wurde in Handarbeit auch Seide gesponnen, wie das in der Gegend und im ganzen Königreich durchaus üblich war. Die entscheidende Neuerung war die Mechanisierung mit Hilfe von Wasserkraft und die Erweiterung der Produktion von der Spinnerei bis zur Herstellung wertvoller Seidenstoffe. Ferdinando ließ neueste Maschinen importieren, schickte einzelne Arbeiter in das Musterland der Seidenproduktion nach Frankreich und gründete eine Schule für die Ausbildung der Textilarbeiter. Die Anlage griff die Forderung der Reformer auf, Neapel von einem Zentrum des Konsums in ein Zentrum der Produktion zu verwandeln. Die Besonderheit von San Leucio war die Gestaltung der Gesamtanlage. Bei der Eröffnung der «Kolonie» 1789 lebten dort 214 Menschen. Die Schule, die Wohnhäuser der Arbeiterfamilien, die Fabrikgebäude waren eng mit dem königlichen Schlösschen verbunden, wodurch der König sich unmittelbar als Unternehmer präsentierte. Diese materielle Verbindung von Produktion, Lebensform und königlichem Unternehmertum wurde durch den «Codice» theoretisch untermauert und machte die Kolonie von San Leucio zu einem wahrhaften «Staat im Staate». Der «Codice» war die dazu gehörige Verfassung, die das Projekt aus dem Geist der

Zeit erklären und sein Programm für die Zukunft festlegen sollte.

In der Einleitung gab der Monarch einen erstaunlichen Einblick in sein Wesen und seine ganz persönlichen Ziele: «Es gehört sicherlich nicht zu den geringsten meiner Wünsche, fern vom Lärm des Hofes einen angenehmen Aufenthaltsort zu finden, wo ich die wenigen Mußestunden, die mir die ernsthafteren Sorgen um den Staat ab und zu vergönnen, mit Gewinn nutzen könnte. Die Annehmlichkeiten von Caserta und die großartige Behausung, die von meinem erhabenen Vater begonnen und von mir fortgeführt wurden, bieten mit der Entfernung von der Stadt nicht die für die Einkehr und Ruhe des Geistes notwendige Stille und Einsamkeit, sondern bilden eine andere Stadt mitten auf dem Lande, mit denselben Vorstellungen von Luxus und Pracht wie in der Hauptstadt. Deshalb habe ich auf dem Gelände selbst nach einem abgeschiedeneren Ort gesucht, nach einer Art Einsiedelei und dafür San Leucio ausgesucht ... Nach dem Umbau des Jagdschlösschens wohnte ich dort und verbrachte auch den Winter dort. Weil ich jedoch meinen Erstgeborenen dort verlor [Carlo Tito 1778 an Scharlach] wollte ich nicht mehr dauerhaft in San Leucio wohnen und beschloss, die Gebäude einem anderen Zweck zuzuführen.»[53]

Die Kolonie sollte nach den Worten der Verfassung dem «Glück dieses Königreichs» dienen, «dem Nutzen des Staates ..., dem Nutzen der Familien ...[und] dem Nutzen jedes einzelnen Individuums» und als «Vorbild für andere größere [Manufakturen]» wirken. Der «Codice» erscheint bis heute als ein überraschend modernes egalitäres Projekt. Bestechend ist vor allem die erstaunliche Gleichbehandlung von Frau und Mann im Hinblick auf Arbeit, Ehegattenwahl, Erbrecht und Erziehung, wobei der Mann «das Haupt der ehelichen Verbindung» bleibt. «Die Natur hat ihm dieses Recht gegeben. Aber sie verbot ihm zu gleicher Zeit, seine Frau zu unterdrücken und zu misshandeln.» Testamente waren ebenso verboten wie Mitgiften, denn für die Grundversorgung von der Wiege bis zur Bahre sorgte der Staat. Wer die bis ins Detail des Tagesablaufs gehenden Gesetze brach, dem wurde «sofort verboten, die vorgesehene Kleidung des Ortes zu tragen», und der galt «von nun an als Fremder».

Diese Gesetze basierten auf einer einfachen, strengen und unumstößlichen hierarchischen Ordnung: «Kein Mensch, keine Familie, keine Stadt und kein Reich kann bestehen und blühen ohne die heilige Furcht vor Gott.» Vor Gott sind alle Menschen gleich und er hat bestimmt, «dass niemand über sie herrsche außer Ihm und denen, denen er die Regierung der Völker übertragen hat. … Nach Gott ist dem König Ehrfurcht, Treue und Gehorsam geschuldet, da ihm die Menschen von Gott anvertraut sind.» In dieser einfachen Logik hat der König das alleinige Recht der Gesetzgebung, und die Untertanen haben Pflichten, aber keinerlei Rechte. Selbst die Kirche besitzt neben dem König kein eigenständiges Recht, sondern bietet lediglich die Form, um die gottgewollte Ordnung tagtäglich zu bestätigen, weswegen eine der wichtigsten Pflichten der Untertanen der tägliche Besuch der Messe ist.

Die Einweihung der Kolonie und die Veröffentlichung des «Codice» wurden in Anwesenheit der Monarchen und des gesamten Hofstaats im Schloss Belvedere mit großem Aufwand und unter Einbeziehung der gesamten Bevölkerung begangen. Es fanden folkloristische Tanzaufführungen, festliche Bankette und eine öffentliche Aufführung der von Paisiello eigens für diesen Anlass komponierten Opera buffa «Nina pazza per amore» statt. Die geistige Elite des Königreichs überbot sich auf Griechisch, Latein, Italienisch und Neapolitanisch in Lobeshymnen auf das Reformwerk und widmete den aufgeklärten Monarchen einen über zweihundert Seiten starken Band mit Gedichten der angesehensten Mitglieder von Akademien und literarischen Gesellschaften. Die Dichterin Eleonora Fon-

seca Pimentel steuerte zwei der besten Werke bei. Sie pries die
Kolonie von San Leucio als das Werk eines «neuen Numa», des
mythischen römischen Königs Numa Pompilius und seiner
Frau und Ratgeberin Egeria.[54] Die in Neapel wiedererstan-
dene Egeria sonnte sich nicht ungern in diesem Ruhm.

In den Augen der neuen Egeria wurde dieser innenpolitische Erfolg jedoch bei weitem übertroffen von den außenpolitischen Fortschritten, die sie in den folgenden Jahren
erzielte, und zwar auf einem Gebiet, das ihr mehr als alles andere am Herzen lag: der Heiratspolitik. Obwohl sie es nicht
zeigen durfte, musste es für Maria Carolina geradezu eine
Erlösung sein, als die Nachricht vom Tod Carlos III. am
14. September 1788 eine Woche später in Neapel eintraf. Carlos wurde in Neapel nach wie vor als derjenige geliebt und
verehrt, der das Land nach der zweihundertjährigen Herrschaft Spaniens wieder zu einem selbständigen Königreich gemacht und Neapel den Stolz wiedergegeben hatte, eine mit
London und Paris vergleichbare Hauptstadt zu sein. Dass der
Patriarch seit seiner Rückkehr nach Madrid nicht anders als
vor ihm die spanischen und dann die österreichischen Herrscher versucht hatte, Neapel wieder an sich zu binden, als
handle es sich um «die westindischen Inseln»[55], trat nach
seinem Tod in den Hintergrund. Bei den Trauerfeierlichkeiten
stand der Stolz auf die neu gewonnene Bedeutung als echte
«Nation» an erster Stelle. Der Bischof ordnete an, dass neun
Tage lang am Abend alle Kirchenglocken eine Viertelstunde
lang läuten und feierliche Trauermessen gehalten werden
sollten. Im Dom wurde ein riesiges, von Kerzen umgebenes
Mausoleum errichtet, geschmückt mit Darstellungen der
Herrschertugenden wie Gerechtigkeit, Weisheit und Barm-
herzigkeit. Die Wände waren mit schwarzen, goldverzierten
Vorhängen bedeckt und mit Ehreninschriften verziert. Zu der
Trauermesse strömten so viele Gläubige, dass der Dom sie
nicht fassen konnte.

Von dem neuen König, Ferdinandos einundvierzigjährigem Bruder Carlos IV., und seiner Frau Maria Luisa von Parma war für Neapel zwar wenig zu erhoffen, aber doch noch Einiges zu befürchten. Maria Carolina hegte über das Paar, das sie nur aus den Berichten ihrer Botschafter, Zuträger und aus dem an den europäischen Höfen zirkulierenden Klatsch kannte, die denkbar schlechteste Meinung. Den neuen spanischen König beschrieb sie als eine Art Abbild ihres eigenen Mannes: «Ich bin überzeugt, Carlos IV. weiß gar nichts; er unterhält sich, jagt und macht zuweilen einige heftige Ausfälle.» Und der spanischen Königin unterstellte Maria Carolina: «Die Königin schmückt sich, zieht sich an, repräsentiert, zerstreut sich, verliert so ihre Zeit, und die Minister befehlen ebenso viel, ja mehr als früher.»[56] Umso erschreckender war für Maria Carolina deshalb das Anerbieten der nunmehrigen spanischen Königin, eine ihrer Töchter mit dem neapolitanischen Thronfolger zu vermählen. Um zu verhindern, dass ihr Sohn «einem dieser spanischen Ungeheuer» angetraut werde, was Ferdinando durchaus befürwortet hätte, hielt Maria Carolina fieberhaft nach Alternativen Ausschau.

Dies war umso dringender, als 1789 der nur achtjährige Gennaro und ihr jüngstes Kind, der ein Jahr zuvor geborene Carlo, trotz oder wegen falscher Dosierung der Impfung an den Pocken starben. Als möglicher Thronfolger in Neapel blieb nur noch der 1777 geborene Francesco übrig. Für Maria Carolina Grund genug, ihre nach dem Vorbild ihrer Mutter schon seit langem – vergeblich – betriebene Heiratspolitik mit Nachdruck wiederaufzunehmen. Wie so oft in Maria Carolinas Leben lagen auch in diesem Fall Trauer und Freude nahe beieinander. Nach ihren beiden Söhnen starb zuerst völlig unerwartet auch ihr Bruder Joseph. Während Österreich an der Seite Russlands mitten im Krieg gegen das Osmanische Reich stand und in den ehemals spanischen, jetzt österreichischen Niederlanden ein Aufstand tobte, erkrankte Joseph II. 1789 so schwer, dass wenig Hoffnung auf Genesung bestand. Schon bevor er jedoch am 20. Februar 1790 tatsächlich verschied, gab sein Bruder und absehbarer Nachfolger auf dem Kaiserthron, Maria Carolinas Lieblingsbruder Großherzog Leopold von Toskana, ihrem Drängen nach und machte ihr einen «angenehmeren Vorschlag»: «Wenn Seine Majestät das Zeitliche segnen würde, will ich meinen zweiten Sohn als Souverän in Toskana einrichten und unsere Heiraten werden sich dann vielleicht im nächsten September machen lassen.»[57] Für Maria Carolinas hochfliegende Pläne noch verlockender gestaltete sich der Heiratsmarkt dadurch, dass die Gemahlin von Leopolds ältestem Sohn und Thronerben Franz am 18. Februar völlig unerwartet nach der Geburt einer Tochter im Kindbett verstorben war.

In kürzester Zeit wurden die Geschwister handelseinig. In Windeseile vereinbarten sie nicht nur eine Ehe zwischen Maria Carolinas ältester Tochter Maria Teresa und dem nunmehrigen österreichischen Thronfolger Franz, sondern zugleich die Verheiratung der zweitältesten neapolitanischen Prinzessin Maria Luisa mit Ferdinand, dem künftigen Großherzog von Toskana, und *last but not least* die Heirat des gerade dreizehnjährigen Thronfolgers Francesco mit der gleichaltrigen Tochter Leopolds, Maria Clementina. Um durch diese dreifache Verbindung das aus dem Aachener Frieden hervorgegangene labile Gleichgewicht in Italien nicht allzu sehr aus dem Lot zu bringen, wurde das Großherzogtum Toskana als Sekondogenitur bestätigt.

Mit den Bräuten, aber ohne den dreizehnjährigen Thronfolger, der nur *per procuram* vermählt werden sollte, brachen die Monarchen im August 1790 nach Wien auf, um diese «glorreichste, für unser Land vorteilhafteste und für unser Herz süßeste»[58] Verbindung und die Kaiserkrönung Leopolds zu feiern. Von Barletta aus ging die Reise zu Schiff ins österreichische Triest und von da aus über Graz weiter nach Wien, wo am 19. September die drei Paare feierlich getraut wurden. Wie alle Mütter der Welt war Maria Carolina zu Tränen gerührt, behielt aber tapfer die Contenance und brachte die nunmehrige Erzherzogin Maria Teresa eigenhändig zu Bett. Das Königspaar begleitete Leopold auch noch zur Krönung nach Frankfurt (am 9. Oktober 1790). Als der neue Kaiser in den Dom einzog, war Maria Carolina vollkommen überwältigt und schrieb begeistert an ihre zurückgebliebenen Kinder: «Man kann dieser Pracht nichts gleichsetzen und sich nichts vorstellen, was diesem Aufwand von Pferden, Livreen, reichgeschmückten Bediensteten, Leibjägern, Schweizern, herrlichen Leibgardisten, prachtvollen Karossen gliche, die eine die andere an Reichtum und Geschmack übertreffen. Es genügt zu sagen, dass achtundachtzig sechsspännige Wagen einherfuhren ... eine Pracht, die man erst verstehen kann, wenn man denkt, dass es neun sehr mächtige Souveräne sind, die ihren Ehrgeiz darein setzen, selbst oder durch ihre Botschafter in all dieser Aufmachung aufzutreten.»[59] Als Schwiegermutter des Thronfolgers konnte sich Maria Carolina im Kreis der «sehr mächtigen Souveräne» durchaus gleichberechtigt fühlen. Nach fast acht Monaten führte die Heimreise über Venedig und Rom nach Neapel zurück. Nicht nur in Venedig, sondern auch in Rom wurde das Königspaar mit großen Ehren empfangen, ein Beweis dafür, dass sogar der Papst die gewachsene Bedeutung Neapels anerkennen musste. Der Stolz darüber, zum ersten Mal in allen Ehren vom Papst empfangen zu werden, führte allerdings dazu, dass Ferdinando leichtfertig Versprechungen machte, die schließlich zu einem für Neapel höchst unvorteilhaften Konkordat führten. Darin verzichtete der Papst zwar endgültig auf die *chinea*, sicherte sich dafür aber ein «Geschenk» von 500000 Dukaten, das bei jedem Thronwechsel als «untertänige Gabe für den heiligen Petrus» von der Krone zu entrichten war. Dieser «vergiftete Apfel» löste bei den Reformern, die seit jeher gegen die Abhängigkeit

von Rom gekämpft hatten, tiefe Empörung aus.[60] Solche
Details wurden jedoch zunächst nur von den Wenigsten wahr-
genommen.

Als die Monarchen schließlich am 26. April 1791 in ihre
Hauptstadt zurückkehrten, wurden sie auch dort begeistert
empfangen. Weit vor der Stadt warteten geschmückte Wagen
und Reiter, und in den mit Triumphbögen ausstaffierten
Straßen drängten sich die Lazzari um den Wagen und begleiteten die Heimkehrer mit ihren Segenswünschen und Necke-
reien. Ferdinando reagierte vergnügt wie immer und lieferte
sich mit seinen Untertanen allerlei derbe Wortgefechte. In
Neapel schien die Welt noch vollkommen in Ordnung zu sein,
und mehr denn je schien ungetrübtes Einvernehmen zwischen
den Monarchen und ihrem Volk zu herrschen. Zugleich hatte
das Reich durch Maria Carolinas Politik zunehmend an Ansehen gewonnen. Voller Stolz konnte sie deshalb an Marchese
Gallo in Wien schreiben: «Vor sechs Jahren war der Name des
Königs von Neapel noch so gut wie unbekannt und wurde
höchstens als der eines Vizekönigs von Spanien in einer Provinz seines Reiches betrachtet. Jetzt ist sein Ansehen so ge-
wachsen, dass ihm Ruhm und Hochachtung zuteil wird.»[61]

Maria Carolina wurde bald vierzig, hatte sich mit ihren Vorstellungen von der Rolle einer Königin von habsburgischem
Geblüt durchgesetzt, hatte ihr Reich auf den Weg zu einem
modernen Staat gebracht, ihn aus der Bedeutungslosigkeit
herausgehoben, und nicht zuletzt hatte sie vierzehn Kinder
geboren (von denen allerdings fünf bereits gestorben waren).
Immer dringlicher sehnte sich auch Maria Carolina, wie sie in
ihren Briefen an Marchese Gallo gestand, nach Ruhe und
Rückzug in eine Idylle wie San Leucio. Dabei konnte sie zu
diesem Zeitpunkt noch nicht ahnen, dass ihr die größten Herausforderungen erst noch bevorstanden.

Weltpolitik und Familiendramen

Am 31. Juli 1789 erreichte die Nachricht vom Pariser Sturm auf die Bastille Neapel. Zu diesem Zeitpunkt hielt sich Ferdinando in San Leucio auf, während Maria Carolina in Neapel geblieben war. Obwohl er alle wichtigen Briefe und die Berichte von Ministern und Botschaftern auch dort immer als Erster bekam, leitete er alles stets unkommentiert an seine Frau weiter. Am 31. Juli 1789 berichtete Ferdinando wie üblich von seinem Tageslauf und wurde sogar lyrisch: «Auf einem Spaziergang zum Belvedere habe ich mit meiner Freundin Frau Luna Zwiesprache gehalten …»[62] Kein Wort von den bedrohlichen Vorgängen in Frankreich. Kein Wort davon auch in den übrigen weit über hundert Briefen, die er während des ganzen Jahres aus seiner «Einsiedelei» in San Leucio schrieb.

Auch Maria Carolina beachtete anfangs, ganz von den Feierlichkeiten für San Leucio und den Heiratsplänen für ihre Kinder in Anspruch genommen, die Ereignisse in Frankreich nur am Rande. Sie sah die innerfranzösischen Auseinandersetzungen sogar zunächst als außenpolitische Chance gerade für Neapel an. Dem venezianischen Botschafter gegenüber äußerte sie sich noch im Juni 1790 dahingehend, dass Frankreich im Augenblick «für seine Verbündeten eine absolute Null» sei.[63] Diese Chance wollte die Königin nutzen und regte bei Marchese Gallo in Wien an, Neapel als Vermittler im Österreichisch-Russischen Krieg gegen das Osmanische Reich ins Spiel zu bringen. Diese Aufgabe könne das Königreich nun aufgrund der Erfolge der letzten Jahre «mit Ruhm und Ehre» übernehmen. Weil Neapel im Gegensatz zu allen anderen Mächten «nichts erstrebt und nichts will», bot sich Maria Carolina als eine Art «ehrliche Maklerin» an und wollte dadurch «dem König in Europa großes Ansehen verschaffen und, so hoffe ich, vor allem dem Kaiser einen guten Dienst erweisen.»[64] Dieses Ansinnen stieß auf taube Ohren, weil der Kaiser die preußische Vermittlung favorisierte und Russland sich davon ebenfalls mehr versprach. Enttäuscht von ihrem Bruder beklagte sich Maria Carolina: «Nur Sie sind schuld daran, dass wir diese hässliche und niedrige Rolle spielen.»[65]

Maria Carolinas Träume von «Ruhm und Ehre» aber wurden immer verstiegener, weil sie den einzigen Menschen verlor, auf dessen Rat und Vorhaltungen sie überhaupt noch hörte. Kaiser Leopold II. starb am 1. März 1792 völlig unerwartet im Alter von nicht einmal fünfundvierzig Jahren. Entsetzt schrieb Maria Carolina an den Botschafter in Wien: «Hier spricht man von Gift. Ich glaube, die Franzosen sind zu allem fähig.»[66] Auch Leopold hatte den Ereignissen in Frankreich anfangs sogar positiv gegenübergestanden, denn er war zutiefst von den Ideen der Freimaurer beeinflusst, hatte als Großherzog von Toskana unter dem Namen Pietro Leopoldo bedeutende Reformen eingeleitet und sein Land zum Musterstaat Italiens gemacht. Sein politisches Credo lautete: «Ich glaube, dass der Souverän, selbst ein erblicher, nur der Delegierte und Beauftragte des Volkes sei, für welches er da ist, dass er diesem alle seine Sorge und Arbeit widmen soll; ich glaube, dass jedes Land ein Grundgesetz oder einen Vertrag zwischen Volk und Souverän haben soll, welches die Macht des letzteren beschränkt.»[67] Deshalb war Leopold auch keineswegs empört darüber gewesen, als sein Schwager Louis XVI. nach der missglückten Flucht nach Varennes am 3. September 1791 die von der französischen Nationalversammlung ausgearbeitete Verfassung akzeptierte. Maria Carolina dagegen schrieb ihrem Bruder voller Verachtung: «Wie schmählich ist er [Louis XVI.] in die Versammlung gegangen, in der der Präsident mit dem Hut auf dem Kopf und mit gekreuzten Füßen dasaß. Auch die ganze *assemblée* hatte das Haupt bedeckt und er stand aufrecht davor, sagte sein dummes Kompliment herunter und entdeckte dies alles erst mitten in einem Satze …

Er ist ein feiger Hasenfuß und Eidbrecher und verdient nicht in dem Rang zu stehen, den er bekleidet.»[68] Maria Carolina fand auch die von Leopold und dem preußischen König verfasste «Pillnitzer Deklaration» im August 1791 viel zu lau, obwohl sie von Frankreich als Kriegserklärung aufgefasst wurde. Europa stand deshalb am Vorabend eines großen Krieges, und der plötzliche Tod Leopolds schuf eine äußerst kritische Situation für alle Beteiligten. Leopold hatte die Familieninteressen den politischen Interessen hintangestellt und über seine Haltung zu Frankreich gesagt: «Ich habe eine Schwester, die Königin von Frankreich, aber das Heilige Reich hat keine Schwester, und Österreich hat keine Schwester. Ich darf einzig handeln, wie das Wohl der Völker gebietet und nicht nach Familieninteressen.»[69] Bei Maria Carolina dagegen ließ die Sorge um ihre Familie und besonders um ihre in Paris praktisch gefangen gehaltene Schwester alles andere in den Hintergrund treten. Mehr denn je fühlte sie sich jetzt als *mater familias* und zum Eingreifen auf der politischen Bühne Europas verpflichtet. Vor allem glaubte sie, gegenüber ihrer Tochter und ihrem erst vierundzwanzigjährigen Schwiegersohn, dem nunmehrigen – letzten – Kaiser des Heiligen Römischen Reiches Franz II., die Rolle der mütterlichen Ratgeberin spielen zu können, und schrieb an ihre Tochter: «Ihr seid plötzlich und viel zu rasch für Euer Glück zu einem Rang erhoben worden, den ich Euch erst nach recht vielen Jahren gewünscht hätte. … Denke über den Unwert von Schmeicheleien nach, die ja nur auf Eurer Würde beruhen und nicht auf Eurer Person.»[70] Mit solcher Fürsorge stieß Maria Carolina jedoch schnell auf kühle Ablehnung. Bitter musste sie erkennen, dass ihr Königreich eben doch bloß «am Ende Europas» lag.[71]

Wenigstens in ihrem eigenen Reich wollte Maria Carolina gegenüber den anmaßenden Franzosen Stärke zeigen. Als der neue französische Botschafter, der *citoyen* Mackau, zur Akkreditierung vorstellig wurde, erfuhr man in Neapel auch vom

Sturm auf die Tuilerien. Der französische König war damit praktisch interniert und das Ende der Monarchie nur noch eine Frage der Zeit. Am 21. September 1792 wurde Frankreich zur Republik. Die neapolitanische Regierung verweigerte dem «Bürger» Mackau unter allerlei Vorwänden den ihm zustehenden Status und Maria Carolina schrieb an Gallo in Wien: «M. Mackau, der nach drei Tagen erschienen ist, beweist schon jetzt seinen Charakter und bereitet uns Sorgen, er ist ein schlechtes Möbelstück!» Das Möbelstück ließ es seinerseits nicht an gezielten Provokationen fehlen. Sein Sekretär, der sich mit dem Namen Hugou de Bassville schmückte, obwohl er ein Priester gewesen war, trug selbstverständlich die Kokarde und erschien im Teatro San Carlo in der Uniform der Nationalgarde, «um die Königin in aller Öffentlichkeit zu provozieren»[72]. In seinen Amtsräumen ließ Mackau ein Gemälde der Minerva mit der Freiheitsmütze aufhängen. Die meisten Besucher hielten sie wahrscheinlich einfach für eine Madonna und nahmen keinerlei Anstoß daran. Schließlich drohten die Franzosen damit, ein Geschwader nach Neapel zu schicken, um ihren Forderungen nach Anerkennung der Republik und ihres Botschafters Nachdruck zu verleihen. Maria Carolina war davon überzeugt, man müsse jetzt Stärke zeigen, und hoffte auf «das Beste angesichts der guten Einstellung unserer Bevölkerung».[73] Für die notwendige Rüstung war sie sogar bereit, auf jede Form von Luxus zu verzichten und rühmte sich, ihr Tafelsilber, ihre Kronleuchter, dreihundertzweiundneunzig Pferde, dreihundert Hunde und zwei ganze Villen verkauft zu haben. Da die Franzosen aber mit immer größeren Geschwadern drohten und sich neue Verwicklungen ergaben, war der Hof doch zur Anerkennung des Botschafters bereit. Nachdem Maria Carolina unter Aufbietung aller Kräfte den Besuch des Botschafters und seiner Gattin hinter sich gebracht hatte, war sie so außer sich, dass sie einen ihrer teuersten Fächer aus Elfenbein so auf den Tisch knallte, dass er in tausend

Stücke zersplitterte. Die Versuche Actons, die Franzosen auf diplomatischem Wege von ihrem Vorhaben abzuhalten und wenigstens die Königin aus der Schusslinie zu bringen, führten zu nichts anderem, als dass Frankreich zwar nur noch von einem Höflichkeitsbesuch sprach, dafür aber statt bloßer Drohungen zu drohenden Angeboten überging. Der Vorschlag lautete, mit Spanien, Frankreich und dem inzwischen aus der Pillnitzer Koalition ausgetretenen Preußen ein Bündnis gegen Österreich und England einzugehen. Dafür sollte Neapel großzügig der Kirchenstaat überlassen werden. Maria Carolina war so klug, dieses Ansinnen nur «ein starkes Stück» zu nennen, und behauptete noch tapfer: «Wir mögen schwach sein und nur unzureichende Mittel besitzen, aber wir besitzen ganz sicher genügend Ehre und Rechtschaffenheit.»[74]

Am 16. Dezember 1792 erschien dann tatsächlich ein französisches Geschwader unter Admiral Latouche-Tréville in den Gewässern Neapels. Die Abordnung, die an Land kam, wurde von den Lazzari mit obszönen Gesten und «Es lebe der König!»-Rufen empfangen. Obwohl der Bürger Mackau nun mitteilen konnte, dass das Königreich Neapel die Republik Frankreich samt ihres Botschaftspersonals anerkenne, ließ sich der Admiral von diesem Empfang nicht beeindrucken. Seine Hauptforderung lautete nun, Neapel müsse strikte Neutralität bewahren und sich ganz offiziell in Paris für die Verleumdung der französischen Diplomaten entschuldigen. In einer dramatischen Sitzung des Staatsrats machte Acton geltend, dass die neapolitanische Flotte nunmehr zwar stark genug sei, um mit der vor Neapel liegenden Streitmacht fertig zu werden, nicht aber, um eine längere Auseinandersetzung ohne fremde Hilfe durchzustehen. Der König verlor sofort jeden Mut, und schließlich musste sich auch Maria Carolina beugen, weil nicht ihr, sondern ihrem hasenfüßigen Mann die letzte Entscheidungsgewalt zustand. Die Annahme der französischen Be-

dingungen wurde beschlossen. Verzweifelt klagte Maria Carolina gegenüber Gallo: «Wir lassen uns von einer Horde von
Schurken das Gesetz diktieren. Adieu Ruhm, Stärke, Anstand
und Achtung ... Durch das Zurückweichen verliert der König
außenpolitisch jedes Ansehen und innenpolitisch jede Autorität.»[75] Obwohl die Entscheidung vom König verkündet wurde,
wusste Maria Carolina sehr wohl, dass sie es war, der man
dieses «Unglück» und seine Auswirkungen anlasten würde.
Nachdem das französische Geschwader Neapel zunächst verlassen hatte, mussten nach einem Sturm zwei beschädigte
Schiffe zur Reparatur zurückkehren. Sie hielten sich auf provozierende Art und Weise unnötig lange in Neapel auf und
wurden zu einer ständigen Beunruhigung und Sorge für die
Königin. Denn im Zusammenspiel mit Mackau kümmerten
sich die Besatzungen nicht nur um ihr Schiff, sondern nahmen
Kontakt mit möglichen Gleichgesinnten auf, verschenkten die
in Neapel ohnehin beliebten roten Beutelmützen, die in Paris
als Freiheitsmützen galten, und verteilten Flugblätter mit der
Überschrift «Hungersnot oder Freiheit».

Kaum hatten die französischen Schiffe Neapel verlassen,
kam die Nachricht von der Hinrichtung des französischen
Königs, der als «Bürger Capet» am 21. Januar 1793 unter der
Guillotine geendet war. Entsetzt entnahm Maria Carolina
den Hergang einem Bericht der «Gazette», den sie dreimal
lesen musste, um den Inhalt zu verstehen. In Neapel ordnete
man für das «Oberhaupt unserer Familie, unseren Verwandten, Cousin und Schwager» eine viermonatige Staatstrauer
an. Maria Carolinas Sorge galt nun umso mehr ihrer Schwester, von der sie immer noch hoffte, man werde ihr erlauben,
das Land zu verlassen: «Da ist sie nun seit sieben Jahren aller
Verachtung, allen Schrecken, den unverschämtesten Hetzschriften und verleumderischen Büchern ausgeliefert, in den
Kot gezogen, eine Gefangene ohne Gatten, der nun verurteilt
und hingerichtet ist. Gott weiß, was ihr Los sein wird.»[76]

Maria Carolina sah nur noch eine Möglichkeit: Die Suche nach einem starken Verbündeten, und dafür kam nur England in Frage. Deshalb wandte sie sich hilfesuchend an die neue Frau des englischen Botschafters Lord Hamilton. Mit diesem Schritt leitete die Königin, ohne es zu diesem Zeitpunkt ahnen zu können, eine entscheidende Wende in ihrem eigenen und zugleich im Leben des Botschafterehepaares ein. Im Leben des altgedienten Diplomaten hatte sich allerdings ohnehin bereits vieles geändert.

Der Lord und die Tänzerin

Lord William Hamilton war in den achtziger Jahren mit scheinbar eher privaten Angelegenheiten beschäftigt. Dabei sollte sich herausstellen, dass auch er stärker «neapoletanisiert» war, als er nach außen erkennen ließ. Er erwies sich nicht nur als Liebhaber des Vulkans und antiker Kunstwerke, sondern außerdem der schönen Frauen. Und dafür war er auch oder gerade im fortgeschrittenen Alter bereit, alle Regeln von Stand und Anstand über Bord zu werfen. Die Frau, die ihm den Kopf verdrehte, war freilich nicht Neapolitanerin, sondern Engländerin. Um trotz seiner skandalträchtigen Verbindung weiterhin in Neapel Botschafter sein zu können, musste er seinen bequemen Beobachterposten aufgeben und sich tief in die immer undurchdringlicheren Wirren der neapolitanischen Politik hineinziehen lassen.

Die neapolitanische Wende in Hamiltons Leben begann 1783 mit einem mehrmonatigen Aufenthalt in seiner Heimat, die eigentlich einen traurigen Anlass hatte. Im August 1782 war Hamiltons Frau Catherine nach vierundzwanzigjähriger glücklicher Ehe gestorben. Die einzige Tochter des Paares war im Kindesalter einer Krankheit erlegen. Seiner Nichte schrieb der einsame Witwer: «Ich werde nie den Verlust der liebenswürdigsten, sanftesten und tugendhaftesten Gefährtin verwinden, mit der je ein Mann gesegnet war.»[77] Um Erbschaftsangelegenheiten zu regeln – und nebenbei eine wertvolle römische Vase an die Duchess of Portland zu verkaufen – kehrte Hamilton 1783 in die Heimat zurück. Im grauen London begleitete ihn sein um zwanzig Jahre jüngerer Neffe, ein ebenfalls kunstinteressierter Lebemann, zu Antiquitäten- und Buchhändlern, zu Versteigerungen und ins Britische Museum. Dieser Neffe namens Charles Greville hatte eine Geliebte, die 1765 als Amy Lyons in einem kleinen Nest an der Irischen See geboren worden war. Nach dem frühen Tod ihres Vaters, eines Hufschmieds, wurde sie von ihrer Mutter mühsam durchgebracht und ging dann den Weg, der ihr als der einzig mögliche vorgezeichnet zu sein schien: Sie wurde Dienstmädchen in verschiedenen Haushalten. Doch Amy war nicht nur außerordentlich hübsch, sondern auch gewitzt und merkte bald, dass sie – vor allem beträchtlich ältere – Männer nicht nur durch ihre Schönheit, sondern auch durch ihre Liebenswürdigkeit und *last but not least* durch ihren wachen und gelehrigen Geist bezauberte. Sie schaffte das Kunststück, sich von mehreren Männern nacheinander aushalten zu lassen, immer rechtzeitig den Absprung zu finden und nie abzustürzen. Im Laufe ihrer Tätigkeiten als «Haushälterin» oder «Begleiterin» eignete sie sich rasch alles an, was für den gesellschaftlichen Aufstieg nützlich sein konnte. Sie lernte reiten, singen, tanzen und schauspielern, trainierte sich ihren Dialekt ab, konnte bald mehrere Sprachen und wusste sich so auszudrücken und zu benehmen, dass jeder Mann mit ihr eine gute Figur machte. Sie hatte sogar das Glück, dass sich der «nur» sechzehn Jahre ältere Neffe Sir William Hamiltons ernsthaft in sie verliebte und ihr ein eigenes kleines Häuschen kaufte. Um ihre Vergangenheit vergessen zu machen, drängte er seine neue Geliebte dazu, ihren Namen in Emma Hart umzuändern und ließ sie von dem schon damals sehr berühmten Maler George Romney

Emma Hamilton (1765 [?]-1815) als Cassandra von George Romney porträtiert.

porträtieren. Das Zusammentreffen mit Emma war für Maler und Modell gleichermaßen fruchtbringend. Die nunmehrige Emma Hart wurde Romneys Muse, die er unzählige Male nackt, elegant nach der Mode der Zeit gekleidet oder als Gestalt antiker Mythen zeichnete und malte. Auch als Emma schon lange nicht mehr in London war, nutzte Romney seine Skizzen für Gemälde und hielt so das Bild dieses bezaubernden siebzehnjährigen Mädchens für immer fest. Emma erhielt Zutritt zur besseren Gesellschaft und wusste sich dort durch ihren Charme und ihre Schönheit, aber auch durch ihre Zurückhaltung und Diskretion zu behaupten.

Als Grevilles Onkel 1783 zu Besuch kam, war auch er von der jungen Frau, die ihm höflich den Tee servierte, begeistert. Er nannte sie liebevoll-unschuldig «the fair teamaker», die hübsche Teebereiterin, und sie sprach ihn vertraulich als «Onkel» an. Hamilton ließ sich von dem zweiten bedeutenden Porträtisten der Zeit, Sir Joshua Reynolds, ein Porträt Emmas anfertigen, das ihm nach Neapel geschickt werden sollte. Aus der unschuldigen Begeisterung für die klassische Schönheit der Achtzehnjährigen wurde nach der Abreise des Diplomaten eine für die Zeit durchaus nicht unübliche Intrige aus scheinbarer und echter Liebe, Verrat, Standesdünkel, Geschäftsinteresse und Erbschleicherei. Das verschwenderische Leben des kunstbegeisterten Neffen hatte ihn so in Schulden gestürzt, dass sich als einziger standesgemäßer Ausweg die Heirat mit einer reichen Erbin anbot. Dazu musste Greville jedoch seine Geliebte fahren lassen, aber er liebte sie zumindest so weit ehrlich, dass er sie nicht einfach vor die Tür setzen wollte, sondern nach einer auch für sie einigermaßen akzeptablen Lösung suchte. Seinem Onkel schrieb er, er schätze an ihr besonders, dass sie «jederzeit bereit» sei, «abzutreten, sobald er nur im mindesten ihrer überdrüssig»,[78] wäre und richtete ihm regelmäßig Grüße aus. Dass der Neffe sich allmählich einen Plan ausgedacht hatte, wie er die Versorgung seiner Geliebten mit seiner eigenen Befreiung verbinden konnte, deutete sich 1785 an, als er an seinen Onkel schrieb: «Hier in London heißt es, Du seist verliebt. Ich weiß nicht, ob das der Wahrheit entspricht, aber ich weiß, dass Du gern flirtest, die Abwechslung schätzt … und nicht unempfänglich bist für weibliche Zuneigung und Schönheit.» Ohne weitere Umschweife brachte Greville dann seinen Plan vor: «Falls Du nicht irgendwelche Heiratspläne hast, bin ich bereit, Dir die hübsche Teebereiterin zu überlassen.»

Dieses überraschende Angebot ließ sich ganz vernünftig begründen und vor allem so darstellen, als liege es ausschließlich in Emmas Interesse: «Es wäre absurd abzuwarten ohne einzuschreiten und zuzulassen, dass sich meine finanzielle Lage so weit verschlechtert, dass ich Emma eines Tages keinen Cent mehr geben kann.» Der Onkel reagierte zwar überrascht, aber keineswegs empört und fürchtete in erster Linie um die Beschädigung seines Rufes. Aber der Neffe wies ihm den Weg, wie er seinen Ruf wahren und dennoch die Aufmerksamkeiten der «hübschen Teebereiterin» würde genießen können. Der Onkel sollte Emma einfach, wie er selbst es getan hatte, in einer eigenen Wohnung unterbringen, von wo aus sie ihn dann ganz nach seinem Belieben besuchen könnte. Diesen ganz praktischen Ratschlag verband Greville mit der Forderung, dass ihn der Onkel offiziell als Alleinerben einsetzte, damit er für eine passende Partie etwas vorzuweisen hatte. Um dieser dreisten Forderung aus dem Weg zu gehen, zierte sich der Onkel noch eine Weile, während der Neffe versicherte, Emma werde ohne Erlaubnis nicht ausgehen und sich ganz nach seinen Wünschen richten. Die Verhandlungen zogen sich ein ganzes Jahr hin und noch im Frühjahr 1786 hatte sich Hamilton nicht durchgerungen. Da war es jedoch längst zu spät. Emma war bereits unterwegs, nachdem ihr Greville vorgeschwindelt hatte, sie werde nur eine für ihr Auftreten in der besseren Gesellschaft unabdingbare Bildungsreise unternehmen. Emma war todunglücklich, als sie den Betrug erkannte. Mit der ihr eigenen Anpassungsfähigkeit überwand sie jedoch die Enttäuschung und die Anfangsschwierigkeiten und wurde bald geradezu zum Prunkstück in Hamiltons Kunstsammlung. Aus den Posen, die sie für die Maler eingenommen hatte, entwickelte Hamilton mit ihr gemeinsam sogenannte «Attitüden» vor Publikum, die auch Goethe in Entzücken versetzte: «Der Ritter Hamilton, der noch immer als englischer Gesandter hier lebt, hat nun nach so langer Kunstliebhaberei, nach so langem Naturstudium den Gipfel aller Natur- und Kunstfreude in einem schönen Mädchen gefunden. Er hat sie bei sich, eine Engländerin von etwa zwanzig Jahren. Sie ist sehr schön und wohl gebaut. Er hat ihr ein griechisch Gewand machen lassen, das sie trefflich kleidet, dazu löst sie ihre Haare auf, nimmt ein paar Schals und macht eine Abwechslung von Stellungen, Gebärden, Mienen etc., dass man zuletzt wirklich meint, man träume. Man schaut, was so viele tausend Künstler gerne geleistet hätten, hier ganz fertig in Bewegung und überraschender Abwechslung. Stehend, kniend, sitzend, liegend, ernst, traurig, neckisch, ausschweifend, bußfertig, lockend, drohend, ängstlich etc., eins folgt aufs andere und aus dem andern. Sie weiß zu jedem Ausdruck die Falten des Schleiers zu wählen, zu wechseln, und macht sich hundert Arten von Kopfputz mit denselben Tüchern. Der alte Ritter hält das Licht dazu und hat mit ganzer Seele sich diesem Gegenstand ergeben. Er findet in ihr alle antiken, alle schönen Profile der sizilianischen Münzen, ja den Belvederschen Apoll selbst. So viel ist gewiss, der Spaß ist einzig!»[79]

Trotz dieses Erfolges und des offensichtlich weitgehend krisenfreien Zusammenlebens mit dem verliebten Diplomaten blieb Emma ein Empfang bei Hofe verwehrt. Maria Carolina weigerte sich standhaft, die «Metze» zu empfangen, und auch Hamiltons eigene Stellung wurde dadurch immer schwieriger. Deshalb entschloss er sich endlich zu einem Schritt, der allergrößtes Aufsehen erregte und nicht zuletzt seinem – inzwischen verheirateten – Neffen gar nicht in den Kram passte. Als die neapolitanischen Monarchen in Wien weilten, um die dreifache Hochzeit ihrer Kinder zu feiern und der Kaiserkrönung Leopolds II. beizuwohnen, erbat Hamilton einen Heimaturlaub. In London trat der inzwischen einundsechzigjährige Sir William Hamilton mit der vermutlich sechsundzwanzigjährigen Amy Lyons am 6. September 1791 in der kleinen Kirche St. Marylebone in London vor den Traualtar. Ob der Honourable Charles Greville seine angeheiratete Tante zu diesem märchenhaften Aufstieg ehrlichen Herzens beglückwün-

schte, darf bezweifelt werden, verlor er doch dadurch sein
alleiniges Anrecht auf das Erbe des Onkels.

Auf der Hochzeitsreise besuchten die Neuvermählten auch
Paris. Dort empfing die nach ihrer missglückten Flucht nach
Varennes in den Tuilerien praktisch gefangene Marie Antoinette das Paar nur allzu gern. Sie gab ihnen einen Brief an ihre
Schwester in Neapel mit. Mehr noch als mit der Heirats-
urkunde hatte Emma damit das Dokument in der Hand, das sie
endgültig aus der Masse der raffinierten Kurtisanen und ge-
rissenen Abenteurerinnen des 18. Jahrhunderts heraushob und
schließlich sogar zu einer Figur der großen Politik machen
sollte. Da sie den vielleicht letzten Brief, den Maria Carolinas
Schwester überhaupt hatte schreiben können, in Händen hielt,
konnte die Königin nicht umhin, diese Amy Lyons, mit Künst-
lernamen Emma Hart, verehelichte Lady Hamilton, bei Hofe
zu empfangen. Das stand der Lady eigentlich nicht zu, weil die
englische Königin ihr diese Ehre verweigert hatte. Emma
wusste diese Chance zu nutzen.

Nachdem sie zunächst lediglich wie «jede reisende Lady von
Rang» behandelt worden und zur Übergabe des Briefes von
Marie Antoinette gebeten worden war, war es bald Maria
Carolina, die die Lady ins Vertrauen zog. Um ihr weibliches
Mitgefühl zu erwecken, schickte sie Emma Hamilton ein Bild
des Dauphin und schrieb dazu, dass dessen Schicksal nach
«grausamer Rache» schreie, wofür nur die «edle Nation» der
Engländer in Betracht komme. Emma antwortete ihrer «lie-
ben, lieben Königin», dass sie alles in ihrer Macht Stehende
tun werde, um sie bei diesem großen Vorhaben zu unterstützen. Mit großer Freude teilte Hamilton seiner Nichte mit:
«... die Königin von Neapel hat großen Gefallen an ihr
[Emma] gefunden und sie unter ihren Schutz genommen.»[80]
Emma ihrerseits bezeichnete sich nun als «die glücklichste
Frau der Welt». Die zunehmenden Gunstbezeugungen für die
junge Schöne hatten bei Maria Carolina einen klar erkenn-

baren politischen Hintergrund: «Als das Bündnis mit England immer mehr zum Eckpfeiler ihrer eigenen Politik wurde, brauchte sie in zunehmendem Maße eine Verbindung zum englischen Gesandten, mit der nötigenfalls König Ferdinando umgangen werden konnte. Dies war in Wahrheit der Grund, warum Emma in den folgenden Monaten ein immer herzlicheres und vertrauteres Verhältnis zu ihrer ‹adorablen Königin› entwickelte, für die sie eine so ekstatische Bewunderung an den Tag legte.»[81] Der Beginn dieser wunderbaren Freundschaft zeitigte einen politischen Schritt von weitreichender Bedeutung. Neapel trat der antifranzösischen Koalition bei und brach damit nicht nur die mit Admiral Latouche-Tréville getroffenen Vereinbarungen, sondern wich auch von der seit Carlos' Machtantritt aufrechterhaltenen außenpolitischen Zurückhaltung endgültig ab.

Das Bündnis des Staates am Rande Europas mit der großen Seemacht England war auch für diese von strategischer Bedeutung. Seit der französischen Kriegserklärung Anfang Februar 1793 brauchte England dringend einen neuen Stützpunkt für seine Flotte im Mittelmeer – Malta, das später diese Rolle einnehmen sollte, war noch in der Hand des Malteserordens (bis 1798) und hielt strikte Neutralität. Zum ersten Mal, seit er vor fast dreißig Jahren seinen Dienst in Neapel angetreten hatte, gab es für den englischen Botschafter mehr zu tun, als von Hofintrigen, Jagdausflügen und Ausgrabungserfolgen zu berichten. Hamilton führte als Generalbevollmächtigter die Verhandlungen über den Beitritt Neapels zur Koalition mit Österreich, Preußen, England, Spanien und Sardinien-Piemont. In dem am 12. Juni 1793 besiegelten Vertrag sicherte England zu, zum Schutz Neapels im Mittelmeer eine Flotte zu unterhalten. Dafür verpflichtete sich Neapel, der Koalition sechstausend Soldaten, seine vier Linienschiffe und eine ganze Reihe von kleineren Schiffen zur Verfügung zu stellen, den Handel des eigenen Landes mit Frankreich zu unterbinden und keinen Separatfrieden zu schließen. Der Bürger Mackau wurde aufgefordert, das Land umgehend zu verlassen.

Wenige Monate nach diesem entscheidenden Schritt erschien ein englischer Kapitän namens Horatio Nelson mit seinem Schiff «Agamemnon» in Neapel, um die der Koalition versprochenen Soldaten und Schiffe für die Verteidigung Toulons einzufordern. Dort wollte die Koalition die in der Stadt verschanzten französischen Royalisten unterstützen. Nelson selbst und seine Männer, die von der Verteidigung der Stadt kamen, waren seit über vier Wochen so gut wie nicht an Land gewesen und hatten weder Fleisch noch frisches Gemüse zu essen bekommen. Umso schmeichelhafter und angenehmer musste den Ankömmlingen die Aufnahme in Neapel erscheinen. Sir William berichtete seiner Frau nach der ersten Begegnung, er werde ihr bald einen kleinen, etwas raubeinigen Mann vorstellen, einen englischen Marineoffizier, «der der größte Mann werden wird, den England jemals hervorgebracht hat … Er wird eines Tages die Welt in Staunen versetzen.»[82] Emma lernte diesen kleinen Mann kennen, als er beim Bankett auf dem Ehrenplatz neben dem König saß. Bereitwillig stellte sie sich ihm, der nur Englisch sprach, als Dolmetscherin zur Verfügung. Nach seinem viertägigen Aufenthalt, bei dem er von Einladung zu Einladung weitergereicht wurde und Emma den Neapolitanern das «Hipp, hipp, hurra!» (natürlich ohne «H») beibrachte, schrieb er ganz angetan an seine Frau: «Lady Hamilton war wunderbar freundlich und gut zu Josiah [Nelsons Sohn]. Sie ist eine junge Frau von liebenswertem Wesen, die dem Stand, zu dem sie erhoben wurde, Ehre macht.»[83]

Entgegen allen Erwartungen konnten die Streitkräfte der Koalition Toulon jedoch nicht verteidigen. Am 19. Dezember 1793 wurde die Stadt von den Streitkräften der französischen Republik eingenommen. Die Schiffe, die von der neapolitanischen Flotte übrig waren, brauchten noch viele Wochen, bis sie endlich am 2. Februar 1794 wieder in Neapel einliefen. Die

Neapolitaner hatten sechshundert Tote zu beklagen und brachten viele Hunderte Flüchtlinge mit. Die Niederlage und die hohen Verluste hinterließen eine verheerende Wirkung bei der Bevölkerung, die ohnehin alles andere als begeistert war von Militärdienst und Kriegsabgaben und die Königin dafür verantwortlich machte. Maria Carolina tobte zwar, das nunmehr republikanische Toulon sei «niederzubrennen, auszuradieren und von Grund auf zu zerstören»[84]. Aber die verheerende Wirkung der Niederlage auf die eigene Bevölkerung nahm sie gar nicht richtig wahr. Das all ihre Gefühle und Gedanken beherrschende Thema war jetzt die Nachricht von der Hinrichtung ihrer Lieblingsschwester Marie Antoinette, die am 16. Oktober 1793 als «Witwe Capet» unter der Guillotine gestorben war. Maria Carolina selbst stand mit einundvierzig Jahren unmittelbar vor ihrer – tatsächlich letzten – Entbindung und brachte eine Tochter zur Welt, die auf den Namen Maria Elisabetta getauft wurde. Doch auch dieses Ereignis konnte die Königin nicht aufheitern. Ihre Abneigung gegen die französischen «Piraten», «Schurken» und «Übeltäter» steigerte sich durch das Verbrechen an ihrer Schwester zu unstillbarem Hass. Als die Nachricht von der Hinrichtung Marie Antoinettes Neapel erreichte, versammelte Maria Carolina ihre Kinder um das Bild ihrer Lieblingsschwester und sagte einen Satz, den sie anschließend in den Rahmen des Porträts einprägen ließ: «Ich schwöre, dass ich bis zu meinem Tod nicht ruhen werde, um sie zu rächen.» Eine Trennung zwischen ihren Aufgaben als Herrscherin und denen als Familienmitglied, wie sie ihr Bruder Leopold postuliert hatte, war für Maria Carolina nicht mehr möglich und hatte wahrscheinlich nie wirklich existiert. An Gallo schrieb sie auch Jahre später: «Mein ganzes Leben lang werde ich mich nicht mehr mit den Franzosen anfreunden. Ich werde sie immer als die Mörder meiner Schwester und der königlichen Familie betrachten …»[85] Dieser unstillbare Hass veränderte alles.

Gegen eine Welt von Feinden

Verleumdung als politische Waffe

~ Während Maria Carolina die Französische Revolution für Neapel außenpolitisch zunächst sogar als eine Chance betrachtet hatte, erkannte sie von Anfang an, welche Sprengkraft deren Ideen innenpolitisch auch in Neapel haben konnten. Selbst die kindliche Liebe der Lazzari zu ihrem König konnte ins Gegenteil umschlagen und die begeisterten «Viva il Re!»-Rufe konnten zu «Viva la nazione!» oder gar «Viva la repubblica!» werden. Die Königin wusste, dass es «unzählige Gründe zum Umsturz» gab.[1] Die Missernten dieser Jahre, steigende Abgaben, Getreide- und Brotpreise wurden in den Augen der Lazzari nicht durch außenpolitische Erfolge aufgewogen. Angesichts wachsender Unzufriedenheit in allen Schichten war die Krone deshalb wieder auf das Wohlwollen des Adels und der Kirche angewiesen. Es war den Monarchen mehr als recht, dass in den Kirchen der Hass auf die Franzosen geschürt wurde, dass es hieß, sie seien nur gekommen, um die schönen Neapolitanerinnen zu vergewaltigen und ihre Männer als Soldaten zu verschleppen. Schon kurz nachdem die ersten Berichte vom Sturm auf die Bastille Neapel erreicht hatten, wurde in der Nähe des Palastes ein Flugblatt gefunden, in dem ausdrücklich die Königin dafür verantwortlich gemacht wurde, dass in Neapel eine Situation entstanden sei, «die ebenso ernste Konsequenzen wie in Frankreich zeitigen könnte.»[2]

Das politische Erdbeben kündigte sich in Verleumdungen gegen die Königin an. Wie in Frankreich vor der Revolution wurden auch in Neapel nicht nur Flugblätter, sondern immer mehr umfangreiche Pamphlete verbreitet, die einzig und allein die Königin in Misskredit bringen sollten. Dadurch fühlte sich Maria Carolina nicht nur in ihrem Ehrgefühl und ihrer Würde verletzt, sie wurde auch schmerzhaft an das Schicksal ihrer Schwester erinnert. Wie die gesamte europäische Öffentlichkeit hatte auch sie miterleben müssen, wie Marie Antoinette 1785 in der Halsbandaffäre durch eine Flut von Pamphleten und Schmähschriften an Stelle der skrupellosen Betrügerin Jeanne de la Motte zur geheimen Drahtzieherin der Affäre, ja zur eigentlich Schuldigen, gestempelt worden war. Auch Marie Antoinette war wie ihre Schwester als die «Österreicherin» und «die Fremde» verhasst, und diese Affäre war der Anfang vom Ende der Monarchie in Frankreich. Der Blick ins königliche Boudoir, die Berichte über Liebesaffären, Perversionen und Gier in den höchsten Kreisen verfolgten in Frankreich immer eindeutiger das Ziel, das ganze System zu diskreditieren und zu diffamieren.

Auch in Neapel kursierten schon lange unzählige Gerüchte über die Ausschweifungen der Königin, fast jeder Mann bei Hofe wurde, sobald er etwas zu sagen hatte, zu ihrem Geliebten erklärt. Auch über die Hofdamen erzählte man sich allerlei pikante Geschichten. In seinem Buch über die Bourbonen von Neapel berichtet Alexandre Dumas eine der beliebtesten Anekdoten, die er vom Herzog von Casarano in Apulien, dieser wiederum von der Herzogin von Cinarca und diese schließlich von der Königin selbst gehört haben wollte. Die Geschichte handelte von einer Wette. Verschleiert hätten zwei Damen eines der bekanntesten einschlägigen Etablissements Neapels aufgesucht und dort eine Nacht verbracht. «Die Blonde von beiden», erzählt Dumas, «war die Königin, die nicht wie Messalina das blonde Haupthaar von einer Gallierin kaufen musste und es nicht einmal für nötig gehalten hatte, sich zu verkleiden. Die andere war, wie man versichert, die Marchesa di San Marco, die außer den siebzehn Dukaten für diese wahrhaft

spätrömische Nacht einen großartigen Diamanten als Wett-
gewinn erhielt.»[3] Die Lazzari betrachteten derartig schlüpf-
rige Geschichten in der Regel als eine Art kostenlose Unterhaltung, die von ihnen selbst in bissigen Spottversen, derben
Stegreifaufführungen und Liedern weiter verarbeitet und ausgeschmückt wurden.

1793 erschien jedoch ein Werk, das nicht nur Maria Carolina an ihrer empfindlichsten Stelle, sondern auch den Ton
traf, der in Neapel nicht nur Spott, sondern heftige Emotionen
auslöste. Verfasser war ein 1740 in Mailand geborener Aben-
teurer, der sich in den sechziger Jahren in Korsika für die
Unabhängigkeitsbewegung der Insel engagiert und in Portugal, Preußen, Bayern und Württemberg mehr oder minder
geheime diplomatische Missionen übernommen hatte, bevor er
sich ganz in den Dienst der Französischen Revolution stellte
und dafür die französische Ehrenbürgerschaft erhielt. Der
Ausbreitung der französischen Ideen auch auf Italien sollte
sein Buch «Mémoires secrets et critiques des cours, des gou-
vernements et des moeurs des principaux états d'Italie»
dienen. Es erschien bereits ein Jahr später auf Deutsch als
«Geheime und kritische Nachrichten über Italien, nebst einem
Gemälde der Höfe und Sitten der vornehmsten Staaten dieses
Landes», und trug den Untertitel: «Wir waren allzu lang
Opfer der Tyrannen. Allzu lang blieben ihre Verbrechen verborgen. Die will ich nun enthüllen.» Bei der Schilderung des
Königreichs Neapel nahm der Autor, Giuseppe Gorani, die
«österreichische Megäre» aufs Korn. Er warf ihr vor, eine
schlechte Ehefrau, vor allem aber eine Rabenmutter zu sein:
«Gewöhnlich ist keine Freude größer, als die, wenn es einer
Fürstin angekündigt wird, dass sie dem Staate einen Erben
geboren hat; sie vergisst in dem Augenblicke der Schmerzen,
von welchen der Rang, den sie bekleidet, sie nicht hat aus-
schließen können, um alle Gefühle einer Mutter mit dem Ehr-
geize zu verbinden, den eine Reihe von Jahrhunderten ge-

heiligt hat.… Marien Karolinen war es vorbehalten, eine Ausnahme dieser Regel zu sein; jedes Mal wenn man ihr einen Prinzen ankündigte, überließ sie sich dem unbändigsten Schmerze. Nur bei der Geburt ihrer Töchter hat sie sich als Mutter gezeigt. … Der Kronprinz war so oft und hart gemisshandelt worden, dass ihn ein Schauder überlief, wenn er die Stimme seiner Mutter hörte; und ehe sie ihn noch anredete, lief er, sich in die Arme des Königs zu werfen; eine Zuflucht, die nicht immer verschont wurde! Als dieser kleine Dulder starb, überließ sich der König dem bittersten Schmerze, obschon das allmähliche Abzehren dieses Sohnes ihn auf den Verlust hätte vorbereiten sollen. Hingegen zeigte die Königin eine solche Gleichgültigkeit, welche selbst solche, die Zeugen ihres Betragens waren, in Erstaunen versetzte.»[4] Auch wenn ein solches Buch, zumal auf Französisch, vom gemeinen Volk nicht gelesen wurde, geriet der Inhalt doch in Umlauf oder war umgekehrt aus Gerüchten und Geschichten, die im Volk kursierten, gespeist. Die Gerüchte gingen von Mund zu Mund, wurden in Versform gebracht und zu immer wilderen Gerüchten ausgeschmückt, landeten dann in solchen Büchern und kehrten als verbürgte Wahrheiten wieder zurück. Als der erst einjährige Carlos und der achtjährige Gennaro 1789 kurz hintereinander starben, hieß es schließlich sogar, die Königin habe die Kinder eigenhändig vergiftet, während die Königin umgekehrt nicht an der Impfpraxis zweifelte, sondern einen fremden Giftanschlag argwöhnte. Verzweifelt schrieb sie an ihren Bruder in der Toskana: «Gott straft meinen Ehrgeiz. Ich bin nun gänzlich von der Welt und allen ihren Dummheiten, aber auch Annehmlichkeiten, wie gutes Aussehen, Geist, Schmuck abgekommen. Meine ganze Leidenschaft besteht darin, dass meine Kinder gut gelingen … die Söhne sind immer die interessantesten … und nun verliere ich gerade jene, die die gerechtfertigsten Aussichten boten. … Jetzt habe ich bereits vier Söhne im Paradies und wünsche nichts anderes als

ihnen dorthin nachzufolgen, denn ich sehe für den Rest meiner
Laufbahn nur Kummer, Schmerzen, Sorge und Elend voraus.
Meine armen unglücklichen sieben Mädchen beunruhigen
mich auch. Was wird aus ihnen werden?»[5] Heuchlerisch nahm
Gorani den Tod der beiden Söhne zum Anlass für einen offenen Brief an Ferdinando im Pariser «Moniteur». Darin ermu-
tigte er den König, sich nicht vom großen Wissen der Königin
blenden zu lassen. Sie sei bloß eine «absurde Besserwisserin,
die nur ein paar Bücher gelesen hat ohne sie zu verstehen und
über keinerlei wirkliche Kenntnisse verfügt, über kein Talent
und keine Tugend. … Hat diese Rabenmutter doch die Frech-
heit besessen, die berühmtesten Ärzte zu unterbrechen und
ihnen mit dummen und falsch verstandenen Fetzen aus dem
Avis au peuple von Tissot zu kommen. … Wenn diese Frau bloß
eine Libertine und Besserwisserin wäre, wäre sie nur verach-
tenswert und ich würde sie mit Schweigen übergehen. Aber sie
verschwendet das Blut Eures Volkes an ihren Geliebten und
ihre Favoriten.»[6]

Solche Anwürfe trafen Maria Carolina mitten ins Herz und
sie beschloss, sich ganz persönlich zu rächen. Dafür engagierte
sie Agenten, die Jagd auf Gorani machen sollten. In ihren Briefen an den Wiener Botschafter erwähnt sie einige französische
Flüchtlinge, die sie als ihre «Freunde» bezeichnet und die teilweise schon für Louis XVI. als Geheimagenten gearbeitet hatten. Diese folgten dem Schriftsteller bis in die Schweiz, wohin
er sich inzwischen geflüchtet hatte, denn er war auch in Paris
als Anhänger der gemäßigten Girondisten nicht mehr sicher.[7]
In der Schweiz, so glaubte Maria Carolina, könne man seiner
am leichtesten habhaft werden, denn als geborener Mailänder
wäre Gorani ein Untertan des Kaisers, und die Schweiz hatte
sich zur Auslieferung von «Störenfrieden» verpflichtet. Obwohl sie selbst an «Schmutz und fürchterliche Verleumdungen
längst gewöhnt» sei, glaubte die Königin, vor allem «anderen
einen Gefallen zu tun, wenn die Verbreitung dieses Werkes

verhindert wird.»[8] Doch der Kaiser interessierte sich nicht für Gorani, und so musste Maria Carolina selbst für die Ausschaltung des Störenfrieds sorgen. Die Spione der Königin verschwendeten eine Menge Geld und zwangen den Verfolgten über eineinhalb Jahre lang zu einem ruhelosen Leben in den Schweizer Bergen, konnten oder wollten ihn aber nicht fassen. Weil sie deshalb schließlich nichts in Händen hatte, wurde Maria Carolina lediglich für die ungeheuren Aufwendungen scharf kritisiert und der hysterischen Verfolgungsangst bezichtigt. Ein Historiker schrieb dazu später: «Unter Bonaparte wurde die Technik der Spionage perfektioniert. Leider hatte Maria Carolina keinen Fouché.»[9] Diese Bemerkung, die auf den ersten Blick etwas herablassend erscheint, weist bei genauerem Hinsehen auf einen grundsätzlichen Wandel und zugleich auf ein schwieriges Dilemma für Maria Carolina hin.

Unter dem Ancien Régime war es ganz selbstverständlich, dass Monarchen, Minister und hochgestellte Persönlichkeiten ein Heer von persönlichen Agenten und Zuträgern bezahlten, die im eigenen Land, vor allem aber an fremden Höfen spionierten und allerlei mehr oder weniger geheime Aufträge erfüllten. Für eine Frau in Maria Carolinas Stellung, d. h. für die Gattin an der Seite eines regierenden Monarchen, ging es dabei in der Regel darum, über die Zustände, vor allem aber über alle Intrigen an fremden Höfen und über die neuesten Modetrends unbedingt als allererste Bescheid zu wissen. Durch die gesellschaftlichen Veränderungen, die die Französische Revolution hervorbrachte, wurde es jedoch immer wichtiger, über die Verhältnisse im eigenen Land informiert zu sein, über die «Stimmungen» der einzelnen Bevölkerungsgruppen, die sich allmählich als öffentliche Meinung konstituierten. An die Stelle des Interesses an Personen und Fakten trat das Interesse an politischen Einstellungen. Auch die Informationen über fremde Regierungen und Höfe wurden zunehmend von der Frage nach der ideologisch-politischen Einstellung zur Französischen Revolution und später zu Napoleon geprägt. Agenten und Spione waren zudem nicht nur Zuträger und Berichterstatter, sondern konnten und sollten aktiv als Propagandisten und politische Akteure handeln.

Für Maria Carolina, die die Politik als ihren Beruf betrachtete, aber nur indirekt auf die Regierung einwirken konnte, war es deshalb unverzichtbar, ein immer umfangreicheres Netz von ihr persönlich verpflichteten Agenten und Spionen zu unterhalten. Dass sie für eine solche private Truppe keinen Mann wie Joseph Fouché finden konnte, lag wahrscheinlich nicht nur am Mangel an geeignetem Personal, sondern in erster Linie am Geldmangel der Königin. Ihre Geldnot, die Suche nach neuen Quellen für ihre Privatschatulle, um ihren privaten Geheimdienst zu bezahlen, wurden für Maria Carolina zu einem Problem, dem wir noch öfter begegnen werden. Man warf ihr vor, sie pflege einen allzu aufwendigen Lebensstil und verschleudere ihr Geld an ihre «Favoriten», während sie selbst darüber klagte, selbst das Tafelsilber verpfänden zu müssen. Wer genau zum Netz ihrer Agenten und Spione gehörte, lässt sich naturgemäß nicht mehr vollständig rekonstruieren. Die Jagd auf Gorani wurde von einem gewissen Colombier organisiert, den der Biograph Goranis zu den *sacripants*, den Strolchen Neapels, zählte. Die von ihm dirigierten Agenten der Königin erhielten ohne Schwierigkeiten Pässe für den Kirchenstaat, für alle Staaten des habsburgischen Reiches und die Kantone der Schweiz, aber sie erwiesen sich als unfähig.

Aus Freunden werden Feinde

Maria Carolina ließ Gorani so unnachgiebig verfolgen, weil sie fürchtete, dass auch in Neapel wie in Frankreich aus verleumderischen Worten politische Taten folgen könnten. Dagegen halfen ihrer Meinung nach nur *vigeur et force*, heute würde man sagen null Toleranz. Diejenigen, die sie solcher Taten für fähig hielt, waren aber genau diejenigen, die sie zuvor gefördert und deren Vorstellungen sie selbst nahe gestanden hatte. Deshalb war es nur scheinbar ein Widerspruch, dass ausgerechnet Maria Carolina sich nun plötzlich für eine Erneuerung des Freimaurerverbots stark machte. Schon am 13. November 1789 wurden nicht nur die Logen, sondern überhaupt alle Vereinigungen ohne königliche Genehmigung mit fast denselben Worten wie 1775 verboten. Zugleich wurde ein Verfahren vor der *Giunta di Stato* angeordnet, das jedem Verdacht in diese Richtung von Amts wegen nachzugehen hatte. Maria Carolina tat diesen ersten Schritt, nachdem der neapolitanische Botschafter in Paris berichtet hatte, einer der wichtigsten Hintermänner des Marsches der Marktfrauen nach Versailles am 6. Oktober sei der Logen-Großmeister Herzog Louis Philippe d'Orléans gewesen, der nun den Namen Philippe Égalité trug. Der Besuch seiner Gattin in Neapel hatte 1775 wesentlich zum Sieg der Freimaurer geführt und Maria Carolina damals zur Heldin der Freimaurerszene in ganz Europa gemacht. Das nunmehrige Verbot muss deshalb für sie ein seltsames Déjà-vu gewesen sein, bei dem sie plötzlich fast im Wortsinn auf der anderen Seite der Barrikade stand. Diese vollkommene Kehrtwende Maria Carolinas gegenüber den Philosophen und Reformern und den damit verbundenen kulturellen Kahlschlag beschrieb ein Betroffener ein Jahrzehnt später folgendermaßen: «Als die Königin von Neapel den Ruhm ihres Bruders Joseph II. nachzuahmen und sich ganz für die Philosophie und das Gemeinwohl einzusetzen versuchte, flößte sie den Menschen, die sie regierte, den Wunsch nach einer gesunden Reform ein. Sie lud Juristen und Gelehrte ein, die Missbräuche in der Gesetzgebung und den Finanzen aufzudecken, Wissenschaft und Gewerbe, Landwirtschaft, Weidewesen und Handel im Reich zu fördern. Begeistert gingen viele darauf ein. ... Aber die Französische Revolution und der von der Königin gestützte General Acton veränderten ... diesen schönen Zustand. Die Französische Revolution wurde fälschlich der Philosophie, der Freimaurerei und den jansenistischen Geistlichen angelastet. Von einem Tag auf den anderen gerieten alle Gelehrten, alle Freimaurer und alle Geistlichen, die die Rechte der Krone gegen den Einfluss des Papstes verteidigten, in Verdacht.» Sogar die Werke Filangieris waren zum *corpus delicti* geworden, und seine Witwe fiel als Erzieherin bei Hof in Ungnade: «Man druckt nicht mehr, man liest nicht mehr, man produziert nicht mehr, alles aus Angst, als Literat dazustehen und von den Pfeilen der Königin getroffen zu werden, die als Despotin ganz allein alles regiert, oder besser gesagt, alles nach ihrer Laune zugrunde richtet.»[10]

Diese Sicht verschweigt freilich, dass auch auf Seiten der Philosophen ein Gesinnungswandel eingetreten war. Wie in ganz Europa hatte sich auch in Neapel die «Freimaurerszene» seit den siebziger Jahren grundlegend gewandelt. Die «alten» Logen wie die, deren Gründung von Maria Carolina selbst initiiert worden war, hatten sich aufgelöst, denn ihre Mitglieder konnten ihre Vorstellungen nun in aller Öffentlichkeit diskutieren. An deren Stelle waren neben allerlei esoterischen und exzentrischen Vereinigungen neue, politisch radikale Logen entstanden, deren Mitglieder allen Grund hatten, wieder den Schutz der Geheimniskrämerei zu suchen. In Bayern war der Illuminatenorden gegründet worden, der den «Sturz der Despoten» predigte und die Entlarvung der katholischen Religion als «abergläubische Lehre, die dem Menschen seine natürliche Freiheit und Gott seine höchste Stellung rauben soll»[11]. Ein dänischer Vertreter dieses Ordens namens Friedrich Münter bereiste 1785/86 Italien und fand auch in Neapel Anhänger vor allem unter Leuten, die mit den Fortschritten des Reformprozesses nicht zufrieden waren.

Eine zentrale Rolle innerhalb dieser zunächst nur locker verbundenen Gruppierungen spielte eine der herausragenden

Frauengestalten dieser Generation in ganz Italien, die uns schon mehrfach begegnet ist: die Dichterin Eleonora Fonseca Pimentel. An ihrem Lebensweg wird die Veränderung des kulturellen und politischen Klimas unter Maria Carolina exemplarisch deutlich. Die aus portugiesischem Adel stammende Eleonora war einige Jahre lang eine enge Vertraute der Königin, bevor die weltpolitische Wende der Französischen Revolution auch dieses Band brutal zerriss. Eleonora war wie Maria Carolina 1752 geboren, und zwar in Rom, von wo aus die Familie 1760 nach Neapel übersiedelte. Schon als Sechzehnjährige war Eleonora Mitglied einer literarischen Akademie und trat mit einem Gedicht auf die Heirat Ferdinandos mit Maria Carolina unter dem Titel «Il tempio della gloria» [Der Ruhmestempel] an die Öffentlichkeit. In neunundsiebzig Achtzeilern (also 632 Versen) verherrlichte sie die Geschichte der beiden Dynastien und verzierte sie mit einer Fülle von Themen und Zitaten aus der antiken und modernen Dichtung. Von diesem Zeitpunkt an kam Eleonora mit allen kulturell und wissenschaftlich interessierten Persönlichkeiten Neapels in Berührung. Sie begann einen Briefwechsel mit Metastasio in Wien und mit Voltaire, der ihr sogar ein Sonett widmete. Metastasio äußerte sich begeistert über eine Kantate, die Eleonora zur Geburt des Thronfolgers Carlo Tito im Jahr 1775 verfasste. Der Dichterin öffneten sich dadurch die Tore des königlichen Palastes, und Maria Carolina ernannte sie zur Bibliothekarin der Bestände der königlichen Bibliothek, auf die die Königin großen Wert legte. Neben Gedichten trat Eleonora auch mit einer vielbeachteten gegen die Kurie gerichteten Schrift hervor.

Trotz oder gerade wegen ihres Ansehens bei Hofe, im kulturellen Leben Neapels und über die Grenzen des Landes hinaus, wurde Eleonoras persönliche Lebenssituation immer schwieriger, und gerade ihr Beispiel zeigt die Grenzen aufklärerischen Wirkens und der Bewegungsfreiheit der Frauen auf.

Die Familie musste lange um die Anerkennung ihres portugiesischen Adelstitels und der damit verbundenen Privilegien
und Rechte kämpfen. Als dies gelungen war, konnte Eleonora
nach dem Tod ihrer Mutter zwar deren Erbe beanspruchen,
jedoch nur unter der Bedingung einer Heirat. Als einziger
Kandidat für die Fünfundzwanzigjährige bot sich der vier-
undvierzigjährige Hauptmann Pasquale Tria de Solis an, der
offenbar an ihrem Erbe, nicht aber an Eleonoras intellektuellen Fähigkeiten interessiert war. In dem Paar trafen auf dramatische Weise zwei unterschiedliche Kulturen und die beiden
Extreme der adeligen Gesellschaft Neapels aufeinander. Eleonora stand für die Minderheit gebildeter, politisch interessier-
ter und reformbereiter Adeliger, ihr aus finanziell-familiären
Gründen angetrauter Ehemann dagegen für die große Masse
des Adels, der sich an den Standesprivilegien festklammerte,
aber keinerlei politisch-soziale Funktion mehr erfüllte: «Die
Tria de Solis waren konservativ, den Bourbonen und dem
Papst ergeben und standen von Natur aus der Kultur fern, die
Fonseca Pimentel dagegen waren alles andere als papsttreu,
beschäftigten sich mit der Wissenschaft, mit Büchern und
fremden Sprachen und waren aus dem Königreiche Neapel
herausgekommen.»[12] Eleonoras Mann frönte dem Glücksspiel,
dem epidemischen Laster des europäischen Adels im 18. und
19. Jahrhundert, und besuchte die Art von «Salons», die
Eleonora verabscheute: Die Spielcasinos, von denen eines im
Ballsaal des San Carlo vom Impresario des Opernhauses, die
meisten aber von ausländischen Glücksrittern betrieben wurden. Alexandre Dumas brachte den typischen Tagesablauf
eines neapolitanischen Adeligen, wie Eleonora ihn geheiratet
hatte, auf folgende einfache Formel: «Am Morgen geht man
ins Casino und spielt; am Nachmittag geht man zur Prome-
nade und am Abend ins Theater. Nach dem Theater geht man
wieder ins Casino und spielt weiter.»[13] Während Eleonoras
Mann in diesen Casinos und in dieser Gesellschaft nicht nur

sein eigenes Vermögen, sondern auch einen großen Teil ihrer Mitgift verspielte, verfolgte er ihre literarische Tätigkeit und ihren gesellschaftlichen Umgang mit rasender Eifersucht, fing ihre Briefe ab und wurde sogar gewalttätig. Eleonoras öffentliches Auftreten betrachtete er als Angriff auf seine Ehre und ihre literarischen Interessen als bloße Angeberei.

Als es schließlich nach dem Tod von Eleonoras kleinem Sohn und einer durch die Fußtritte ihres Mannes verursachten Fehlgeburt zu einem langwierigen Scheidungsprozess kam, konnte sie sich aus dieser Ehehölle befreien. Durch den damit verbundenen Verlust ihres Erbes geriet sie jedoch nun vollends ins gesellschaftliche Abseits. Der König gewährte ihr auf Drängen Maria Carolinas neben den Zuwendungen als Bibliothekarin zwar eine monatliche Rente, die ihr das Überleben sicherte, aber als alleinstehende, geschiedene Frau blieb sie auch in der freizügigen neapolitanischen Gesellschaft an den Rand gedrängt. Von nun an war sie weder in den vornehmen Salons noch in den Akademien[14] und schon gar nicht mehr bei Hofe willkommen. Zu ihr hielten nur noch diejenigen, die von der Regierung, vom Hofe und von den Zeitläuften enttäuscht waren.

Eleonora hatte über den portugiesischen Botschafter Zugang zur Lektüre des «Moniteur» und wurde deshalb zu einer gesuchten Gesprächspartnerin für alle diejenigen, die die Ereignisse in Frankreich mit gespannter Aufmerksamkeit verfolgten. Mit Begeisterung entnahmen sie den Berichten, wie in Frankreich mit atemberaubendem Tempo und oft mit einem Federstrich vieles von dem erreicht worden war, wofür sie in Neapel vergebens gekämpft hatten, beispielsweise die Abschaffung der Feudalherrschaft und der Privilegien von Adel und Kirche, und die Einführung von Rechtsgleichheit und bürgerlichen Freiheitsrechten. Eleonora machte sich unverzüglich an eine Übersetzung der Erklärung der Menschen- und Bürgerrechte. Bald mangelte es ihr und ihren Freunden nicht an Lesestoff, denn die Offiziere des französischen Geschwaders, das im Winter 1792 in Neapel lag, brachten reichlich Material mit. Unter der Schiffsbesatzung waren auch Abgesandte des Pariser Clubs *de propaganda libertate*, der im Gegensatz zu der päpstlichen Institution *de propaganda fide* nicht den katholischen Glauben, sondern die revolutionären Freiheitsideen «in alle Teile der Welt» tragen wollte. Diese Propagandisten waren es, die 6000 Flugblätter in der Stadt verteilten, was sogar dem Bürger Mackau als Botschafter ziemlich peinlich war. Admiral Latouche-Tréville nutzte außerdem die Hochzeit der Tochter des bekannten Komponisten Niccolò Piccinni für einen Empfang auf seinem Flaggschiff. Dabei setzten sich die neapolitanischen Gäste beim Tanzen «in aller Unschuld», wie sie beteuerten, die Freiheitsmützen der Franzosen auf und hefteten sich deren Kokarden an. Als die französischen Schiffe Ende Januar 1793 Neapel endgültig verließen, lud der Admiral etwa achtzig neapolitanische Freunde zu einem Abschiedsessen auf sein Schiff.

Außer in der Hauptstadt fielen die Ideen der Französischen Revolution auch in Kalabrien auf fruchtbaren Boden und nahmen dort die Form konkreter Aufstandspläne an. Das Erdbeben von 1783 und die Missernten ein Jahrzehnt später hatten die dortige an sich schon trostlose wirtschaftliche und soziale Lage erheblich verschlimmert. In Kalabrien hatte sich eine politisch sehr radikale Freimaurerszene entwickelt, in deren Mittelpunkt Abbé Jerocades stand. Er hatte mehrere Reisen nach Südfrankreich unternommen. Die von ihm gegründete Loge unterhielt Kontakte zu einem italienischen Vertreter des Pariser Wohlfahrtsausschusses im heutigen Imperia namens Filippo Buonarroti. Dort hatte der aus der Toskana stammende Nachfahre des Malers Michelangelo Buonarroti sein Hauptquartier aufgeschlagen und sammelte Gleichgesinnte aus verschiedenen Teilen der Halbinsel, um auch in Italien eine Revolution wie in Frankreich zu entfachen. Buonarroti träumte von einem geeinten Italien freier Republiken und setzte seine Hoffnungen ganz besonders auf Neapel, denn er glaubte: «Wenn Italien dazu bestimmt ist frei zu sein, wird sich die wahre Revolution unter dem Gluthauch des Vesuvs entzünden.»[15] Jerocades trug diese Revolutionsphantasien auch in die Hauptstadt. In einem Landhaus in Capodimonte versammelte er alte und neue Logenbrüder um sich und erklärte, die Freimaurerei könne und dürfe nicht mehr die bleiben, die Maria Carolina favorisiert hatte. Nur wer sich für die Vernichtung der Monarchie und die Errichtung der Volksherrschaft einsetze, werde weiterhin zu der Geheimgesellschaft Zugang haben. Mit dieser Botschaft scharte Jerocades viele Männer aus dem aufgeklärten Adel und dem Bürgertum und wenige mutige Frauen wie Eleonora Fonseca Pimentel um sich.

1790 wurde Luigi de' Medici, der Bruder der Marchesa San Marco, nach Kalabrien geschickt, denn man fürchtete auch dort «die Exzesse von Wahnsinn, die andere Staaten in Unruhe bringen». De' Medici identifizierte Jerocades' Wirken als Keimzelle einer jakobinischen Verschwörung und wurde dafür mit der Leitung der städtischen Polizei und der Aufnahme in die *Giunta di Stato* belohnt. Was diese zutage förderte und schließlich 1794 in einem spektakulären Hochverratsprozess verhandelte, rechtfertigte Maria Carolinas Befürchtungen in jeder Hinsicht. Der Verlauf des Prozesses allerdings brachte ein zweites schmerzliches Déjà-vu und eine ebenso schmerzliche Niederlage. Einige derjenigen, die als Jakobiner angeklagt wurden, sich selbst aber als Patrioten verstanden und bezeichneten, versuchten später die Anschuldigungen des Hochverratsprozesses als bloßes Hirngespinst und Ausgeburt der kranken Phantasie der Königin darzustellen. Vincenzo Cuoco, einer der Wortführer, beispielsweise, stellte die Dinge so dar: «Einige junge Leute lasen in den Zeitschriften die Berichte über die Französische Revolution und diskutierten darüber ...

Sie begingen kein anderes Verbrechen als dieses. Junge Leute ohne gesellschaftliche Stellung, ohne Vermögen und ohne eine bestimmte Meinung hätten auch gar nichts Schlimmeres tun können.»[16] Wie neuere Untersuchungen aufgrund bisher unbekannter Quellen zeigen, war diese Darstellung jedoch eine grobe Untertreibung. Viele der selbsternannten Patrioten waren keineswegs jung und keineswegs «ohne gesellschaftliche Stellung, ohne Vermögen und ohne bestimmte Meinung». Zu den Aktivsten unter ihnen gehörten beispielsweise zwei Dozenten der von Acton gegründeten Militärakademie «Nunziatella», nämlich der Mathematiker Annibale Giordano und der Chemiker Carlo Lauberg, Adelige wie Ettore Carafa, Graf von Ruvo, und sogar Geistliche wie der Benediktinermönch Teodoro Monticelli. Giordano und Lauberg gründeten 1790 eine «Accademia di chimica e matematica», in der entgegen ihrem Namen wenig über Chemie und Mathematik, aber viel über Politik und die aktuellen Ereignisse in Frankreich diskutiert wurde. Die Mitglieder dieser Akademie waren zwei Jahre später auf dem Schiff des Admirals Latouche-Tréville mit den Logenbrüdern von Jerocades in engeren Kontakt gekommen, wo mit Tanz und Gesang die Französische Revolution gefeiert wurde. Das Abschiedsbankett des französischen Geschwaders wurde zum Ausgangspunkt für eine neue Organisation mit dem eindeutigen Ziel, die herrschende Monarchie zu stürzen. Im August trafen sich ungefähr zwanzig Brüder zur feierlichen Auflösung aller bisher bestehenden Logen und zur Gründung einer «Società patriottica napoletana» [Patriotische Gesellschaft Neapels]. Sie sollte aus einzelnen Clubs von nicht mehr als elf Personen bestehen, die untereinander keinen Kontakt haben durften und nur über ein kompliziertes System Anweisungen von einem zentralen «Club» erhielten. Die Mitglieder schworen, sich mit Leib und Leben für die «Freiheitsrechte» und die «Zerstörung des Despotismus» einzusetzen.[17] Die von Carlo Lauberg übersetzte republikanische

Verfassung Frankreichs wurde Grundlage von Propaganda und Aktion. Geplant war die «physische Beseitigung» der Monarchen, die Eroberung der umliegenden Kastelle, um von dort aus Kanonen auf die Stadt zu richten, so dass die Bevölkerung, wenn die erhoffte Erhebung gegen die Monarchie misslingen sollte, in Schach gehalten werden konnte. Eine provisorische Regierung sollte bis zum Eintreffen der Franzosen, mit dem man nach höchstens zwei Monaten rechnete, die Zügel in die Hand nehmen. Diese Pläne scheiterten, kaum dass sie geboren waren, weil die Verschärfung der Gegensätze in Frankreich und die «für das intellektuelle Leben Neapels typische chronische Krankheit, nämlich die Unfähigkeit zur Kooperation»[18], nach kurzer Zeit zu einer Spaltung führten. Die radikalere Richtung nannte sich nun *Repubblica o morte*, [Republik oder Tod] abgekürzt «Romo», die gemäßigtere *Libertà o morte* [Freiheit oder Tod], abgekürzt «Lomo». Die bei dieser Spaltung entstehenden Streitereien und Feindseligkeiten erleichterten das Eindringen von Polizeispitzeln, und der Leichtsinn, mit dem einige wirklich junge Leute ihre republikanische Gesinnung hinausposaunten, tat ein Übriges. Durch die Anzeige eines Handwerkers, der angab, zu einem geheimen Treffen eingeladen worden zu sein, kam es zu den ersten Verhaftungen. In den Verliesen der Vicaria vergaßen die Jakobiner ihre heiligen Schwüre und überboten einander mit Geständnissen und Denunziationen. Die Verhaftungen zogen immer weitere Kreise.

Als der große Hochverratsprozess am 21. März 1794 schließlich eröffnet wurde, hatte man insgesamt hunderteinundsiebzig Verdächtige ausfindig gemacht, von denen allerdings nur fünfundachtzig tatsächlich vor Gericht gestellt werden konnten, weil sich die anderen rechtzeitig aus dem Staube gemacht hatten. Am Ende wurden drei junge Menschen zum Tode verurteilt: Der einunddreißigjährige Vincenzo Vitaliani, der vierundzwanzigjährige Vincenzo Galiani und der erst

zweiundzwanzigjährige Emanuele De Deo. Die übrigen Angeklagten kamen mit Haftstrafen davon. Bevor die Urteile voll-
streckt wurden, hatte sich überall herumgesprochen, dass sich
vor allem der jüngste unter den zum Tode Verurteilten, Emanuele De Deo standhaft geweigert hatte, Namen preiszugeben,
obwohl er es gewesen war, der am leichtsinnigsten seine anti-
bourbonischen Ansichten in aller Öffentlichkeit verkündet und
damit die Aufdeckung der Verschwörung ausgelöst hatte. Der
Eindruck war nicht von der Hand zu weisen, dass hier nicht
die eigentlich Schuldigen, sondern bloß ein paar Mitläufer mit
exemplarischer Härte bestraft werden sollten. Diejenigen, die
sich wie Carlo Lauberg während des Prozesses als die Organisatoren der Verschwörung erwiesen hatten, waren längst geflohen. Auch Maria Carolina sah deutlich, dass die Richter ihr
Amt «missbraucht» hatten, um viele zu retten. Dennoch war
sie von der Richtigkeit der Aussage eines Verhafteten überzeugt, dass «weder Gott noch der Teufel und schon gar nicht
der König in der Lage gewesen wären den Umsturz aufzuhalten», wenn die Verschwörung auch nur wenige Monate später
entdeckt worden wäre, und das umso mehr, «als man damit
rechnete, dass dann die Franzosen die Herren Italiens sein und
den patriotischen Bemühungen beistehen würden».[19] Deshalb
machte sie nicht von dem der Königin zustehenden Recht Gebrauch, die Begnadigung der jungen Männer zu erbitten. Kurz
vor dem Hinrichtungstermin am 18. Oktober 1794 schrieb De
Deo einen bewegenden Brief an seinen Bruder, der sofort bekannt wurde und den Eindruck verstärkte, dass hier an Stelle
der eigentlichen Übeltäter ein schwärmerischer Idealist geopfert werden sollte. De Deo schrieb: «Ich würde jedem anderen mein Schicksal neiden. Das muss Euch klarmachen, mit
welcher Seelenruhe ich das Urteil des Gerichtshofes und meines und Eures Herrn annehme. Der Tod schreckt nur den, der
nicht zu leben wusste. Wer ein reines Gewissen hat, jubelt
über das, was Übeltäter in Angst versetzen würde.»[20]

Als die Todeskandidaten auf den Largo di Castello an den Galgen geführt wurden, herrschte Totenstille auf dem Platz. Maria Carolina konnte vom Palazzo Reale aus zusehen und berichtete in einem Brief vom selben Tag von der «traurigen Hinrichtung unserer Jakobiner. Drei Unglückliche müssen hängen.»²¹ Am Ende applaudierte die Menge dann wie üblich, und die Hinrichtung schien die beabsichtigte Wirkung zu erzielen. Plötzlich aber fiel ein Schuss, die um den Platz postierten bewaffneten Soldaten feuerten in die Menge, und es kam zu einer Massenpanik: «Es gab zehn Tote und fast vierzig Verletzte. Ein unbeschreibliches Durcheinander. Die Vereinigung der *Bianchi* [eine Bruderschaft, die den Verurteilten geistlichen Beistand gewährte] verschwand in Todesangst von der Bildfläche. Der Erzbischof von Lecce, Spinelli, verhedderte sich in seinem weißen Mantel und verletzte sich. Am Ende lagen auf dem Largo überall Schuhe, Hüte, Perücken, Verwundete und Tote. Ein grauenhaftes Schauspiel.» Maria Carolina meinte, der Schuss sei von Anhängern der Hingerichteten ausgelöst worden, um zu verhindern, dass die *Bianchi* danach in ihrer Predigt die Menge zu Gottesfurcht und Königstreue ermahnten.

Dieser Verdacht konnte freilich nie erhärtet werden, aber die Wirkung der Panik, der Schüsse, der Toten und Verletzten war verheerend. Es verstärkte sich die Kritik am Vorgehen der Polizei, und in den Mittelpunkt rückte ausgerechnet der Polizeipräsident und Bruder der Marchesa San Marco, Luigi de' Medici. Bisher hatte er zwar als «Aufklärer» gegolten, aber als getreuer Diener der Regierung und als neuer starker Mann, der in den Straßen der Stadt für Sicherheit gesorgt und dafür plädiert hatte, die französischen Schiffe des Admirals Latouche-Tréville mit Gewalt zu vertreiben. Jetzt wurde laut darüber gesprochen, was eigentlich ein offenes Geheimnis war, dass nämlich Medici Ehrenmitglied in der «Accademia di chimica e matematica» war und im Hause von Eleonora Fonseca Pimentel zu den eifrigsten Lesern des «Moniteur» gehörte. Seine saloppe Rechtfertigung lautete: «Um sich vor dem Hass der Jakobiner zu retten, gibt es keinen anderen Weg als selbst Jakobiner zu werden.»[22] Damit nicht genug, waren zwei der Hauptverdächtigen in seinem Hause ein und aus gegangen. Sie belasteten ihn schwer, konnten aber dann auf ungeklärte Weise fliehen. In einer Staatsratssitzung am 27. Februar 1795, die bis tief in die Nacht dauerte, wurde de' Medicis Sturz beschlossen. Der Beschuldigte landete für mehrere Jahre im Gefängnis, obwohl er «im Land geliebt und geachtet» war, wie Maria Carolina wusste.[23] Mit ihm verlor die Königin auch ihre bis dahin engste Vertraute, Medicis Schwester Marchesa di San Marco, die ins Exil gehen musste, «weil man fürchtete, sie werde mich umstimmen». Damit verlor Maria Carolina ihren letzten Halt in der neapolitanischen Gesellschaft.

Dass man bei dem Hochverratsprozess 1794 offensichtlich nur ein paar Mitläufer aufs härteste bestraft hatte, die Hauptverantwortlichen dagegen schonte oder gar laufen ließ, und dass der Strafverfolger schließlich selbst zum Beschuldigten geworden war, erinnerte fatal an den Prozess gegen die Freimaurer zwanzig Jahre zuvor, doch alles mit umgekehrten Vorzeichen. Diesmal war Maria Carolina am Ende nicht die strahlende Siegerin, sondern diejenige, die sich erst recht von allen Seiten bedroht fühlte. Dazu kam, dass man es ihr anlastete, den falschen Mann gefördert zu haben. Hatte doch der jüngere elegante Medici als ihr neuer Günstling gegolten, den sie an die Stelle des immer grämlicher wirkenden, altgedienten Acton setzten wollte. Und nun, so schien es, hatte Acton auch Medici zur Strecke gebracht. Der Königin begannen die Zügel zu entgleiten.

Zwischen den größten Männern
des Jahrhunderts

Die spürbare Entfremdung zwischen Acton und Maria Carolina, die am Hof und in den meisten Botschaftsberichten als
bloße Laune von Maria Carolinas willkürlicher Günstlings-
wirtschaft interpretiert wurde, basierte auf einem seit Länge-
rem schwelenden Konflikt. Obwohl er der «habsburgischen
Partei» der Königin zugerechnet wurde, vertrat Acton in verschiedenen Punkten eine von der Königin abweichende Linie.
Acton hatte zwar den Beitritt zur antifranzösischen Koalition
ausgehandelt, sah aber bald, dass das Land den wachsenden
Anforderungen nicht standhalten konnte. Maria Carolina dagegen wollte dies lange nicht wahrhaben. Im gleichen Maße,
wie die Kriegslasten für die Bevölkerung wuchsen, so erkannte
Acton, wuchs der Widerstand und die Anhängerschaft der
Patrioten. Die äußere Bedrohung verstärkte die innere und
umgekehrt. Da er bei der Königin mit solchen Überlegungen
nicht auf Gehör rechnen konnte, setzte Acton beim König an
und brachte ihn so weit, dass er geheime Friedensverhandlungen mit Frankreich einleitete. Der neapolitanische Botschafter
in Venedig nahm mit dem dortigen französischen Botschafter
Kontakt auf, um über einen möglichen Austritt Neapels aus
der Koalition zu sprechen. In eklatantem Gegensatz zu diesen
Bemühungen leitete Maria Carolina geheime Schreiben des
spanischen Königs an Ferdinando über einen möglichen Austritt Spaniens aus der Koalition an Lady Hamilton weiter, um
die Engländer zu warnen: «Meine liebe Lady, … Ich sende
Ihnen einen Chiffrebrief aus Spanien …, der mir binnen zwanzig Stunden zurückgeschickt werden muss, damit ihn der König bekomme. Er enthält Tatsachen, die für die englische Regierung sehr interessant sind, und ich wünsche, dass Sie ihr
diese berichten. So will ich meine Anhänglichkeit und mein

Vertrauen beweisen, die ich dem braven Chevalier [Hamilton] entgegenbringe und bitte nur, mich nicht bloßzustellen.»[24] Maria Carolina bekam auch von den Aktivitäten ihres Mannes Wind und drohte damit, England und Österreich zu informieren. Es entstand eine völlig unhaltbare Situation, die auf höchst problematische Weise gelöst wurde und die politische Handlungsfähigkeit des Königreichs vollends zerrüttete. Auf der einen Seite schickte der König vier seiner besten Regimenter zu den Truppen Österreichs in die Lombardei und verlangte in einem Dekret vom 5. August 1794 von der Bevölkerung die Verdreifachung der zu stellenden Soldaten. Außerdem wurden trotz der Missernten der Jahre 1793 und 1794 die Abgaben erhöht. Beides stieß auf den passiven Widerstand der Bevölkerung und verstärkte den allgemeinen Unmut. Auf der anderen Seite nahm der König ein erneutes Rücktrittsgesuch Actons als Minister (der schon drei Jahre zuvor damit gedroht hatte) nun unerwartet an. Das Entlassungsschreiben für Acton erinnerte auf fatale Weise an dasjenige, das einst Tanucci erhalten hatte, denn die Entlassung für den «lieben Freund» wurde als Entgegenkommen «angesichts der Arbeitsüberlastung und der dadurch bedingten Gefahren für die Gesundheit» getarnt.[25] Dennoch wurde Acton ausdrücklich zugebilligt, an allen Staatsratssitzungen mit maßgeblicher Stimme teilzunehmen. Damit blieb er weiterhin an der Spitze der Regierung, während in seine ehemaligen Ministerämter – nämlich Außen-, Kriegs- und Handelsministerium – völlig unfähige und unbedeutende Männer berufen wurden. Maria Carolina nannte sie «Scheintote».[26] Solcher Sarkasmus half wenig, denn mit diesem faulen Kompromiss war niemandem gedient.

In den sich überstürzenden Ereignissen der folgenden Jahre in Frankreich und auf den Schlachtfeldern Europas schwankte die Außenpolitik fast aller Staaten der Koalition zwischen

Größenwahn und ängstlichem Zurückweichen. Für Neapel waren die Konsequenzen dieses Zickzack-Kurses besonders fatal. Bereits am 5. April 1795 schied Preußen aus der Koalition aus, im Juli erfolgte dann der förmliche Friedenschluss zwischen Frankreich und Spanien. Wenige Monate später erhielt Frankreich die Direktoriumsverfassung. Der neue starke Mann, der vorläufig noch im Hintergrund seine Fäden zog, hieß Napoleon Bonaparte. Am 2. März des folgenden Jahres erhielt er den Oberbefehl über die Italienarmee, eroberte 1796/97 in einem «Blitzkrieg *avant la lettre*»[27] ganz Oberitalien und gestaltete mit der Einrichtung der «Ligurischen» und der «Cisalpinischen Republik» die italienische Landkarte weitgehend um. Schon mit der Proklamation an die Armee anlässlich der Übernahme des Kommandos stellte er die Aussicht auf reiche Beute in den Mittelpunkt: «Soldaten, ihr seid hungrig und in Lumpen gekleidet. Eure Regierung zahlt euch keinen Sold und hat euch nichts zu geben. Eure Geduld und euer Mut hier in den Bergen sind bewundernswert, verhelfen euch aber nicht zu Ruhm. Kein Glorienschein leuchtet über euren Köpfen. Ich werde euch in die fruchtbarsten Ebenen der Welt führen. Reiche Landstriche und große Städte werden bald in eurer Hand sein. Soldaten der Italienarmee, habt ihr genügend Mut und Durchhaltevermögen dafür?»[28] Die Patrioten in den künftigen Schwesterrepubliken in Mailand und Genua jubelten dem Einmarsch zu und merkten nicht, dass sich hier kein Befreier, sondern ein Eroberer anschickte, das Land seinem maßlosen persönlichen Ehrgeiz dienstbar zu machen.

Allein das Königreich Neapel war an der Seite Österreichs und Englands verblieben. Um der drohenden Gefahr zu begegnen, setzte die Regierung ein sogenanntes «Triduum» an, das heißt dreitägige Bittgottesdienste, bei denen die Monarchen alle wichtigen Kirchen besuchten. Von den Kanzeln wurde zum Kreuzzug für «den heiligen Glauben, den Staat und den Thron» aufgerufen. Maria Carolina konnte Gallo berichten, dass in der Kathedrale zwanzigtausend Lazzari den König hatten hochleben lassen, «aber das ist das niedere Volk, das so spricht. Die Adeligen verharren in tiefem Schweigen.»[29] Nach Napoleons Sieg in der Schlacht von Lodi am 10. Mai 1796 siegte dann auch in Neapel der Kleinmut, und ein neapolitanischer Unterhändler wurde zu Bonaparte geschickt. Der Feldherr behandelte diesen mit ausgesuchter Unverschämtheit, ließ ihn tagelang warten und setzte ihn dann massiv unter Druck: «Ihr Hof hätte vor sechs Monaten oder sogar noch im März einen vorteilhaften und ehrenhaften Frieden erreichen können, bevor wir in Piemont einmarschiert sind. Er hat diese Gelegenheit versäumt. Jetzt besteht noch die Chance zu einem ehrenvollen Frieden, aber nicht ohne Opfer. … Ihre Regierung muss endlich aufwachen und die tatsächliche Lage erkennen. Sie kann mit Frankreich nicht mehr auf Augenhöhe verhandeln. Die ungeheure Überlegenheit, die Frankreich gewonnen hat, hat die Ebenbürtigkeit zerstört und dem haben Sie sich anzupassen.»[30]

Schon während der Vorverhandlungen verlangte Bonaparte zum Beispiel die Sperrung des Hafens für englische Schiffe, was Maria Carolina als «vollkommenen Wahnsinn und den Gipfel der Undankbarkeit» gegenüber England ablehnte.[31] Außerdem ließ die französische Seite durchblicken, dass die Königin als Verbündete Österreichs ins Exil gehen sollte und auch Acton als Freund der Engländer endgültig aus der Regierung zu entfernen sei. In Wirklichkeit bluffte Napoleon jedoch nur, denn gegenüber dem Direktorium gab er zu, dass seine Armee nicht in der Lage wäre, gleichzeitig gegen Österreich und Neapel zu kämpfen. Maria Carolina war nach wie vor davon überzeugt, dass «fünf Millionen Einwohner sich verteidigen könnten, wenn sie es wirklich wollten, vor allem mit dem Schutz der Küsten», und glaubte, «den Tod der Schande vorziehen zu müssen». Mit ihren Durchhalteparolen

konnte sich Maria Carolina jedoch nicht mehr gegen Ferdinando und Acton durchsetzen. Ihre Zornesausbrüche hatten
nicht mehr die gleiche einschüchternde Wirkung auf ihren
Mann wie einst, und der konnte sich nun hinter Acton verschanzen.

Am 10. Oktober 1796 wurde schließlich ein Sonderfrieden
mit Frankreich ohne die im Vorfeld angedrohten, besonders
demütigenden Vereinbarungen geschlossen. In einem geheimen Zusatzartikel musste sich Neapel allerdings zur Zahlung
der ungeheuren Summe von achtzig Millionen Francs verpflichten. Der offizielle Teil des Friedensvertrags wurde mit
einem feierlichen Tedeum in allen Kirchen Neapels gefeiert.
Maria Carolina ließ Lady Hamilton und damit die englische
Regierung allerdings sogleich wissen, dass die Frankreich
zugesicherte Neutralität zwar auf dem Papier existierte, «nie
aber in unserem Herzen. Dafür werden wir bei der ersten sich
bietenden Gelegenheit den Beweis antreten.»[32] Diese Gelegenheit ließ auf sich warten, weil Napoleon nun auch Österreich unaufhaltsam in die Enge trieb. Um wenigstens irgendwie Solidarität mit dem Kaiserreich zu zeigen, drängte Maria
Carolina darauf, dass die Hochzeit des Thronfolgers, die 1792
in Wien nur *per procuram* erfolgt war, nun außerhalb der
Hauptstadt in Foggia «ohne Feste, ohne Equipagen und ohne
Pracht» begangen werde. Davon erhoffte sie sich einen Weckruf an die ganze Nation. Aber das Gegenteil war der Fall. Der
Provinzadel fühlte sich geehrt, Ferdinando gefielen die Jagdgründe, und der Frieden war allen außer Maria Carolina willkommen.

Als schließlich auch Österreich nach zahlreichen Niederlagen und dem Fall der Festung Mantua Friedensverhandlungen einleiten musste, wurde dem neapolitanischen Botschafter
Marchese Gallo die Ehre zuteil, die Verhandlungen zu führen,
was in Wien unter den einheimischen Diplomaten beträchtliche Irritationen auslöste. Maria Carolina dagegen glaubte,

diese Situation zu ihren Gunsten nutzen zu können und machte Gallo im Vorfeld eine Reihe sehr anspruchsvoller Vorschläge. Sie wusste zwar selbst, dass man «nichts für nichts» bekommt. Seelenruhig aber ging sie beispielsweise von der bereits «entschiedenen» Auflösung des Kirchenstaates aus und meinte davon profitieren zu können. Hatte man unlängst noch demütig alle Kirchen besucht und vor den Altären im Namen des «heiligen Glaubens» für die Niederlage Frankreichs gebetet, so schlug die Königin jetzt vor, den Papst nach Malta zu versetzen, damit er «dort seine kirchlichen Funktionen» ausübe[33]. Auf jeden Fall durfte der Kirchenstaat nicht «demokratisiert» werden. Vielmehr sollte er aufgeteilt werden und zwar so, dass der Süden dem Königreich Neapel zugeschlagen würde. Maria Carolina war fest davon überzeugt, dass «wir dort herrschen müssen». Gallo ließ derartige Vorschläge pflichtgemäß in die Verhandlungen einfließen, stieß bei Bonaparte aber auf sarkastische Ablehnung: «Der Hof von Neapel träumt einzig und allein von Gebietserweiterung und Größe. Solche Forderungen sind wahrhaft amüsant.»[34] Der wesentlich von Gallo ausgehandelte, aber von Graf Cobenzl unterzeichnete Vertrag von Campoformio besiegelte das Ende der Ersten Koalition. Nur England befand sich weiterhin im Kriegszustand mit Frankreich. Neapel bekam keine der angestrebten «Kompensationen», behielt aber wenigstens seine territoriale Integrität. Maria Carolina fand diesen Friedensschluss schließlich dann doch «glücklich», dankte dem Unterhändler überschwänglich und verlor kein Wort über die sonstigen Bestimmungen für Italien, etwa die Anerkennung der Cisalpinischen Republik und die Abtretung der venezianischen Territorien bis zur Etsch an Österreich. Sie betrachtete diesen Frieden, weil von ihrem Vertrauten Gallo ausgehandelt, auch als ihr Verdienst und erreichte nun, dass dieser «ganz gegen seinen Willen» schon im Januar 1798 zum Außen-, Marine- und Handelsminister ernannt wurde. Damit nahm Gallo – mit Ausnahme des Kriegsministeriums – die frühere Stellung Actons ein. Aber auch mit ihm zeichnete sich bald ein ähnlicher Konflikt wie mit Acton ab. Der Diplomat hatte nämlich während der Verhandlungen nicht nur großen Eindruck auf Napoleon gemacht, sondern seinerseits den General zu bewundern gelernt. Vor allem aber hatte der neue Außenminister erkannt, dass mit diesem Machtmenschen und fähigen Militärstrategen nicht zu spaßen war. Deshalb wollte er in seiner neuen Funktion eine weit vorsichtigere Außenpolitik betreiben als es seiner Herrin lieb war.

Vorläufig aber war auch sie noch voll des Lobes über Napoleon: «Trotz allen Übels, das Italien durch ihn erlitten hat, habe ich zugegebenermaßen eine hohe Meinung von ihm, da ich in allem die Größe liebe, selbst wenn sie sich gegen mich wendet. ... Ich würde mir wünschen, dass er sich außerhalb Italiens auszeichnet. ... Er wird der größte Mann unseres Jahrhunderts sein.»[35] Auch wenn die Königin mit diesem Urteil ein ausgezeichnetes Gespür für den Zusammenhang von Machtpolitik und historischer Größe bewies, sollte sie ihre persönliche Einstellung gegenüber Napoleon bald drastisch ändern. Der künftige größte Mann des Jahrhunderts selbst sah durch den Frieden vor allem die Chance für einen neuen Krieg eröffnet, wie er an das Direktorium schrieb: «Die gegenwärtige Situation eröffnet uns ein schönes Spiel. Richten wir alle unsere Energie auf den Aufbau einer Flotte und zerstören wir England. Ist das vollbracht, wird uns ganz Europa zu Füßen liegen.»[36] Doch auf die vielen Siege zu Land folgte eine verheerende Niederlage zur See. Da sich die Vorbereitungen für eine Invasion der Britischen Inseln hinzogen, war Napoleon unterdessen mit einer Expeditionsarmee nach Ägypten aufgebrochen, das er im Handstreich zu erobern hoffte. Nach der Seeschlacht vor Abukir in Ägypten am 1. und 2. August 1798 saß er jedoch mit seiner Armee in der Falle, während der Sieger, Horatio Nelson, in Richtung Neapel davonsegelte.

Die Seeschlacht vor Abukir am Nil, 1. August 1798. (T. Luny)

Unter gezielter Missachtung der Frankreich zugesicherten Neutralität hatte das Königreich Beider Sizilien im Vorfeld dieser «Schlacht am Nil» der englischen Flotte entscheidende Hilfe geleistet, als sie die Franzosen im Mittelmeer aufzuspüren versuchte. Die Möglichkeit, in den Häfen Siziliens Frischwasser und Proviant aufzunehmen, hatte Nelson die Chance gegeben, seine Suche fortzusetzen, den Gegner bei Abukir aufzuspüren und dann nahezu vollständig zu vernichten. Die Nachricht von der Seeschlacht erreichte Neapel am 5. September, als zwei Offiziere mit einem Vorauskommando in der Bucht von Neapel auftauchten, wo man seit Wochen den Horizont nach Schiffen mit dem blauen Hoheitszeichen absuchte. Bei dem Empfang der Offiziere, die die gute Botschaft zuerst dem britischen Botschafter zu überbringen hatten, übernahm von Anfang an Lady Hamilton die Regie. Sie trug bereits ein Stirnband mit der Aufschrift «Nelson und Sieg», lud die Offiziere in ihre Kutsche ein und fuhr sie im Triumphzug durch die Stadt, die von «Viva Nelson!»-Rufen widerhallte. Voller Begeisterung – auch über sich selbst – schrieb sie an den Helden: «Wir bereiten die Wohnräume für Sie vor. Ich hoffe, Sie werden bald kommen, denn Sir William und ich können es kaum erwarten sie zu umarmen. Ich wünschte, Sie hätten unser Haus während der drei Nächte, in denen die Stadt beleuchtet war, sehen können. Es war mit dreitausend Lampen in Form Ihres glorreichen Namens geschmückt. ... Ich kleide mich von Kopf bis Fuß à la Nelson. Sogar mein Schal ist blau und mit goldenen Ankern bedeckt. Meine Ohrringe sind Nelsons Anker, kurz, wir sind ganz und gar *nelsoned.*»[37]

Noch viel großartiger war der Empfang, als am 22. September Nelson selbst auf seinem Flaggschiff «Vanguard» an der Spitze seiner Flotte in der Bucht von Neapel einlief. Vergessen waren Neutralitätszusagen, vergessen jakobinische Verschwörungen und Todesurteile gegen vermeintliche Aufrührer. Die Bucht war voller in Blau und Gold geschmückter Boote aller Größen, von denen unter Absingen der englischen Nationalhymne Tausende von weißen Tauben aufstiegen, und die «Viva Nelson!»-Rufe kein Ende nehmen wollten. Emma hatte für ihren Auftritt an Bord der Vanguard eine neue Attitude einstudiert, denn sie fiel so geschickt in Ohnmacht, dass der Held sie auffangen musste – so jedenfalls berichtete er an seine Frau. Vielleicht war die Ohnmacht aber gar nicht so sehr gespielt, denn der Held hatte sich seit ihrem ersten Zusammentreffen vor sechs Jahren erschreckend verändert. Nicht nur, dass die gewaltige, kräftezehrende Schlacht mit den unzähligen brennenden Schiffen erst wenige Wochen zurücklag und der Held bereits viele Wochen zuvor keinen Fuß an Land gesetzt hatte. Vor Abukir war er über seinem rechten Auge, auf dem er ohnehin inzwischen erblindet war, verwundet worden, und seit mehr als einem Jahr war sein rechter Arm bis an die Schulter amputiert.

Der inzwischen zum Admiral Beförderte hatte Emma schon im Voraus angekündigt, er werde ihr nur noch die «Reste von

Bei Abukir wurde Horatio Nelson (1758–1805) über dem rechten Auge verwundet. Der rechte Arm war bereits 1797 vor Teneriffa amputiert worden. (G. Head)

Horatio Nelson» präsentieren können, aber der tatsächliche Anblick war trotz der Galauniform wohl wahrhaft erschütternd. Solche Äußerlichkeiten hinderten Emma, nachdem sie aus ihrer Ohnmacht wieder erwacht war, freilich nicht daran oder ermunterten sie umso mehr, sich im Palazzo Sessa liebe-voll um den geschundenen Seebären zu kümmern und ihn auf seiner Parforce-Tour von Fest zu Fest, von Ehrenbekundung zu Ehrenbekundung zu begleiten. Nelson fand in Emma darü-ber hinaus eine Seelenverwandte, eine von enormem Ehrgeiz getriebene und mit großen Talenten gesegnete gesellschaft-liche Aufsteigerin. Denn er hasste ebenso wie sie Leute wie den eleganten und weltläufigen nunmehrigen Außenminister Gallo, der nach Nelsons Meinung nichts Wichtigeres zu tun hatte, als seine wertvollen Tabatieren herumzuzeigen. Aus dem gegenseitigen Verständnis entwickelte sich im Hause Hamilton eine Liebesbeziehung zwischen Emma und dem Admiral. Emma erwarb sich dadurch den unsterblichen Ruhm der Heroine eines romantischen Melodrams, ihr Gatte, der so tat, als bemerke er nichts, den eines alternden Pantoffelhelden und ihr Geliebter den eines typischen Engländers mit aus-geprägter Doppelmoral. In eklatantem Widerspruch zu sei-nem alles andere als einwandfreien Verhalten im Hause seines Gastgebers blickte er nämlich mit puritanischer Strenge auf die Neapolitaner herab und äußerte verächtlich: «Es ist ein Land von Musikern und Dichtern, von Huren und Briganten.» Umso mehr bedauerte er die Königin, die er nach seiner ersten Privataudienz als «wahrhaft würdige Tochter Maria There-sias» rühmte. Zugleich erkannte er in ihr eine Verbündete im Sinne seiner Devise «Die kühnsten Maßnahmen sind die er-folgversprechendsten».[38]

In den Augen Maria Carolinas bot die kunstgeschichtlich und wissenschaftlich hochinteressante, politisch-militärisch aber desaströse «Ägyptenexpedition» Bonapartes Gelegenheit für kühne Maßnahmen, mit denen sie zeigen konnte, dass die Neu-tralität in ihrem Herzen nicht existierte. Zudem war genau das passiert, was die Königin hatte verhindern wollen, denn der Kirchenstaat war tatsächlich «demokratisiert» worden.

Die Franzosen hatten einen diplomatischen Zwischenfall dazu genutzt, den Kirchenstaat zu besetzen, und unter dem Schutz der französischen Bajonette war am 15. Februar 1798 die Römische Republik ausgerufen worden. Mit Nelson hatte die Königin endlich *den* Partner gefunden, der ihre Vorstellungen von *vigeur et force* gegen die verhassten Franzosen teilte. Und nun schlossen sich auch Hamilton und sogar Acton ihrer Meinung an, dass die Gefahr eines weiteren Vormarsches der Franzosen gebannt und die Chance für einen glanzvollen militärischen Erfolg Neapels nie besser war. Nur Gallo, der in ständigem Kontakt mit Wien stand, sprach sich gegen ein militärisches Vorgehen aus. Deshalb wurde er kurzerhand von den Regierungsentscheidungen ausgeschlossen, die damit zwar nicht mehr als Beschlüsse des «Staatsrats», sondern einfach als Ergebnisse von «Sitzungen» dennoch Gültigkeit erlangten.

Trotz einer Flut von Briefen gelang es Maria Carolina jedoch nicht, ihren Schwiegersohn in Wien zu Hilfszusagen zu bewegen. Der Kaiser bestand darauf, österreichische Hilfe nur im Falle eines französischen Angriffs gewähren zu können. So viel Geduld aber wollte die Kriegspartei in Neapel nicht aufbringen. Das einzige Zugeständnis, zu dem Franz II. sich bereit erklärte, war die Entsendung eines Feldmarschalls namens Karl Mack, der den gesamten Koalitionskrieg mitgemacht hatte. Das Heer, das Ferdinando ihm bei seinen Paraden vorführen konnte, bezeichnete dieser Feldmarschall, der eigentlich genügend Erfahrung hätte haben müssen, unvorsichtigerweise als «die schönste Armee Europas»,[39] während seine Untergebenen sehr wohl erkannten, dass da lediglich durch die verhasste Zwangsrekrutierung zusammengetriebene, völlig unerfahrene Bauern in glänzende Uniformen gesteckt worden waren. Auf diese Weise war die stolze Zahl von fünfzigtausend Soldaten zusammengekommen. Obwohl auch der König immer wieder zögerte, brach diese Armee auf

Drängen der Königin am 22. November 1798 ohne formelle
Kriegserklärung nach Norden auf. Nelson sollte sich mit
einem Teil der Truppen nach Livorno einschiffen, um den
Feind im Rücken zu packen. Schon der Vormarsch entwickelte
sich zum Desaster, weil die Truppen unter dem winterlichen
Dauerregen im Schlamm stecken blieben und auf den mise-
rablen Straßen nur mühsam vorwärts kamen. Der Oberkommandierende der französischen Truppen in Rom, General
Championnet, nutzte diese Schwierigkeiten zu einem takti-
schen Rückzug, der von Mack als Zeichen der eigenen Stärke
ausgelegt wurde. Am 29. November konnte Ferdinando fast
kampflos in Rom einziehen und in dem von seiner Großmutter
ererbten Palazzo Farnese glanzvolle Empfänge für die Vertreter der Kurie und des römischen Adels geben. Die «Jakobiner» der Römischen Republik hatten sich mit Championnet
aus dem Staube gemacht, und für die zurückgebliebenen Rö-
mer war Ferdinando der «Befreier».

Doch dieser leichte Sieg war einfach «zu schön um wahr zu
sein», wie der Historiker Harold Acton ironisch anmerkt.[40]
Den Zustand des schönsten Heeres Europas beschrieb einer
der Untergebenen von General Mack so: «Der Dauerregen
hatte die Waffen verrosten lassen, und es gab nicht genügend
Stiefel, die Artillerie war teilweise verloren gegangen, viele
Lasttiere waren verendet oder irrten in den Straßen herum,
und der Tross hinkte fünf Tage zurück. Im Siebenjährigen
Krieg waren die Truppen nicht so ruiniert wie die neapolitanischen nach sechs Tagen Vormarsch.» Der Versuch Macks, die
Franzosen, die sich auf strategisch günstigen Positionen im
Norden Roms neu organisiert hatten, in einer Schlacht zu be-
siegen, misslang nicht zuletzt deshalb, weil die geplante Ein-
kreisung durch die von Nelson nach Livorno geschafften Hee-
resteile nicht funktionierte. Der Feldzug endete, kaum dass er
begonnen hatte, in einer Katastrophe. Das neapolitanische
Heer wurde trotz seiner ursprünglich fünffachen Überlegen-

heit vollständig geschlagen und zersprengt. Der König ergriff kopflos die Flucht, um nicht den Franzosen in die Hände zu fallen. Er war nicht der Mann, der «im Vertrauen auf Gott voranschreitet und mit dem Schwert in der Hand bereit ist zu sterben», wie Nelson es von ihm gefordert hatte. Kaum zwei Wochen nach dem Aufbruch überschritt er, nur von seinem Oberstallmeister begleitet, die Grenze seines Königreichs in umgekehrter Richtung und rettete sich in sein geliebtes San Leucio. Von dort aus schrieb er an seine Frau: «Ich habe nicht den Mut, mich nach einer derart schmachvollen Flucht in Neapel zu zeigen, und will auch niemanden anderen sehen außer Dir und den Personen, die unsere Befehle auszuführen haben. Auch Dir wage ich kaum unter die Augen zu treten. Deshalb gehe ich nach Belvedere, wo ich, wenn ich die Tür hinter mir schließe, nur diejenigen um mich habe, die ich will.»[41] Nach diesem Debakel hatten nur die Lazzari ihren Humor nicht verloren. Sie verbreiteten als neues Motto ihres Königs den Spruch: «Ich kam, sah und flüchtete [veni, vidi e fuggì]».

Eine Revolution mit vertauschten Rollen

Als der König sich doch wieder in die Stadt wagte, empfingen ihn die Lazzari mit den üblichen «Viva il Re!»-Rufen. In ihren Augen war das eigentliche Unglück nicht die schmähliche Niederlage des Königs, sondern die Tatsache, dass sich das Blut des heiligen Gennaro wegen der französischen Gotteslästerer und ihrer Anhänger nicht verflüssigt hatte. Deshalb strömten sie vor dem Palast zusammen und verlangten nach Waffen, um im Namen des Königs, des heiligen Glaubens und ihrer Stadt alle Franzosen und Jakobiner zu verjagen. Diesem Verlangen wagte Ferdinando nicht nachzukommen, aber er fasste wieder Mut, konnte über seine Angst schon wieder lachen und war bereit, in Neapel auszuharren. Maria Carolina dagegen hatte zusammen mit Nelson und Lady Hamilton längst anders entschieden. Widerstand gegen die vorrückenden Franzosen war sinnlos, als einziger Ausweg blieb die Flucht nach Sizilien. Dieses Vorhaben musste minutiös vorbereitet und vor allem geheim gehalten werden. Die Königin hatte keinerlei Vertrauen zu den neapolitanischen Schiffsoffizieren. Es gab nämlich Gerüchte, dass in den Reihen des Heeres beim Kampf um Rom viele – aus der Nunziatella hervorgegangene Offiziere – heimlich mit den Franzosen sympathisierten. Maria Carolina nutzte deshalb ihre Verbindung zu den Hamiltons und dem Helden von Abukir, um heimlich Geld, insgesamt 20 Millionen Dukaten, Juwelen und Wertgegenstände aus dem Palast und auf Nelsons Flaggschiff schaffen zu lassen. Maria Carolina entschuldigte sich bei Emma für die Menge an Sachen, die im Dunkel der Nacht weggeschleppt werden mussten, weil sie «unglücklicherweise eine so große Familie» habe.[42] Der Transport durch englische Matrosen konnte überhaupt nur deshalb bis zum Schluss unentdeckt bleiben, weil Lord Hamilton schon seit Oktober seine umfangreiche Antikensammlung Stück für Stück verpackte, um sie auf der «Colossus» einzuschiffen, die verwundete Seeleute nach England bringen sollte. Die ungeheure Mühe war freilich vergebens, denn das Schiff lief in einem Sturm bei den Scilly-Inseln vor Cornwall auf Grund und verlor den kostbaren Schatz. Dass das geschäftige Hin und Her zwischen Palazzo Sessa und den in der Bucht liegenden englischen Schiffen auch nach der Abreise der «Colossus» weiter ging, fiel nicht weiter auf. Als man in der Stadt jedoch allmählich Lunte roch, musste alles sehr schnell gehen. Die königliche Familie verließ den Palast über einen geheimen Gang zum Hafen, wo eine Barke wartete, um sie auf Nelsons Flaggschiff «Vanguard» zu bringen. Die Hamiltons waren als eine Art Rückendeckung am Abend noch bei einer festlichen Einladung des osmanischen Botschafters erschienen und stahlen sich getrennt voneinander weg, um ebenfalls auf die «Vanguard» zu flüchten. Admiral Nelson wollte jedoch nicht aufbrechen, denn er fühlte sich verpflichtet, allen Engländern und französischen Emigranten, die sich bedroht fühlten, die Chance zu geben, ebenfalls die Reise nach Sizilien anzutreten. In den nächsten Tagen wurden die englischen Schiffe von über zweitausend Menschen gestürmt.

Am Abend des 23. Dezember stach die Flotte dann endlich in See und geriet in einen schweren Wintersturm, wie ihn auch Nelson noch nie erlebt hatte. Er wurde ebenso wie alle anderen unpässlich, denn er war nicht nur für seine Siege, sondern auch dafür bekannt, dass er zeitlebens schwer unter Seekrankheit litt. Allein Emma blieb davon verschont und kümmerte sich liebevoll um alle Anwesenden, wickelte Maria Carolinas zu Eis erstarrte Füße in ihren kostbaren Kaschmir-Schal, wiegte den kleinen, sterbenskranken Alberto in ihren Armen, kümmerte sich natürlich rührend um Horatio und schließlich auch um ihren Gatten, der mit zwei Pistolen bewaffnet zum Sterben bereit in seiner Kajüte lag. Der sechsjährige Alberto überstand die Strapazen nicht und verschied am Weihnachtstag in Emmas Armen. Maria Carolina verlor allen Lebensmut, nicht aber ihre Schreibwut, und klagte dem neapolitanischen Botschafter in London: «Zu dem furchtbaren, grausamen Verlust des schönen Königreichs, der Ehre … des Ansehens, aller unserer Interessen und des Erbes meiner Söhne habe ich nun auch dieses Kind verloren. Alles ist in mir ertötet, alles, alles vernichtet.»[43] Ferdinando dagegen begeisterte sich, sobald sich der Sturm gelegt hatte, im Gespräch mit Hamilton an der Aussicht auf bevorstehende Jagdfreuden. Er war auch zufrieden über den Empfang, den man ihm in Palermo bereitete.

Von der Ankunft König Ferdinandos erwartete man in Sizilien endlich wieder eine Statusaufwertung, ja vielleicht sogar, dass der Monarch Palermo dauerhaft zur Hauptstadt des ganzen Königreichs erklären würde. Ferdinandos erste Amtshandlung deutete allerdings nicht in diese Richtung. Der König erließ ein Edikt, mit dem er alle Jagdgründe der Insel für sich reservierte, richtete sich in einem Jagdschlösschen einigermaßen gemütlich ein, und ließ sich bald nicht mehr blicken. Anders als Ferdinando konnte Maria Carolina sich nicht mit Palermo abfinden und zeigte dies so unverhohlen, dass sich die Enttäuschung über die Missachtung der Monarchen vor allem gegen sie richtete. Die Stadt hatte in diesen Wintertagen kaum den Reiz, den ein englischer Reisender einige Jahre zuvor im Sommer empfunden hatte: «Die große Hauptstadt Siziliens ist unserer Meinung nach an Schönheit und Eleganz Neapel weit überlegen. Sie ist natürlich nicht so groß wie Neapel, aber die Regelmäßigkeit, die Einheitlichkeit und die Sauberkeit ihrer Straßen und Häuser macht sie angenehmer. Sie ist voller Menschen, die überwiegend den Anschein von Wohlstand und Fröhlichkeit verbreiten.»[44] Als die Flüchtlinge ankamen, herrschte eisige Kälte, die Räume des Palastes, der seit Jahrzehnten unbewohnt war, waren klamm, nicht heizbar und kaum möbliert. Statt im Palazzo dei Normanni, dem eigentlichen Königspalast, Residenz zu nehmen, wich man bald aufs Land in die Villa ai Colli aus. Trotz der Kälte fand die Königin die Verhältnisse auf der Insel «afrikanisch».[45] Die damit gemeinte Unordnung und Verwirrung wurde durch die Ankunft der ungebetenen Gäste erheblich vermehrt, weil diese den gewohnten Komfort beanspruchten und irgendwie versuchten, den Anschein einer funktionierenden Monarchie weiter aufrechtzuerhalten. Obwohl oder gerade weil die gesamte Regierung nach Palermo gekommen war, herrschte über Zuständigkeiten und Zielsetzungen weniger denn je Klarheit. Der König gab nun vor allem seiner Frau und «ihrem» österreichischen General Mack die Schuld für die Misserfolge der zurückliegenden Monate und hielt seinen Aufenthalt in Sizilien für einen vorübergehenden Erholungsurlaub, der ihm mit Fug und Recht zustehe. Actons Verhältnis zur Königin war ohnehin seit langem gespannt, und er sah sich von Nelson weitgehend in die Ecke gedrängt, war aber nominell wiederum leitender Minister. Gallo nämlich wurde als Sonderbotschafter nach Wien, Sankt Petersburg und an weitere Höfe geschickt, um Hilfe zu erbitten. Solange die nicht in Aussicht stand, konnte von Regieren überhaupt nicht die Rede sein. Das, was vom Königreich Beider Sizilien übrig war, lag einzig und allein in den Händen Englands. Maria Carolinas inständige Beistandsgesuche an ihren Schwiegersohn in Wien waren auf kühle Ablehnung gestoßen, und so blieben ihr nur noch die Hamiltons und Nelson, auf die sie hoffen durfte. In England allerdings begann man über die schlampigen Verhältnisse im Hause Hamilton allmählich die Nase zu rümpfen. Nelson war zwar nach seinem Sieg bei Abukir die Würde eines Barons «vom Nil und Burnham Thorpe» (nach seinem Geburtsort in Norfolk) verliehen worden, doch die diplomatischen Schachzüge, die zur sogenannten Zweiten Koalition gegen Frankreich führten, überrollten ihn und seine Schützlinge. So sehr Nelson und die Königin darauf drängten, den kontinentalen Teil des Königreichs wieder zu erobern, bestand das Hauptinteresse Englands doch zunächst in der Sicherung bestehender Positionen. Deshalb mussten die Schiffe von Nelsons Flotte vor Ägypten und Malta kreuzen. Das Einzige, was Nelson für das Königreich tun konnte, war die Entsendung eines Kommandos unter seinem Stellvertreter Tourbridge, um die Inseln im Golf von Neapel Procida, Ischia und Capri zu besetzen. Dort führte der Kommandant den Jakobinern in Neapel vor, was ihnen blühte, falls die Monarchen wieder aufs Festland zurückkehren würden. Mehrere Geistliche, die als Jakobiner verdächtigt wurden, ließ er ohne langes Fackeln enthaupten, und schrieb an seinen Chef: «Hätten wir nur ein paar Tausend gute Soldaten, welch herrliches Blutbad könnten wir anrichten.» Bei ähnlicher Gelegenheit schrieb Nelson zurück: «Die Nachricht von der Hinrichtung von dreizehn

Jakobinern [in Procida] hat uns großes Vergnügen bereitet. Die drei Geistlichen ... werden hoffentlich bald an dem am besten dafür geeigneten Mast der ‹Aurora› unter der Last ihrer Sünden hängen.»[46]

Ferdinando hatte unmittelbar vor der Flucht mit einem handschriftlichen Billet den Grafen von Laino, Francesco Pignatelli-Strongoli, mit allen Vollmachten zu seinem Stellvertreter ernannt. Pignatelli war schon einmal, nach dem Erdbeben in Kalabrien 1783 Stellvertreter des Königs und damals einer der Hauptverantwortlichen für den vollkommenen Misserfolg der «Cassa sacra» gewesen. Dass der Vierundsechzigjährige der neuen, viel schlimmeren Krise des ganzen Königreichs Herr werden könnte, war von vorneherein mehr als unwahrscheinlich. Etwa ein Drittel der ursprünglich 60 000 Soldaten und der Verwaltungsapparat des Reiches waren zwar noch vorhanden, aber der Statthalter des Königs hatte kaum Geld, weil alles, was noch an Gold und Wertgegenständen existiert hatte, auf den Segelschiffen Nelsons entschwunden war. Darüber hinaus aber fehlte dem General jede Spur von Verhandlungsgeschick, die Fähigkeit, seine Autorität als Stellvertreter des Königs geltend zu machen und nicht zuletzt der Mut der Verzweiflung. Als eine seiner ersten Amtshandlungen ließ er die Schiffe, die noch im Hafen lagen, verbrennen, um sie nicht dem Feind in die Hände fallen zu lassen. Zwei Drittel der Flotte waren damit zerstört. Den Stolz des Königreichs, für den seine Bewohner so große finanzielle Opfer hatten in Kauf nehmen müssen, einfach in Flammen aufgehen zu sehen, steigerte die Erbitterung in der Hauptstadt aufs äußerste. Die gewählte Stadtverwaltung, die sogenannten *Eletti*, zu fünf Sechsteln Vertreter des alteingesessenen Adels, die in normalen Zeiten nur für die Getreideversorgung und die städtische Miliz zuständig waren, beriefen sich auf längst vergessene Privilegien und bildeten auf eigene Faust eine *Deputazione del Buon*

Governo [Exekutivorgan für die gute Regierung]. Sie träumten von einer «Königlichen Republik Neapel», wie sie 1647 nach der Masaniello-Revolte ausgerufen worden war. Pignatelli und die Vertreter der *Deputazione* erkannten sich gegenseitig nicht an und verloren so beide an Autorität. Noch verhängnisvoller war der Waffenstillstand mit den Franzosen, den Pignatelli am 12. Januar 1799 in Sparanise bei Caserta abschloss. Für die Bewohner Neapels war weniger die Übergabe der wichtigen Festung Capua an die Franzosen von Bedeutung als vielmehr der vereinbarte Tribut von zweieinhalb Millionen Dukaten, der in nur zwei Raten am 15. und 25. Januar bezahlt werden sollte. Wenn man bedenkt, dass der Staatshaushalt des ganzen Reiches im Jahr 1781 nur viereinhalb Millionen Dukaten betragen hatte, so war kaum vorstellbar, wie diese ungeheuerliche Summe aus dem, was von dem Königreich Beider Sizilien übrig war, herausgepresst werden sollte. Gegen diesen Tribut erhob sich ein Volksaufstand der Lazzari, die ihrerseits einen Vertreter eines anderen Zweiges der Familie Pignatelli, den Fürsten Girolamo Pignatelli-Moliterno, und den Herzog von Roccaromana, Lucio Caracciolo, zu ihren Anführern wählten. Am Tag der ersten Ratenzahlung besetzten die Lazzari zeitweilig die Festungen rund um die Stadt, das Castel Sant'Elmo, das Castello del Carmine, das Castel Nuovo und das Castel dell'Ovo, und stürmten ein aus Livorno kommendes Schiff, das dem Statthalter Soldaten, Waffen und Geld für die Kriegskasse hatte bringen sollen. Tags darauf floh Francesco Pignatelli nach Palermo, wo der König ihn für den Waffenstillstand mit Hausarrest bestrafte. Pignatellis Neffe gleichen Namens urteilte später hart über seinen Onkel: «Ein Mann von Talent, der seine Heimat wirklich liebt, wäre an Stelle Pignatellis zum Befreier des Vaterlandes geworden. Er hatte, als der König floh, ein Heer von mehr als 20000 Mann zur Verfügung. Der gesunde Teil der Nation war bereit, sich mit aller Kraft für die nationale Unabhängigkeit einzusetzen. Das

Volk ordnete sich noch unter, und wenn man es geleitet hätte, wären ungeheure Energien freigesetzt worden.»[47]

Nach der Flucht auch des letzten Vertreters irgendeiner Art von staatlicher Autorität brach in Neapel die vollständige Anarchie aus. Die Lazzari säuberten die Stadt gründlich von echten, überwiegend aber von vermeintlichen Jakobinern und Franzosen. Diese aufzuspüren war in den Augen der Lazzari alles andere als schwierig, denn sie folgten dem einfachen Grundsatz «Chi tiene pane e vino ha da esse(re) giacobino» [Wer Brot und Wein besitzt, muss Jakobiner sein]. Damit war das Raster noch gröber als das ihrer berühmteren Brüder im Geiste, die bei der sogenannten «Sizilianischen Vesper» im Jahre 1272 alle, die sie für Franzosen hielten, das für diese unaussprechliche Wort *ciceri* [Kichererbsen] hatten aufsagen lassen. In einer einzigen Plünderungs- und Zerstörungsorgie wurden Paläste gestürmt, Wertgegenstände fortgeschleppt oder einfach aus dem Fenster geworfen, und die Besitzer gequält oder getötet. Auch die von den Lazzari selbst gewählten Anführer konnten der blinden Gewalt nicht mehr Einhalt gebieten. Wer von den Betroffenen nicht längst das Weite gesucht hatte, sah seine Rettung nun einzig und allein in der Ankunft der Franzosen. Inmitten der Wirren war es außerdem einer kleinen Gruppe von echten Jakobinern gelungen, mit der Vorhut der Franzosen Kontakt aufzunehmen und die wichtigste der neapolitanischen Festungen, das hoch über der Stadt thronende Castel Sant'Elmo, zu besetzen. Zu diesen Wagemutigen gehörte auch die erst kürzlich aus der Haft entlassene Dichterin Eleonora Fonseca Pimentel. In den Kellern der Vicaria hatte sie in einem Gedicht dem Hass gegen ihre einstige Wohltäterin Luft gemacht, die sie nunmehr als «wiederauferstandene Poppaea, unreine Lesbierin und gottlose Gemahlin des törichten Tyrannen» bezeichnete.[48] Auf der Festung wurde die Trikolore in blau, gold, rot (Blau für Frankreich, Gold und Rot für Neapel) gehisst, und Eleonora dichtete eine Hymne an die Freiheit. Am 21. Januar erklärten die Herren und Damen der Festung den König für abgesetzt und riefen die einige und unteilbare «Neapolitanische Republik» aus. Später gab man ihr in Erinnerung an die antike Stadtgöttin, die Sirene Parthenope, den anspruchsvollen Namen Parthenopäische Republik. Außer dem kleinen Häufchen der Patrioten, die sich im Castel Sant'Elmo verschanzt hatten, setzten vor allem Heimkehrer im Gefolge des französischen Heeres ihre ganze Hoffnung auf das revolutionäre Experiment. Ungefähr ebenso viele Menschen wie die Stadt in Richtung Sizilien verlassen hatten, strömten von Norden her wieder auf sie zu.

Keiner unter den Heimkehrern war wohl noch so blauäugig wie zu Beginn der Französischen Revolution. Carlo Lauberg zum Beispiel, der Mathematikprofessor und Kopf der ersten Clubs, der schon 1793 ins Exil gegangen war, hatte aus nächster Nähe miterlebt, wie sein Vorbild und Förderer Filippo Buonarroti in Paris als Anhänger Robespierres und Initiator der sogenannten Verschwörung der Gleichen angeklagt wurde und nur knapp der Guillotine entkam. Er hatte genau beobachtet, wie in Frankreich aus der Herrschaft des Volkes immer deutlicher die Herrschaft des Geldes wurde, und er hatte im Gefolge der französischen Heere in Piemont und der Lombardei gesehen, wie diese sich in Italien schamlos bedienten. Dennoch hatten weder er noch alle anderen Patrioten letztlich eine andere Wahl, wollten sie ihre Ideale nicht gänzlich über Bord werfen und sich dem verhassten Monarchen, der das Land schmählich im Stich gelassen hatte, reumütig zu Füßen werfen. Die Heimkehrer konnten nicht erwarten, dass die Lazzari die fremden Heere freudig begrüßen würden, wie es geschehen war, als 1707 die Österreicher die Stadt einnahmen, und noch viel mehr 1734, als die Spanier unter dem jungen Carlos einmarschierten. Eher war damit zu rechnen, dass sie vor den französischen Waffen kuschen und sich in

«mediterraner» Resignation in ihr Schicksal fügen würden.
Nichts von dem trat ein. Die seit mehr als einem halben Jahrhundert bestehende Herrschaft der Bourbonen hatte aus den
Lazzari Patrioten eigener Art gemacht.

Die Franzosen mussten sich die Kontrolle über die Stadt in
einem erbitterten Kampf von Straße zu Straße, von Haus
zu Haus gegen die Lazzari mühsam erzwingen. Obwohl der
Widerstand von vorneherein vollkommen aussichtslos war,
obwohl die Verteidiger unzureichend bewaffnet und schlecht
organisiert waren, brauchten die Franzosen volle drei Tage,
bis der Widerstand gebrochen war. Die Lazzari nötigten dem
französischen General den bewundernden Kommentar ab, ihre
Leistung sei «erstaunlich», ja sie seien «wahre Helden». Als
einer dieser Helden hatte sich ein gewisser Michele mit dem
Beinamen «il Pazzo» [der Verrückte] hervorgetan. Als er
schließlich doch gefangen wurde, empfing ihn General Championnet persönlich und überzeugte ihn von seinen guten
Absichten. Michele verkündete daraufhin, Championnet sei
«ein wahrer König und etwas ganz anderes als der, der sich aus
dem Staub gemacht hat».[49] Nachdem der General eine Ehrenwache für San Gennaro aufgestellt hatte, kehrte allmählich
Ruhe in der Stadt ein. Der Ruhm der dreitägigen Verteidigung
Neapels verbreitete sich wie ein Lauffeuer durch ganz Europa
und zeigte zum ersten Mal – lange vor der Guerilla in Spanien
und den Befreiungskriegen in Deutschland –, dass nicht nur
ein Koalitionsheer, sondern auch die einfache Bevölkerung den
Franzosen erfolgreich zu trotzen vermochte. Nach Meinung
des neapolitanischen Historikers Benedetto Croce «krönte die
Verteidigung Neapels in den Januartagen 1799 die poetische
Legende der Lazzari mit unsterblichem Ruhm».[50]

In der nun auf den Bajonetten der französischen Armee
errichteten Republik wurde eine provisorische Regierung eingesetzt. Ihr Präsident war der aus dem Exil heimgekehrte
Carlo Lauberg, und in die höchsten Ämter wurden auf dessen

Vorschlag die wichtigsten Vertreter der intellektuellen Elite Neapels berufen. Der nach französischem Vorbild gegründete «Monitore» begrüßte am 2. Februar 1799 seine Leser mit den Worten: «Endlich sind wir frei, und endlich ist der Tag gekommen, an dem wir die heiligen Worte Freiheit und Gleichheit aussprechen und uns als würdige Söhne der Mutterrepublik, als würdige Brüder der freien Völker Italiens und Europas erweisen können.» Den neapolitanischen «Monitore» leitete Eleonora Fonseca Pimentel ganz allein. Trotz ihrer Begeisterung zeigte sie einen scharfen Blick für die Defizite dieser merkwürdigen Revolution und stellte unter Beweis, dass ihr großes Wissen keineswegs nur theoretischer Natur war. Verzweifelt suchte Eleonora in ihrem «Monitore» nach Wegen, wie die Lazzari als die eigentlichen Adressaten der Revolution zu gewinnen waren. Für diese war es kein Trost, wenn statt des Schlaraffenbaums nun ein magerer Freiheitsbaum mit allerlei bunten, aber leider nicht essbaren Symbolen aufgestellt wurde. Als wenigstens das Wunder des San Gennaro pünktlich eintraf, jubelte der «Monitore»: «Auch San Gennaro ist zum Jakobiner geworden ... Es lebe die Republik!» Der Artikel verschwieg freilich, was sich die Lazzari über dieses Wunder erzählten: Der französische Kommandant hatte dem Bischof die Todesstrafe angedroht, falls die Blutverflüssigung nicht funktionieren sollte. Da hatte der Heilige ein Einsehen. Eleonora warf der provisorischen Regierung vor, an der Feier dieses Wunders nicht teilgenommen zu haben, denn «es wäre wünschenswert, dass die Regierung an diesem wichtigen Augenblick der Versöhnung des Volkes mit dem neuen System teilgenommen hätte, um direkt der Zustimmung des Himmels versichert zu sein».

Solche wohlgemeinten Ratschläge konnten nichts an dem Grundübel der Republik ändern, dass sie nur unter dem Schutz französischer Waffen existierte. Das wurde schon allein daran deutlich, dass jedes von der provisorischen Regierung erlas-

sene Gesetz vom französischen Oberkommandierenden unterzeichnet sein musste. Die Franzosen waren jedoch nicht in
Neapel, weil sie Interesse am Aufbau der Republik hatten, sondern weil und solange es in ihre große gesamteuropäische
militärisch-politische Strategie passte. Zu diesem Zweck
wurde auf Geheiß des fernen Direktoriums aus dem Land immer mehr Geld herausgepresst. Das Direktorium verlangte
nicht nur die pünktliche Bezahlung der im Waffenstillstand
vereinbarten zweieinhalb Millionen Dukaten, sondern darüber hinaus noch die unvorstellbare Summe von fünfzehn Millionen, die die Provinzen als Entschädigung aufbringen sollten.
Vergebens machte die provisorische Regierung ihren Stand-
punkt geltend und erklärte selbstbewusst: «Sie haben vergessen, Bürger General, dass Sie nicht der Eroberer und wir
nicht die Eroberten sind, dass Sie ihre Anwesenheit nicht
Schlachten und Siegen, sondern unserer Hilfe und Zustimmung verdanken … und dass Ihre schwachen Bataillone nicht
ausreichen würden, diese große Stadt zu unterwerfen und auch
nicht sie zu halten, sollten wir uns Ihnen entgegenstellen.»[51]
General Championnet, der die Neapolitaner ehrlich bewun-
derte und ihnen so weit wie möglich entgegenkommen wollte,
wurde abberufen und durch einen unbarmherzigen Vollstre-
cker der Befehle des Direktoriums ersetzt. Wegen der Proteste
der provisorischen Regierung gegen die Entschädigungs-
forderungen weigerte sich das Direktorium in Paris, die
Neapolitanische Republik anzuerkennen, ja es empfing nicht
einmal eine in die französische Hauptstadt gereiste Delegation. Auch begnügten sich die französischen Besatzungstrup-
pen mit der Sicherung der Stadt Neapel und taten nichts dafür,
dass die Patrioten auch in der Provinz Fuß fassen konnten.
Neapel blieb praktisch vom Umland isoliert, und in Kalabrien
und Apulien wuchs der von Palermo aus finanzierte und orga-
nisierte Widerstand. Am 5. April wurde in Neapel selbst eine
royalistische Verschwörung der Brüder Baccher und anderer

Adeliger aufgedeckt. Denunziantin war die Geliebte eines der Verschwörer namens Luisa Sanfelice, die sofort zur Heroine der Revolution erhoben wurde. Je schwieriger die innen- und außenpolitische Situation wurde, desto deutlicher traten auch innerhalb der provisorischen Regierung heftige Meinungsverschiedenheiten zutage. Radikale Republikaner wie Carlo Lauberg, der aktivste und organisatorisch geschickteste unter den neapolitanischen Patrioten, waren auch dem Pariser Direktorium ein Dorn im Auge. Deshalb schürten der französische Oberkommandierende und der politische Kommissar die politischen Grabenkämpfe, um die provisorische Regierung in ihrem Sinne zu beeinflussen. Lauberg wurde schon Mitte März aus dem Exekutivausschuss der Regierung entfernt. Es gab Gerüchte, er sei korrupt und habe sogar an der Vorbereitung einer aristokratischen Verschwörung teilgenommen. Einen Monat später wurde Lauberg kurzfristig verhaftet. Verbittert und enttäuscht darüber, dass die Hoffnung auf ein Italien freier Republiken «unter dem Gluthauch des Vesuvs» sich nicht bewahrheitete, sondern kläglich erlosch, ging er ins Exil. Ihm folgte böses Gerede, er habe sich ungeheuerlich bereichert und sein Geld längst ins Ausland geschafft.

Trotz dieser immensen inneren und äußeren Schwierigkeiten gelang der Neapolitanischen Republik ein umfangreiches Gesetzgebungswerk, das zumindest auf dem Papier die wichtigsten Reformen in Kraft setzte. Es hätte als Grundlage für spätere Jahre dienen können. Im April wurden alle Privilegien, die auf dem Grundbesitz basierten, abgeschafft. Entschädigungslos wurden Gerichts-, Polizei- und Steuerhoheit, Zoll- und Mautrechte des Adels und der Kirche gestrichen. Auch alle Monopole z.B. für den Betrieb von Mühlen, Brennereien, Ölpressen und Walkmühlen wurden beseitigt, Zehnte für ablösbar erklärt und die Regelung von Holz- und Weidenutzungsrechten den Gemeinden überantwortet. Gleichzeitig verbot eine Justizreform Folter, abnorme Strafen und die Käuflichkeit von Ämtern. Eine Verwaltungs-, mehr noch die Finanzreform scheiterten dagegen vor allem am Einspruch der Franzosen, die verhinderten, dass der königliche Immobilienbesitz in Staatsbesitz umgewandelt und dadurch als Hypothekensicherheit an die Banken verpfändet werden konnte. In der für die Masse der Bevölkerung entscheidenden Frage der Verbesserung der wirtschaftlichen Lage und der Senkung der Steuern und Abgaben hatten die provisorischen Regierungen jedoch so gut wie keinen Spielraum. Einige eher symbolische Maßnahmen wie die Senkung der Einkünfte von Verwaltungsbeamten änderten nichts daran, dass die Vielzahl von Abgaben und Zöllen nur geringfügig sank. Die Belastung erschien umso unerträglicher als die wirtschaftliche Lage sich zunehmend verschlechterte. Die Kriege in Italien und die Aufstände in den Provinzen brachten den Handel praktisch zum Erliegen, die Flucht des Adels machte vor allem die unteren Schichten vollends arbeitslos, die allgemeine Unsicherheit und der Mangel an den grundlegendsten Konsumgütern führte zu galoppierender Inflation. Deshalb kritisierten nicht erst spätere Kommentatoren, dass die Regierungen die allermeiste Zeit der Ausarbeitung einer Verfassung widmeten und nicht diesen drängendsten Alltagsproblemen des Volkes. Der Verfassungsentwurf orientierte sich wie alle Verfassungen des *Triennio giacobino*, der drei jakobinischen Jahre in Italien, an der französischen Direktoriumsverfassung des Jahres III vom 22. August 1795, trug aber doch eigenständige Züge. In dem «Entwurf für eine Verfassung der Republik Neapel», der von der Gesetzgebungskommission der provisorischen Regierung am 20. Mai 1799 zur Diskussion vorgelegt wurde, stand zum Beispiel die Gleichheit als Grundlage aller übrigen Rechte an erster Stelle, und außerdem war das Recht auf Widerstand unter den Bürgerrechten ausdrücklich verankert. Darüber hinaus war als eine Art Verfassungsgericht ein Rat der «Ephoren» vorgesehen. Mario Pagano, einer der Verfassungsväter, führte die

grundlegenden Gedanken der Verfassung mit kaum verhoh-
lenem Stolz auf den Italiener Giovanni Vincenzo Gravina
zurück. Der habe als Erster das «leuchtende Prinzip» des Ge-
sellschaftsvertrags formuliert, das erst danach «von den berühmten französischen Rechtsphilosophen Montesquieu und
Rousseau übernommen wurde».[52]

Für die Umsetzung solch hehrer Grundsätze in die Praxis
blieb keine Zeit mehr. Bereits Ende April kursierten in der
Stadt Gerüchte, dass die Franzosen bald abziehen würden,
denn sie requirierten alle verfügbaren Pferde und Maultiere.
Am 9. Mai verließen sie dann tatsächlich die Stadt, um die
Truppen in Norditalien gegen den Einmarsch russischer Ver-
bände zu verstärken. Nur im Castel Sant'Elmo blieb eine kleine
Besatzung zurück. Mit den Franzosen gingen nur wenige
Patrioten, und entgegen allen Erwartungen erhoben sich die
Lazzari nun nicht erneut gegen die Republik. Ebenso wenig
aber folgten sie den verzweifelten Aufrufen der provisorischen
Regierung, sich zur Verteidigung zur Verfügung zu stellen.
Ein Aufruf vom 13. Juni 1799 an die Priesterschaft, alle fünf-
zehn- bis fünfzigjährigen männlichen Bewohner der Stadt zu
den Waffen zu rufen, war der letzte amtliche Akt der letzten
provisorischen Regierung der Parthenopäischen Republik.

Die Rache des Trio Infernale

Spätestens seit englische Schiffe die Inseln vor Neapel besetzt
hatten, also seit Anfang März 1799, war Maria Carolina über
die Ereignisse in der von ihr so schmerzlich vermissten Hauptstadt bestens informiert. Ihre Spione und Agenten konnten
ohne Schwierigkeiten mit Hilfe von Fischern und Händlern
oder Schmugglern mit dem Festland kommunizieren. Über die
Zustände in Palermo dagegen und vor allem über den Zustand
Maria Carolinas gibt der Bericht eines damals in Palermo

ansässigen Engländers Auskunft: «Der König spielt in der Regierung seines Königreichs absolut keine Rolle. … Der ungestüme Charakter der Königin hat sich durch die andauernden Schicksalsschläge verstärkt und wird durch den Gebrauch von Opium, von dem sie nun sechs Körnchen am Tag nimmt, immer schlimmer. Sie hält sich fast den ganzen Tag in ihren Räumen auf, nimmt die Berichte der Minister entgegen, bespricht sie mit ihnen und gibt ihnen Instruktionen. Dann empfängt sie ihre Geheimagenten und trägt ihnen das Gegenteil auf. Die Spione der Königin sind überall.»[53] Diese Zeilen eines englischen Besuchers, des Viscount of Valentia, sind eines der wenigen authentischen Zeugnisse für den Opiumgebrauch der Königin, den man dem Einfluss von Lady Hamilton zuschrieb. Bei beiden Frauen bemerkten zahlreiche Beobachter später eine gelbliche Verfärbung des Teints und der Augen. Der Gebrauch oder Missbrauch von Opium war im östlichen Mittelmeer seit der Antike weit verbreitet und durch die islamischen Eroberungen weiter nach Westen getragen worden. Während in den islamischen Ländern der Genuss von Alkohol verboten und auch der aus Amerika stammende Tabak verpönt war, waren Kaffee und Opium als Genuss- und Stärkungsmittel stets geduldet. In Europa dagegen versuchte die Inquisition schon im 16. Jahrhundert, Opium sogar für therapeutische Zwecke zu verbieten. Doch in den wichtigsten medizinischen Handbüchern wurde es umso mehr als «unentbehrliches und nützliches Werkzeug in den Händen eines geschickten und geübten Arztes» gepriesen.[54] In den folgenden Jahrhunderten verbreitete sich Opium zusammen mit dem Kaffee aus dem Osmanischen Reich auch in Europa als Rausch-, Schmerz- und Betäubungsmittel. Neben der flüssigen Form, dem sogenannten Laudanum, wurden Kügelchen von Opiumpaste beispielsweise im Kaffee aufgelöst. Dadurch war die berauschende Wirkung wesentlich geringer, als wenn das Opium wie in den berüchtigten chinesischen Opiumhöhlen erhitzt und geraucht wurde. Genauso stark aber waren die Entzugserscheinungen, und über die suchterzeugende Wirkung wusste man so gut wie nichts. Vor allem «die regierende Schicht Europas, die Königshäuser von St. Petersburg über Berlin, Skandinavien, Österreich bis nach England und Frankreich, gebrauchte Laudanum regelmäßig, die Wirtschaftsbücher der Höfe beweisen es.» Es war deshalb eigentlich keiner besonderen Erwähnung wert, dass Maria Carolina Opium einnahm, aber ihr Konsum wurde offenbar immer exzessiver. Da sie in medizinischen Fragen stets sehr eigenmächtig handelte, lässt sich ihr wachsender Opiumbedarf sicher nicht allein auf die Praxis der Ärzte schieben. Wann Maria Carolina mit der Einnahme von Opium begann und wie sehr sie sich dadurch veränderte, lässt sich nicht mit Sicherheit feststellen. Unzweifelhaft verstärkten sich jedoch die negativen Seiten ihres Charakters und ihrer Konstitution, ihre leichte Erregbarkeit, ihre Wutausbrüche und das, was ihre Umgebung von Jugend an als «Konvulsionen» bezeichnete. Schon seit dem Tod Marie-Antoinettes registrierte ihre Tochter Maria Amalia trotz ihres folgsamen Charakters mit zunehmender Bitterkeit, wie ihre Mutter ein Klima ständiger Angst und Traurigkeit schuf und schrieb, sie habe seitdem die «Schule des Unglücks» besucht.[55]

Weniger denn je war Maria Carolina zugänglich für Kritik oder fähig zu Selbstkritik. Hatte sie noch 1792 das Zurückweichen vor den französischen Drohungen zwar kritisiert, aber die Entscheidung auch als ihr eigenes Versagen angesehen, empfand sie noch 1794 die Hinrichtung der drei jungen Jakobiner als bedauernswertes Fehlurteil, so suchte sie jetzt für jeden Misserfolg einen anderen Sündenbock, und immer war jemand zur Hand, der ihr als *menino* dienen konnte. Zunächst war die Reihe an General Mack, dem allein sie die Schuld für das missglückte Unternehmen gegen die Römische Republik, für die Niederlage, die Flucht aus Rom, dann aus Neapel und sogar für den Waffenstillstand in die Schuhe schob.

Als wäre nicht sie es gewesen, die auf eine militärische Unternehmung gedrängt hätte und längst die Flucht vorbereitet hatte, als der König noch gar nicht wieder in Neapel war. Je schwieriger und unübersichtlicher die politische Lage wurde, desto impulsiver und unvorsichtiger agierte die Königin und desto unvermittelter schwankte sie zwischen überschäumender Hoffnung und abgrundtiefer Verzweiflung.

Die anfängliche Niedergeschlagenheit wich hektischer Betriebsamkeit, sobald in Palermo um den Jahreswechsel 1798/99 der Abschluss der Bündnisverträge zwischen Großbritannien, Russland und der Türkei bekannt wurde. Sogleich überhäufte Maria Carolina Marchese Gallo, der inzwischen verschiedene europäische Höfe besucht und wieder seinen geliebten Botschafterposten in Wien eingenommen hatte, mit Aufträgen und Plänen. Ihrer Meinung nach mussten schnellstens 12 000 Österreicher von Manfredonia und Barletta aus, 20 000 Russen und Türken von Brindisi aus auf Neapel marschieren, während Nelson vor der Bucht von Neapel drohen sollte, die Stadt unter Beschuss zu nehmen. Auf dieses konzertierte Vorgehen sollte Gallo beim Zaren und über den dortigen Botschafter bei der Hohen Pforte drängen. Dann, so meinte sie, wäre Italien bald frei von «diesen Monstern». Gleich darauf fügte sie kleinlaut hinzu: «Das wären meine innersten Wünsche: aber ich zähle ja nichts. Ganz im Gegenteil glaube ich, dass wir unvermeidlich dem völligen Untergang geweiht sind.» Nach wie vor war Maria Carolina davon überzeugt, dass nichts zu hoffen war, wenn nicht «Kräfte von außen» zu Hilfe kämen. Dabei waren längst Kräfte von innen erwachsen, die bereits Erstaunliches vollbracht hatten.[56]

Ohne klar definierte Zuständigkeit hatte Kardinal Fabrizio Ruffo 1794 an der Beratung über die Absetzung und Verhaftung von Luigi de' Medici teilgenommen. Der damals schon fünfzigjährige Kirchenmann stammte aus Kalabrien, hatte die meiste Zeit seines Lebens in Rom verbracht, und war von Ferdinando zum Leiter seiner geliebten Seidenmanufaktur San Leucio bestellt worden. Diese Vertrauensstellung verschaffte Ruffo offensichtlich auch den Zutritt zum Staatsrat. Als es im Dezember 1798 darum ging, ob die Monarchen nach dem römischen Debakel aus Neapel fliehen sollten, war Ruffo einer der ganz Wenigen, die dem König rieten, in Neapel auszuharren und sich an die Spitze des Widerstands gegen die Franzosen zu stellen. Nachdem er den König nicht hatte umstimmen können, folgte er dem Hof nach Palermo, bot sich aber an, das, was der König nicht gewagt hatte, nun selbst in die Hand zu nehmen. Dazu verlangte er vom König unbegrenzte Vollmachten, Geld und Waffen. Zunächst bekam der Kardinal von Acton nur die unbegrenzten Vollmachten, aber so gut wie kein Geld und nur wenige Waffen. Dennoch setzte er mit nur acht Begleitern an der engsten Stelle der Meerenge von Messina über und ging in der Nähe von Villa San Giovanni unbehelligt an Land. Er führte eine Fahne mit sich, die auf der einen Seite das königliche Wappen, auf der anderen Seite ein Kreuz mit der Aufschrift «In hoc signo vinces» [In diesem Zeichen wirst du siegen] trug. Diese Reminiszenz an die Legende um den Sieg Kaiser Konstantins an der Milvischen Brücke sollte zeigen, dass der Kardinal zum Kampf für den «heiligen Glauben» (santa fede) aufbrach. Seine Armee nannte sich «Armata Cristiana della Santa Fede» [Christliche Armee des Heiligen Glaubens], und seine Anhänger waren die «*Sanfedisten*». Ruffo war ein kirchen- und königstreuer Mann, und sein Unternehmen erschien wenig erfolgversprechend, wenn nicht sogar tollkühn. Doch er kannte sein Land und seine Landsleute und verfügte über beste Verbindungen. Trotz seiner konservativen Einstellung kannte er die Probleme genau, die die Wirtschaft des Südens in den ländlichen Gebieten lähmten und die bäuerliche Bevölkerung unzufrieden machten. Als Schatzmeister des Papstes Pius VI. hatte er im Kirchenstaat eine Reihe von Reformen in die Wege geleitet, die die Rechte der feudalen

Grundeigentümer einschränken und Hindernisse der land-
wirtschaftlichen Produktion beseitigen sollten. Der Widerstand der Großgrundbesitzer und Feudalherren führte jedoch
dazu, dass der Papst entschied: «Wir werden Ruffo das Amt
des Schatzmeisters entziehen, ihn dafür aber zum Kardinal
machen.»[57]

Ruffo tat unter erschwerten Bedingungen und in der Provinz das, was der König und nach ihm Pignatelli in der Hauptstadt nicht gewagt hatten. Er setzte die Energien frei, auf die
Francesco Pignatelli junior gehofft hatte, aber er spielte ein
gefährliches Spiel. Von Kalabrien aus inszenierte er eine
neapolitanische Mischung aus der *Levée en masse*, d.h. der Mas-
senaushebung für die französischen Revolutionsheere, und der
Vendée, d.h. dem Aufstand der ländlichen Bevölkerung Frankreichs gegen die Revolution. In seinem ersten Hauptquartier
auf den Ländereien seiner Familie an der italienischen Stiefelspitze versandte er ein Rundschreiben an alle Bischöfe, Geistlichen, Richter und Magistrate, die dieses den «ehrlichen und
tapferen Kalabresen» bekannt machen sollten.[58] Darin hieß
es: «Nachdem eine Horde von sektiererischen Verschwörern
in Frankreich Thron und Altar umgestürzt, ganz Italien
überrannt und in Unordnung gebracht hat, den Stellvertreter
Christi, unseren Papst Pius VI. gefangen genommen und
nach Frankreich verschleppt, durch Heimtücke und Verrat
unser Heer zerstreut und unsere Hauptstadt und unsere Provinzen überfallen und zum Aufstand angestachelt hat, unter-
nimmt sie nun alle Anstrengungen, um uns das kostbarste Geschenk des Himmels, unsere Heilige Religion zu entreißen, um
die göttliche Lehre des Evangeliums zu zerstören, unseren
Besitz zu rauben und der Keuschheit unserer Frauen nachzu-
stellen.»

Das Schreiben wirkte nach den Worten des Adjutanten und
Biographen Ruffos «wie ein elektrischer Stromstoß» auf die
nähere und weitere Umgegend. Die Priester ließen die Glocken

Sturm läuten, versammelten die Gläubigen und malten die Schrecken der Ankunft der Franzosen für Haus, Hof und Familie an die Wand. Wer nicht reagierte oder keine Begeisterung zeigte, geriet sofort in den Verdacht des Jakobinertums. In kürzester Zeit fanden sich, angeführt von Priestern mit dem Kreuz in der Hand, ausgestattet mit Spenden reicher Großgrundbesitzer und Klöster fast 20000 Menschen aller Klassen und Schichten zusammen, darunter, das musste selbst Ruffos Biograph zugeben, «unglücklicherweise auch Mörder und Räuber, getrieben von der Aussicht auf Raub, Rache und Blut».

Maria Carolina hatte sich immer wieder beklagt, dass ihre Untertanen Angsthasen seien und keinerlei «militärischen Geist» besäßen,[59] und damit z. B. das Zurückweichen vor den französischen Drohungen 1792 oder die Flucht aus Neapel 1798 gerechtfertigt. Diese Einschätzung war insofern richtig, als bei diesen Gelegenheiten die Versuche der Zwangsrekrutierung, die für die Massenheere seit der französischen *Levée en masse* notwendig waren, auf heftigen Widerstand gestoßen waren. Das hieß jedoch nicht, dass die Bewohner des Königreichs von der Gunst des Klimas verweichlichte Pazifisten waren. Ganz im Gegenteil. Männer – und auch Frauen – die sich mit Gewalt Recht verschafft hatten, genossen einen hohen Ruf und wurden mit Liedern und Versen gefeiert, vor allem dann, wenn sie sich gegen die übermächtigen Barone oder gegen ungerechte Gerichtsurteile zur Wehr gesetzt hatten. Eine der berühmtesten Gestalten dieser Art war im 17. Jahrhundert ein gewisser Angiolino del Duca, über den sogar in englischer und deutscher Reiseliteratur ausführlich berichtet wurde. Angiolino war ein armer Bauer, der von seinem Grundherrn in den Ruin getrieben wurde. Ein deutschsprachiger Zeitungsbericht machte aus ihm einen mythischen Helden: «Angiolino war der Herkules und Theseus seiner Zeit oder auch der Don Quichotte, der gegen die Ungerechtigkeit seiner Zeit zu Felde zog, Beleidigungen rächte, den Unterdrückten half, die Armen unterstützte, stets aber zwischen dem Galgen und dem Rade schwebte.»[60] Keineswegs alle Banditen oder Briganten waren so uneigennützig, wie man es von Angiolino erzählte, und wenn sie dann doch gefasst und hingerichtet wurden, weinte ihnen, anders als bei Angiolino del Duca, kaum jemand eine Träne nach. Oft standen die Banden auch offen oder heimlich sogar im Solde der Barone und wurden von den Bauern mehr gefürchtet als verehrt. Längst aber war das Banditen- oder Brigantenunwesen zu einem endemischen Problem geworden.

Kardinal Ruffo wusste sehr wohl, auf wen er sich bei seinem Unternehmen einließ. Es gelang ihm zwar – und das allein war eine außerordentliche militärische Leistung –, die *capimassa* [Massenführer], wie die Briganten nun beschönigend genannt wurden, immer wieder zusammenzuhalten und auf das gemeinsame Ziel einzuschwören. Nicht verhindern konnte er jedoch und wollte es vielleicht auch gar nicht, dass es zu Gewaltexzessen, Plünderungen und Massenvergewaltigungen kam. Die Angst vor den marodierenden Banden arbeitete ihm ebenso in die Hände wie der Glaube an das Kreuz, denn sie hielt viele davon ab, Widerstand zu leisten, und führte ihm weitere Gefolgsleute zu. Eleonora Fonsecas «Monitore» nannte Ruffo wegen der Gräueltaten, die in seinem und dem Namen des Glaubens begangen wurden, «cardinale mostro», Ungeheuer im Kardinalsgewand, und als solcher ist er in die Geschichte eingegangen. Doch Ruffo scharte nicht nur mit der Verbreitung von Furcht und der Hoffnung auf den Dank der Kirche und des Himmels immer mehr Anhänger um sich. Er verteilte diejenigen sehr irdischen Wohltaten, auf die die bäuerlichen Massen so sehnsüchtig warteten. Ruffo hörte sich die Klagen genau an und handelte dementsprechend, wie er entschuldigend an Acton schrieb: «Ich bitte Sie mir zu glauben, dass ich die Situation nicht ausnutzen und mir etwas anmaßen will, sondern dass die Umstände mein Vorgehen nützlich und notwendig gemacht haben. Ich habe vernommen, dass die Leute sich über die Dinge beklagten, die Sie nun in meinem Edikt abgeschafft oder aufgeschoben sehen werden. Bei den Steuern habe ich einiges gesenkt, das heißt die Hälfte der Herd- und Gewerbesteuer für die Tagelöhner und die Armen in den Orten, die sich als die treuesten und mutigsten erwiesen haben, um … dem Volk, das wirklich allzu schwer belastet ist, Erleichterung zu schaffen ohne sie ganz aufzuheben.» Ruffo reformierte auch die Grundsteuer, weil «sie ungerecht und nur zum Vorteil der Reichen» sei.[61] Die Reichen kuschten vor den *capimassa* unter dem Zeichen des Kreuzes oder, weil sie noch Schlimmeres von den Franzosen und der Parthenopäischen Republik fürchteten.

Mit einer wachsenden Zahl von Gefolgsleuten marschierte Ruffo in einem beispiellosen Siegeszug von der Stiefelspitze in Richtung Hauptstadt, dabei blieb er immer in Küstennähe, denn so konnte er von englischen Schiffen aus mit Waffen, Munition und allmählich auch reichlich mit Geld versorgt werden. Je weiter die *Sanfedisten* nach Norden kamen, desto mehr verstreute bourbonische Soldaten aus dem aufgelösten Heere Macks schlossen sich Ruffos Truppen an. Die Franzosen setzten den *Sanfedisten* wenig Widerstand entgegen, und in den Provinzen gaben Orte, die sich wie Neapel zur freien Republik erklärt hatten, immer schneller auf. Angesichts dieser Erfolge zeigte sich auch Maria Carolina «verzweifelt» darüber, dass man nicht Ruffo, sondern dem unfähigen Pignatelli die Hauptstadt überlassen hatte. Sie wünschte ihm «den Segen des Himmels oder wenigstens, dass er Euch dafür entschädige».[62] Schließlich fiel in Kalabrien auch die für uneinnehmbar gehaltene Hochburg der Republikaner in Catanzaro. Obwohl der Weg nach Neapel jetzt frei gewesen wäre, sicherte Ruffo nun auch die «Kornkammer des Reiches» Apulien. Auch hier marschierte er immer in Küstennähe, wo er von der Adria aus von russischen und osmanischen Verbänden versorgt und unterstützt wurde. Einige Muslime, die im Zeichen des christlichen Kreuzes kämpften, erklärten denn auch konsequent, als man ihnen keinen Wein vorsetzen wollte: «Christen verteidigen, Wein trinken.» Unter oder neben Ruffo taten sich *capimassa* mit furchterregenden oder bizarren Spitznamen hervor wie Sciabolone [großer Säbel], Mammone [Muttersöhnchen], Gran Diavolo und ganz besonders der als Fra Diavolo bekannt gewordene Michele Pezza. Einige von ihnen starteten unter Ruffo eine beachtliche militärische Karriere, die sie in die regulären bourbonischen Heere, andere dagegen zu den Generälen Napoleons führte. Nur einer mit dem schlichten Namen Nicola Tommasini hatte Pech. Er kommandierte allein fünfhundert Mann, plünderte und brandschatzte aber ausgerechnet eines der Lieblingsjagdgebiete Ferdinandos bei Persano und fiel deshalb in Ungnade.

Vor Altamura, im Herzen Apuliens, versprach Ruffo allen, die sich «in angemessener Zeit» wieder zur «guten Partei» bekehren würden, vollständige Amnestie. Als dieser Aufruf nicht wirkte, wurde auch diese letzte Hochburg der Patrioten gebrandschatzt, und damit war der Weg zur Hauptstadt für die *Sanfedisten* frei. Ruffo schlug vor, dass Ferdinando gleichzeitig von Sizilien aus nach Neapel segeln und zumindest im Golf auftauchen sollte, um die Eroberung der Hauptstadt zu beschleunigen. Doch Ferdinando zeigte keinerlei Interesse daran, seine Jagdgründe zu verlassen, obwohl oder gerade weil Maria Carolina ihn aufs heftigste dazu drängte. Als Kompromiss wurde in einem zermürbenden Streit der inzwischen zweiundzwanzigjährige Erbprinz auserkoren. Maria Carolina sah in Francesco ein Ebenbild ihres Mannes und setzte keine großen Hoffnungen auf ihn: «Landhaus, Tiere, Landwirtschaft, damit beschäftigt er sich vor allem. Er allerdings möchte [im Gegensatz zu Ferdinando] nach Neapel zurückkehren, aber auch er ist stets ärgerlich, ungehalten, streng und leicht aufbrausend.»[63] Trotzdem war sie begeistert von der

Idee, dass ihr Sohn zu seiner «ersten militärischen Aktion» aufbreche, von der sie hoffte, sie werde «großen Eindruck machen».[64] Francesco wurde mit Nelson auf einem englischen Schiff losgeschickt. Der Admiral kehrte jedoch aus Furcht vor dem Auftauchen französischer oder spanischer Schiffe einen Tag später um. Auch ihm lag im Konfliktfall die Sicherung englischer Stützpunkte mehr am Herzen als die Rückeroberung des Kontinents.

So war es Ruffo und seinen *Sanfedisten* überlassen die Hauptstadt einzunehmen. Die Königin ließ dem Kardinal eine von ihr selbst, ihren Töchter Clementina, Cristina, Amalia und Antonia, sowie von dem neunjährigen Leopoldo bestickte Fahne schicken und dazu einen Brief an die «tapferen und heldenhaften Kalabresen», die sie ermunterte: «Kämpft also weiter mit der gewohnten Heldenhaftigkeit unter dieser Fahne, in die wir mit unseren eigenen Händen das Kreuz eingestickt haben, das Ruhmeszeichen unserer Wiederauferstehung. Denkt daran, mutige Krieger, dass ihr unter diesem Zeichen siegreich sein werdet ... und dass eure Feinde eine endgültige Niederlage erleiden werden.» Gleichzeitig drängte Maria Carolina Ruffo jedoch, solange zu warten, bis russische und türkische Truppen zur Verstärkung kämen, bevor er zum Angriff auf die Hauptstadt vorgehe. Sie war nach wie vor fest davon überzeugt, dass «eine ausländische Macht notwendig ist, die für einige Zeit mit Gewalt für Ordnung sorgt ... seien es Russen, Albaner oder Engländer. ... Ich sage es mit Bedauern, aber wer dem König gedient hat und dann die Waffe gegen ihn erhoben hat, muss mit dem Tod bestraft werden.» Darüber hinaus hielt sie die «Deportation von ein paar Tausend Adeligen» für notwendig, unter deren Abwesenheit die Bevölkerung nicht leiden werde: «An ihrer Stelle werden wir neue Adelige schaffen.»[65]

Die Franzosen waren aus Neapel längst abgezogen. Nördlich der Hauptstadt verfolgte der «Große Teufel» Giuseppe

Pronio die abziehenden Truppen in den Abruzzen. Von den
Inseln Capri, Ischia und Procida her bedrohten englische
Kanonenboote die Stadt. Und von Süden her marschierten
Zehntausende *Sanfedisten*, verstärkt durch russische und türkische Soldaten und ein inzwischen über eineinhalbtausend
Mann starkes Kontingent aus dem aufgelösten Bourbonenheer
auf die Hauptstadt zu. Am Ponte della Maddalena vor den
Toren der Stadt wartete das letzte Aufgebot der Miliz und der
republikanischen Legionen. In geschickter Formation, aber
letztlich chancenlos schützte Admiral Francesco Caracciolo
mit behelfsmäßig bewaffneten Fischerbooten und kleinen
Küstenschiffen die Bucht gegen die englische Übermacht, die
von den Inseln anrückte. Francesco Caracciolo war zunächst
mit der Königsfamilie nach Palermo aufgebrochen, hatte aber
die Selbstherrlichkeit Nelsons und die Nachricht von der
Zerstörung seiner Flotte durch den Generalstatthalter Pignatelli nicht verwunden und war nach Neapel zurückgekehrt,
wo er sich sehenden Auges ins Verderben stürzte, indem er
sich der Republik zur Verfügung stellte. Die Entscheidungs-
schlacht fand jedoch zu Land statt. Am 14. Juni wurden die
Patrioten am Ponte della Maddalena geschlagen, dann zogen
sich die letzten Vertreter der Neapolitanischen Republik in die
Kastelle, vor allem ins Castel Sant'Elmo, zurück. Ruffo war
zwar der eindeutige Sieger, und die Besatzer der Kastelle hätten sich ohne Hilfe von außen nicht lange halten können, aber
auch sie bedrohten die Stadt. Dort waren nur noch diejenigen
übrig, die nicht wussten, wohin sie hätten fliehen oder welcher
Seite sie sich hätten anschließen können. Es stand zu befürchten, dass sich die Wut der Lazzari, die sich von allen Seiten
angegriffen und letztlich auch von allen Seiten gleichermaßen
verraten fühlten, in einer neuen Welle der Anarchie und
Zerstörung Bahn brach. Ruffo hatte zwar unmittelbar nach
der letzten Schlacht am Ponte della Maddalena allen Plün-
derern hohe Strafen angedroht, eine *Giunta di Stato* einge-

richtet und begonnen wieder eine Stadtregierung aufzubauen. Er erkannte jedoch die enormen Schwierigkeiten, die sich einer Beilegung der Krise entgegenstellten, wie er an Acton schrieb: «Was nützt es zu strafen? Wie soll es möglich sein, so viele Menschen zu bestrafen ohne eine unauslöschliche Spur von Grausamkeit? … Diese riesige Volksmenge, die an die schlimmste Anarchie gewöhnt ist, zu regieren oder besser zu bändigen; etwa zwei Dutzend vollkommen undisziplinierte *capimassa* und ihre Gefolgsleute im Zaum zu halten, die nichts anders im Sinn haben als zu plündern, zu massakrieren und zu vergewaltigen, ist eine Aufgabe, die meine Kräfte auf die Dauer übersteigt.»[66] Eine möglichst rasche Übergabe der Kastelle erschien dem Kardinal deshalb als der einzig mögliche Weg, dem Bürgerkrieg und der Anarchie ein Ende zu setzen. Als alleinbevollmächtigter Vertreter des Königs trat Ruffo in Verhandlungen mit den Republikanern, um einen Waffenstillstand zu vereinbaren. Am 19. Juni 1799 wurde die Übergabe der Kastelle gegen freien Abzug der dort Verschanzten vereinbart. Den Franzosen und Republikanern sollten englische Schiffe zur Verfügung stehen, um sie nach Frankreich zu bringen.

Der von Ruffo ausgehandelte Waffenstillstand hatte eine Beendigung der Wirren, eine rasche Rückkehr der Monarchen und eine Wiederherstellung geordneter Verhältnisse und letztlich auch Frieden mit Frankreich zum Ziel. Doch in den folgenden Tagen wurden alle Bemühungen des Kardinals, der keineswegs das «Ungeheuer im Kardinalsgewand» war, als das ihn die Republikaner verteufelt hatten, vollkommen zunichte gemacht. An dieser Kehrtwende war vordergründig vor allem das «Trio infernale» aus Admiral Nelson, Lord und Lady Hamilton beteiligt, denn sie waren es, die als Erste aus Palermo in Neapel eintrafen und die Befehlsgewalt übernahmen. Statt die Wunden zu heilen, die durch die Flucht des Königs, die Re-

publik und die *Sanfedisten* geschlagen worden waren, rissen sie
sie noch weiter auf und fügten dem Königreich einen nicht
wieder gut zu machenden Schaden zu. Das «Trio infernale»
war in diesen bitteren Tagen jedoch nur ausführende Gewalt
von Entscheidungen, die sie nie eigenständig hätten treffen
können. Im Hintergrund stand ein zweites «Trio infernale»,
das das Treiben der drei Engländer in Neapel nicht nur gut-
hieß, sondern aus der Ferne sogar antrieb. Der König, die
Königin und Acton waren mindestens ebenso verantwortlich,
daran konnte niemand einen Zweifel hegen. Es ist in der
Geschichtsschreibung viel darüber diskutiert worden, wem
die Hauptschuld an den Ereignissen anzulasten sei, und die
Ansichten variieren je nach Ausgangspunkt bis heute. Fest
steht jedoch, dass die negative Dynamik in dem Moment, als
nicht Ferdinando die Initiative ergriff, sondern die drei Engländer nach Neapel vorschickte, nicht mehr aufzuhalten war.
Keiner der Verantwortlichen – auch nicht Maria Carolina –
stellte sich dabei entschieden auf die Seite Kardinal Ruffos,
dem alle den Sieg in Wirklichkeit zu verdanken hatten.

Dieser hatte schon bei seiner Ankunft vor den Toren Neapels die dringende Bitte an den König nach Palermo gesandt,
«Ihre Rückkehr nach Neapel zu beschleunigen, um mit Ihrer
königlichen Anwesenheit dem großen Unglück dieser Hauptstadt ein Ende zu bereiten. Und ich versichere Ihnen, dass Sie
nirgends sicherer sein können als an der Spitze Ihres Heeres,
und von niemandem mehr geliebt werden als vom neapolitanischen Volk.»[67] Auch die Königin drängte darauf und wollte
sogar selbst mitkommen. Sie war davon überzeugt, dass der
König als «Eroberer und absoluter Herr sein Reich wieder in
die Hand nehmen müsse».[68] Doch der König verspürte nach
wie vor keine Lust, sich dieser schwierigen Situation zu stellen, sondern schützte die Anwesenheit spanischer und französischer Schiffe im westlichen Mittelmeer als Grund für sein
Verbleiben in Palermo vor. Einstweilen wurden deshalb Lord

Nelson, Lord Hamilton und seine seetüchtige Gattin auf die
Reise geschickt. Maria Carolina wäre gerne ebenfalls mitgefahren, da Ferdinando aber in Palermo blieb, war auch ihre
Teilnahme an der Expedition ausgeschlossen. Emma kam
eigentlich nur die Rolle der Dolmetscherin und Nachrichten-
übermittlerin zu, sie spielte aber ihren Gatten und auch ihren
Geliebten mühelos an die Wand. Das tat sie dadurch, dass
sie sich als direkte Abgesandte der Königin präsentierte. Anders als Ferdinando schien Maria Carolina in der Person Lady
Hamiltons ständig präsent. Tatsächlich korrespondierte Maria Carolina ununterbrochen mit ihr, war aber umgekehrt auch
ganz von der Lagebeurteilung durch Emma abhängig, die
wiederum weitgehend die Ansichten Nelsons weiterleitete. Als
die «Foudroyant» am 20. Juni 1799 in See stach, war die Nachricht vom Abschluss des Waffenstillstandes durch Kardinal
Ruffo noch nicht in Palermo angekommen. Sobald die Königin
ihn jedoch in Händen hielt, verdammte sie ihn in Grund und
Boden: «Das ist ein so schändlicher Verrat, dass ich mich für
verloren und entehrt halte, wenn nicht durch ein Wunder der
Vorsehung irgendetwas geschieht, das den Vertrag hinfällig
macht.»[69] Auch Nelson betrachtete bei seiner Ankunft den
Waffenstillstand als eine «infame Kapitulation», erklärte die
Vereinbarung für null und nichtig, wies den Protest Ruffos
hochfahrend zurück und befahl den ehemaligen Besatzern der
Kastelle, die bereits auf dem Weg zu den Schiffen waren, sich
auf Gedeih und Verderb der Gnade des Königs zu unterwerfen. Nelson erklärte, er sei bereit, «den Kardinal aus dem Weg
zu schaffen und ihn einen Kopf kürzer zu machen, falls dies
notwendig sein sollte».[70]

So weit kam es zwar nicht, aber in dem Konflikt zwischen
dem allein bevollmächtigten Stellvertreter des Königs und
dem Admiral einer verbündeten Macht, der keinerlei offizielle
Befugnisse hatte, stellten sich alle Verantwortlichen der Regierung in Palermo uneingeschränkt auf die Seite des eng-

lischen Admirals. Sie ließen den Mann fallen, der das Königreich mit seinem Mut, seinem militärisch-organisatorischen
Geschick und seinen Zehntausenden von Gefolgsleuten eigentlich gerettet hatte. Maria Carolina schrieb an Lady Hamilton: «Schließlich, meine liebe Lady, empfehle ich Lord Nelson,
Neapel zu behandeln, als wäre es eine rebellische Stadt
Irlands.»[71] Das erste Opfer dieser Behandlung war Admiral
Francesco Caracciolo, der sich unter den ehemaligen Besatzern der Kastelle befand, die jetzt wieder als Gefangene dorthin zurückkehrten. Für ihn verlangte Maria Carolina ausdrücklich den Tod. Sein Verrat hatte sie am meisten verbittert,
und ihn hielt sie für allzu gefährlich, weil er «alle Schlupfwinkel und Buchten in Neapel und Sizilien» kenne.[72] Nelson ließ
Caracciolo nach der Verurteilung durch ein von ihm einbe-
rufenes Kriegsgericht am Mastbaum der Fregatte «Minerva»
aufhängen und die Leiche dann einfach ins Meer werfen, wie er
in seinem Bordtagebuch beiläufig bemerkte. Damit, so urteilte
Alexandre Dumas später, war «König Ferdinando beruhigt,
Königin Carolina zufriedengestellt, Emma Hamilton verflucht
und Nelson entehrt.»[73]

Anfang Juli traute sich Ferdinando dann endlich, ein Schiff,
das ihm Nelson zur Verfügung gestellt hatte, in Richtung
Neapel zu besteigen. Maria Carolina hätte ihn auch diesmal
gern begleitet, und das «Trio infernale» erwartete sie ebenfalls, doch der König wollte sie nicht dabei haben, wohl weil er
fürchtete, dass sie ihn zum Bleiben drängen würde. Der König
machte auch keinerlei Anstalten, als «Eroberer und absoluter
Herr in Neapel» einzuziehen, wie es sich Maria Carolina vorgestellt hatte, sondern blieb vorsichtig auf dem vor der Stadt
ankernden Schiff. Als Ferdinando zu Nelson auf die «Foudroyant» wechselte, ereignete sich ein Zwischenfall, der den
ansonsten freundlichen Empfang durch Hunderte Boote im
Hafen erheblich trübte. In der Nähe des Schiffes tauchte ein
Gegenstand aus dem Wasser auf, der dann als die Leiche des

Admirals Caracciolo identifiziert wurde. Die Kunde von dem grausigen Fund verbreitete sich wie ein Lauffeuer durch die Stadt und wurde so gedeutet, dass die Leiche ein christliches Begräbnis erflehe. Wieder beschwor Ruffo den König, nun endlich in seiner Hauptstadt zu bleiben, wieder lehnte Ferdinando ab und blieb auf dem Schiff. Er bestätigte den Bruch des Waffenstillstandsabkommens und setzte eine neue *Giunta* ein, weil die bisherige, von Ruffo geleitete, zu «gemäßigt» gearbeitet habe. Die neuen Richter forderte der König auf, «schnell, schnell» zu machen, damit «das Volk [auf die Hinrichtungen] nicht so lange warten muss und ungeduldig wird.»[74] Nach kaum einem Monat segelte er wieder in Richtung Palermo ab, um dort fast zwei weitere Jahre ungestört auf die Jagd zu gehen.

Die Hauptstadt seines Königreichs überließ er Ruffo, ein paar untergeordneten Chargen und sich selbst. Maria Carolina schrieb etwas verschämt an den Kardinal: «Ich verstehe sehr wohl, wie wenig die Abreise des Königs gerade zum jetzigen Zeitpunkt, wo die Ordnung noch keineswegs wieder hergestellt ist, Ihnen gefallen haben kann. Gerade jetzt hätte seine Anwesenheit eine magische Wirkung ausüben können. Basta, die Umstände haben ihn gezwungen.»[75] Als Ferdinando am 8. August in Palermo wieder festen Boden unter den Füßen hatte, zog er nichtsdestotrotz wie ein Triumphator in die Stadt ein, als hätte er auch nur einen Finger zur Wiedereroberung des kontinentalen Teils seines Reiches gerührt. Außer sich selbst ließ das Königspaar dann vor allem den Helden vom Nil überschwänglich feiern, und auch Ruffo bekam ein bisschen Anerkennung. Den Höhepunkt der Festlichkeiten bildete eine Ehrung im Palazzo Colli, die, so muss selbst der Maria Carolina sonst stets geneigte Historiker Cesare Corti zugeben, «zwar schön erdacht, aber ebenso geschmacklos wie übertrieben durchgeführt»[76] war. Mit krachenden Feuerwerkskörpern wurde die Schlacht bei Abukir nachgespielt, und im

Garten des Schlosses war ein Ruhmestempel aufgebaut, in dem eine Wachsfigurengruppe Lord Hamilton zeigte, der den Admiral zu einer Siegesgöttin hinführte, die Emmas Züge trug. Die Dargestellten scheinen die Einzigen gewesen zu sein, die von dieser Symbolik peinlich berührt waren. Sie ahnten wohl, dass die unvermeidlichen Berichte über dieses Spektakel in ihrer Heimat nicht gut ankommen würden. Ferdinando aber ging in seiner Unterwürfigkeit noch einen Schritt weiter. Er überreichte Nelson das mit Brillanten besetzte Schwert, das ihm sein Vater als Symbol der Übergabe des Königreichs Beider Sizilien vermacht hatte. Mit dieser Geste stieß Ferdinando auch diejenigen ab, die der Stolz auf die Unabhängigkeit des Königreichs auf die Seite der Monarchie getrieben oder auf dieser Seite gehalten hatte. Ruffo wurde zwar erneut zum Statthalter in Neapel ernannt und mit kostbaren Geschenken überhäuft, spielte aber ansonsten bloß eine Nebenrolle. In seiner Eigenschaft als Kardinal nahm er wenige Wochen später die Gelegenheit des Konklaves nach dem Tod von Papst Pius VI. wahr, um sich aus seiner Heimat zu verabschieden und erst an seinem Lebensabend wieder heimzukehren.

Die Ehrungen für das «Trio infernale» und die Selbstbeweihräucherung der Monarchen war jedoch nicht nur geschmacklos und peinlich, sondern auch eine wahrhaft grausame Verhöhnung dessen, was sich gleichzeitig in Neapel abspielte. Während der König sich darüber freute, dass in der Hauptstadt «wieder die gewohnte Heiterkeit Einzug gehalten hat»,[77] verhängte die neu eingerichtete, strengere *Giunta* Todesurteile im Akkord und warf alle nur irgendwie Verdächtigen, deren sie habhaft werden konnte, ins Gefängnis. Ende September waren bereits achttausend Prozesse im Gang. Die Festungen und die Vicaria waren überfüllt, und viele Gefangene kamen schon unter den elenden Bedingungen in den Kerkern um. An den Wänden sind bis heute die eingeritzten

Namen vieler führender Köpfe der Revolution von 1799 zu erkennen, darunter auch der der Dichterin Eleonora Fonseca Pimentel. Neben dieser offiziellen Form der Verfolgung ließ man der Selbstjustiz des Volkes und der *Sanfedisten* gegen die Verräter an Thron und Altar freien Lauf, denn die *Giunta* ließ Prämien ausschreiben für «jeden, der versteckte Jakobiner unter dem Siegel der Verschwiegenheit» anzeigt.[78] Da der Monarch ein Jahr später die Verbrennung aller Prozessakten anordnete, ist die Zahl der Opfer und die Art der Strafen heute nur noch schwer feststellbar. Einigermaßen fundierte Schätzungen gehen von etwa hundertzwanzig Hinrichtungen und mehr als tausendzweihundert Gefängnisstrafen aus. Bei der Vollstreckung der Todesurteile herrschte anders als noch bei der Hinrichtung der drei jungen Jakobiner 1794 nicht Totenstille, sondern das Toben einer aufgehetzten Menge, die von Tag zu Tag nach neuen Darbietungen lechzte und die Opfer auf ihrem Weg von den Verliesen der Vicaria oder des Castel Sant'Elmo zum Richtplatz grausam verhöhnte.

Die «Höhepunkte» dieser verrohenden Volksbelustigungen waren die Exekutionen zweier Frauen. Am 20. August 1799 starb auf der Piazza del Mercato die ehemalige Bibliothekarin und Vertraute der Königin, die Dichterin und Herausgeberin des «Monitore», Eleonora Fonseca Pimentel, als erste Frau in der Geschichte ihres Landes am Galgen. Trotz ihres Adelstitels hatte man ihr versagt, statt durch den Strick unter dem Beil des Henkers zu sterben. Begierig wartete die vieltausendköpfige Menge darauf, der Gehenkten unter den Rock zu schauen, denn selbst die Benutzung eines Gürtels zum Zusammenbinden der Beine war der Marchesa verweigert worden. Eleonoras Leichnam ließ man einen ganzen Tag lang am Galgen hängen und setzte ihn dem geifernden Spott der Menge aus. Am selben Tag wie Eleonora wurde Gennaro Serra di Cassano, Spross eines der ältesten und angesehensten Adelshäuser Neapels, hingerichtet. Ihm gestand man zwar das

Privileg der Enthauptung zu, aber auch das Gnadengesuch von Gennaros Vater stieß auf kalte Ablehnung. Daraufhin ließ Fürst Serra di Cassano das Hauptportal seines Palastes zumauern und befahl, es nicht zu öffnen, bevor die Barbarei in Neapel und Süditalien besiegt sei. Das letzte Opfer der Blutorgie war Luisa Sanfelice, die am 11. September 1800 hingerichtet wurde. Sie hatte eine Schwangerschaft vorgeschützt, die ihr von gefälligen Ärzten bestätigt wurde, und deshalb war die Hinrichtung mehrmals verschoben worden. Weil die Frau immer noch jung und schön und Protagonistin einer romantischen Tragödie war, erwarteten die Neapolitaner eine Begnadigung. Doch auch in diesem Falle blieb der König hart, und die Königin machte von dem Vorrecht der Königinnen, für reuige Sünder zu bitten, keinen Gebrauch. Die Monarchie zeigte sich in ihrer ganzen erbarmungslosen Kälte, die aber letztlich nur ein Zeichen ihrer eigenen Schwäche und Unfähigkeit war. Maria Carolina war sich dieser Tatsache auf schmerzliche Weise bewusst. Im Oktober schrieb sie in einem langen Brief an Ruffo, dass sie mit dem Verlauf der Prozesse nicht einverstanden sei. Sie habe immer «schnell und durchgreifend für Gerechtigkeit sorgen» wollen, um die Schuldigen zu bestrafen und den Mitläufern Furcht einzuflößen. Nun aber liefen, so klagte sie, die schlimmsten Jakobiner nach wie vor frei herum, während man die kleinen Fische grausam bestraft hatte: «Das ist eine Mischung aus Korruption und Schrecken, die meine Abscheu vor der Immoralität und Verderbtheit in Neapel erhöht. Ohne eine starke Regierung mit klarer Richtung geht Neapel unter, es wird an seiner eigenen Immoralität verwesen: Das lässt mich verzweifeln, aber es gibt kein Heilmittel.»[79]

Die Geister, die man gerufen hatte, ließen sich nicht mehr so leicht abschütteln. Noch viele Monate nach dem Ende der Republik fand der neue Polizeichef eine «bewaffnete Stadt» vor, «ein Volk voller Raserei, unzählige Verbrecher, nur Wenige, die die staatlichen Autoritäten anerkennen und vor allem die Gefolgsleute der *capimassa*, die keinem Befehl folgen, nur auf Raub und Plünderung aus sind und Unordnung und Schrecken verbreiten.»[80] Auf lange Sicht waren die Grundlagen staatlicher Ordnung untergraben, Misstrauen in allen gesellschaftlichen Schichten, in Stadt und Land gesät und jede Hoffnung auf Freiheit und Fortschritt erstickt. Von nun an, so formulierte es Vincenzo Cuoco, einer der Patrioten, der hatte entkommen können, betrachtete der Hof «die Nation als Feind und wähnt sich nur dann in Sicherheit, wenn sie in Elend und Unwissenheit gehalten wird».[81] Auch außenpolitisch war die Zeit der ehrgeizigen Projekte vorbei: «Heer und Flotte existierten praktisch nicht mehr, auf die sanfedistischen Massen konnte man militärisch nicht bauen, der Staat war praktisch bankrott, und was das Schlimmste war: die Monarchie hat im Inneren und auch international jedes Ansehen verloren.»[82]

Königin ohne Land

Der ruchlose Korse gegen die Schurkin

~ Auch wenn sich die tiefgreifenden Auswirkungen der dramatischen Ereignisse des Jahres 1799 erst allmählich zeigen sollten, war das Gefühl des Triumphes, dem sich Maria Carolina und Ferdinando bei der Rückkehr nach Palermo hingegeben hatten, schnell verflogen. Als es Napoleon im Oktober gelang, aus Ägypten zu entkommen und er sich schon einen Monat später im Staatsstreich des 18. Brumaire (9. November 1799) zum neuen Herrn Frankreichs aufschwang, wurden die Karten wieder völlig neu gemischt. Mit diesem Coup bestätigte der nunmehrige Erste Konsul Frankreichs, dass Maria Carolinas frühe Voraussage, er werde «der größte Mann unseres Jahrhunderts sein», sich tatsächlich bewahrheiten sollte. Ferdinando nahm die neue unübersichtliche Lage zum Vorwand, um weiter in Palermo zu bleiben. Vergebens drängten ihn außer Ruffo und Maria Carolina nun auch Acton und Nelson dazu, sein kontinentales Königreich wieder in Besitz zu nehmen. Empört wies er ein solches Ansinnen in einem Brief an seine Frau zurück: «Wie kann man hingehen, ohne jeden Augenblick in Gefahr zu sein, in aller Bequemlichkeit ermordet zu werden? Du wirst sagen, das sei feige Furcht. Ja, ich bin feige und ängstlich Verrätern gegenüber, denn sterben und hinterher ausgelacht werden, ist gewiss keine Sache, die Ehre bringt. Den Feinden Brust an Brust gegenüber glaube ich keine Beweise von Feigheit gegeben zu haben.»[1] Bei dem letzten Satz konnte Maria Carolina wohl nur bitter lächeln. An Ruffo schrieb sie resigniert: «Ich weiß wohl, wie dringend notwendig die Rückkehr des Königs nach Neapel wäre, ohne die nichts Gutes entstehen kann, aber es sieht nicht danach aus und wird wohl auch nicht bald der Fall sein: Man muss sich eben beugen.»[2]

Da deshalb vorläufig auf eine Heimkehr in ihr schönes Reich nicht zu hoffen war und sie es in Palermo immer weniger aushielt, entschloss sich die Königin zu einer Reise nach Wien. Ihr Ziel war es dabei, die Beziehung zu ihrer Tochter, vor allem aber zu ihrem Schwiegersohn Franz II. zu verbessern und außerdem für ihre drei noch unverheirateten Töchter Maria Cristina, Maria Amalia und Maria Antonietta Heiratschancen zu eruieren. Nur die erst 1793 geborene Maria Elisabetta blieb zurück und starb, bevor ihre Mutter wieder heimkehrte. Die älteste der noch unverheirateten Töchter, Maria Cristina, war schon zwanzig Jahre alt, und das «Etablieren» ihrer Kinder war nach wie vor eines der Hauptanliegen der Königin. Obwohl Ferdinando sich anfangs gegen die Abreise seiner Frau sträubte, bat er sie, sobald sie fort war, kein einziges Mal um baldige Heimkehr, ja er riet ihr sogar mehrmals davon ab. Die Chance, in diesen unsicheren Zeiten sicheres Geleit zu finden, bot sich aus einem für die Monarchen an sich traurigen und vor allem beunruhigenden Anlass: Sowohl Nelson als auch Lord Hamilton, der längst sozusagen zum Inventar des Hofes gehörte, wurden abberufen, beide auf scheinbar ehrenvolle und doch unverkennbar missbilligende Art. Schon vor Weihnachten (1799) erhielt Lord Hamilton ein Schreiben seines Vorgesetzten, des englischen Außenministers Lord William Wyndam Grenville, in dem dieser ihm versicherte, er könne angesichts der anstrengenden Aufgaben, die Hamilton in letzter Zeit in Italien hatte bewältigen müssen, des liebenswürdigsten Einverständnisses Seiner Majestät zu einer Rückkehr nach London sicher sein. Hamilton verstand den Wink mit dem Zaunpfahl und dankte überschwänglich für die Erlaubnis zur Rückkehr ins regnerische England, die er als sei-

nen größten Traum bezeichnete. Tatsächlich machte er keinerlei Anstalten, dem schönen Leben auf der Insel, das er genauso wie Ferdinando genoss, zu entsagen, bis er erfuhr, dass
sich sein Nachfolger bereits auf den Weg gemacht hatte. Ähnlich erging es Lord Nelson. Der Erste Lord der englischen
Admiralität teilte ihm mit, Nelsons Anwesenheit im Mittelmeer sei eigentlich zumindest bis zur Eroberung Maltas
notwendig, «falls aber diese wünschenswerten Umstände unglücklicherweise von der Tatsache verhindert werden sollten,
dass Sie im Dienst übermäßig erschöpft sind … dann ist es für
mich offensichtlich, und ich glaube all Ihre Freunde hier sind
derselben Meinung, dass es für Sie leichter wäre, in London
wieder zu Kräften zu kommen und zu gesunden, als untätig an
einem fremden Hof zu verweilen, so angenehm der Respekt
und die Dankbarkeit für Ihre Dienste auch sein mögen, die man
Ihnen dort bezeugt.»[3] Auch wenn der Admiral kein Freund
gedrechselter diplomatischer Sprache war, so verstand auch er
den Wink mit dem Zaunpfahl. Er gönnte sich und den Hamiltons noch einen fünfwöchigen Segeltörn um Sizilien und nach
Malta, und bot dann Maria Carolina, ihren Kindern und ihrem
fünfzigköpfigen Tross an, sie zusammen mit den Hamiltons
auf seinen Schiffen bis Livorno mitzunehmen.

Der Aufbruch fand zu einem höchst ungünstigen Zeitpunkt
statt. Als die Reisegesellschaft ihr Ziel erreichte, wartete dort
die Nachricht von Bonapartes Sieg bei Marengo, der es ihm
ermöglichte, die Cisalpinische Republik wiederherzustellen.
Die Weiterreise durch Mittel- und Oberitalien war damit
versperrt. Lord Nelson wurde von seinen Vorgesetzten vor die
Wahl gestellt, entweder seine Reisegefährten ihrem Schicksal
zu überlassen und mit seinen Schiffen nach Norden zu segeln,
oder aber seine Schiffe zu verlassen und zu Land weiterzu-
reisen. Der Seemann entschied sich für die Reise zu Land. Der
Erste Lord der Admiralität bemerkte dazu süffisant: «Wenn er
sich noch länger im Mittelmeer aufgehalten hätte, wäre das

weder für die Öffentlichkeit noch für ihn selbst von Vorteil gewesen.» Die Gesellschaft mit ihrem großen Anhang musste dann drei Wochen warten, weil Maria Carolina ernstlich erkrankte. Nicht zum ersten Mal und von nun an immer öfter litt die Königin an Anfällen, die man heute wohl als Herzkreislaufstörungen bezeichnen würde und die mit den zur damaligen Zeit beliebten Schröpfkuren und Maria Carolinas Opiumkonsum nur unzureichend behandelt wurden. Als die Reise über Florenz, Foligno nach Ancona und von dort zu Schiff nach Triest auf österreichisches Gebiet endlich weiterging, war jede Etappe ein Triumph für Nelson, der überall begeistert empfangen wurde, während man über seine Dolmetscherin und offensichtliche Geliebte Emma immer offener die Nase rümpfte. Auch in Wien wurde die Gesellschaft mit großen Ehren empfangen. Die Prinzessinnen waren nach dem traurigen Exil in Palermo entzückt von dem ununterbrochenen Reigen von Festen, Bällen und Opernaufführungen. Wie schwer Maria Carolina der Abschied von ihren Beschützern fiel, die ihren Triumphzug über Prag, Dresden und Hamburg fortsetzten, bevor sie sich nach England einschifften, lässt sich nicht leicht sagen. Nach dem letzten großen Fest beim Fürsten von Esterhazy, auf dem eine eigens für diesen Anlass von Haydn komponierte Kantate «The Battle of the Nile» aufgeführt wurde, brach der Kontakt zwischen den beiden Frauen, die engste Freundinnen gewesen zu sein schienen, ja denen man eine lesbische Beziehung nachgesagt hatte, so abrupt ab, wie er begonnen hatte. Hatten sie sich bisher fast täglich gesehen und unzählige Briefe miteinander gewechselt, so herrschte – bis auf ein Kondolenzschreiben Maria Carolinas nach Lord Hamiltons Tod am 6. April 1803 – nach dem Abschied in Wien absolute Funkstille. Nelson dagegen sollte Maria Carolina noch einmal begegnen, kurz bevor er bei Trafalgar (21. Oktober 1805) seinen letzten großen Sieg errang und dabei den Tod fand.

Maria Carolina widmete sich sofort anderen Dingen, die ihr wichtiger schienen, und das war wie immer in erster Linie die Politik und dann die Pflege oder besser die Kontrolle der Familienbeziehungen. Aus Palermo und Neapel kamen beunruhigende Nachrichten. Ein für uns anonymer, für Maria Carolina aber anscheinend wohl bekannter Berichterstatter schilderte die Lage in Palermo so «wie in den Zeiten der Guelfen und Ghibellinen», als sich feindliche Parteien blutig bekämpft und die italienischen Stadtstaaten in den Untergang getrieben hatten. Die eine Partei bezeichne sich als «Partei der Königin», die andere als die «des Generals» (Acton). Da die Königin außer Landes sei und auch Acton sich immer weniger um die Staatsgeschäfte kümmere, hätten die selbsternannten Vertreter beider Parteien die Macht vollkommen an sich gerissen. Besonders schlimm sei die Situation in Neapel, wo «alle Autoritäten und Gewalten gegeneinander kämpfen». Dort hatte man an die Stelle der Minister, die ja in Palermo weilten, «Direktoren» eingesetzt, die sich nun bis aufs Messer bekriegten. Sie seien, so schreibt der anonyme Berichterstatter, umgeben von «unzähligen Handlangern übelster Sorte, die die Anarchie und Unordnung in Ihrer Hauptstadt und auch in den Provinzen aufrechterhalten». Auch der Schreiber war der Überzeugung, dass nur die Rückkehr der Monarchen diesem Spuk ein Ende machen könne, obwohl «die Neapolitaner der erhabenen Anwesenheit unserer Herren noch nicht würdig» seien.[4] Maria Carolina verstand wohl, dass mit dieser widersprüchlichen Schmeichelei gemeint war, niemand glaube ernsthaft an eine baldige Rückkehr der Monarchen. Und auch ihr waren die Hände gebunden. Deshalb wandte sie nun ihre ganze Aufmerksamkeit ihren Wiener Verwandten zu.

Zunächst schien es zu gelingen, das Verhältnis zu ihrem ungeliebten Schwiegersohn und ihrer Tochter in der angenehmen Atmosphäre des Schlosses von Schönbrunn zu verbessern, wo ihre Töchter und ihr Sohn Leopoldo unbeschwert herumtollten. Doch dann veränderten die Kriegsereignisse und die Politik wieder einmal alles. Maria Carolina hatte immer noch geglaubt, in Wien direkten Einfluss auf das politische Geschehen nehmen und die Dinge ähnlich, wie dies einst ihre Mutter getan hatte, durch wohlgemeinte Ratschläge an ihre Tochter lenken zu können. Doch anders als Ferdinando hatte Franz II. seinen eigenen Kopf, seine eigenen Berater und vor allem eine Ehefrau, die sich eher auf die Seite ihres Mannes als auf die ihrer Mutter stellte. Der Aufenthalt in Wien wurde für Maria Carolina zur Qual und zur Quelle fortwährender Enttäuschungen und Demütigungen. Nach Marengo hatte Napoleon die österreichischen und die mit ihnen verbündeten neapolitanischen Truppen im Dezember 1800 auch im bayerischen Hohenlinden vernichtend geschlagen und Waffenstillstandsverhandlungen erzwungen, die am 9. Februar 1801 zum Frieden von Lunéville führten. Maria Carolina hatte von ihrem Schwiegersohn die Zusicherung erhalten, dass Vertreter Neapels an diesen Verhandlungen beteiligt und die Interessen ihres Königreichs berücksichtigt würden. Das war nicht der Fall, und sie erhielt am 2. Februar 1801 vom österreichischen Unterhändler, Graf Cobenzl, einen Brief, wie sie ihn von nun an von österreichischer Seite des Öfteren erhalten sollte. Cobenzl versicherte ihr, er habe sehr gewünscht, den von Maria Carolina vorgeschlagenen Passus über den Bestand des Königreichs in den Vertrag aufzunehmen: «Unglückseligerweise aber waren all meine Anstrengungen umsonst und man hat mir geantwortet, dass der Frieden mit dem Hof von Neapel von einem Vertreter des Königs ausgehandelt werden muss.»[5] Die Spannungen steigerten sich so weit, dass Maria Carolina ihre eigene Tochter als «Schlange» bezeichnete, sich vom Kaiserpaar verlassen fühlte, gemieden auch vom Rest der Familie, «die mich für alles verantwortlich macht und mir das Gewicht ihres ganzen Hasses auflädt».[6]

Ohnmächtig musste Maria Carolina erleben, dass man sie

nicht einmal über die Vorgänge in Italien unterrichtete. Nur aus Andeutungen konnte sie erschließen, dass bereits Ende Februar ein Waffenstillstand zustande gekommen war. Und als sie die Bedingungen schließlich in Händen hatte, schrieb sie an Gallo: «Ich schicke Ihnen den schändlichen Waffenstillstand, den diese Helden unterzeichnet haben. ... Ich kann Ihnen versichern, dass ich krank bin vor Wut. ... Welcher Friede kann da noch zustande kommen, wenn man einen solchen Waffenstillstand geschlossen hat?»[7] Tatsächlich konnte auch Gallo, der schließlich die Verhandlungen führte, kaum mehr etwas an den harten Bedingungen ändern, die am 28. März 1801 in Florenz festgelegt wurden. Das Königreich Neapel musste alle seine Häfen für britische Schiffe sperren, den Verurteilten von 1799 umfassende Amnestie gewähren und Besitzungen an und vor der Küste der Toskana, den sogenannten «Stato dei presidi» [Festungsstaat] an das Königreich Etrurien abtreten. In einem Geheimartikel musste Neapel zugestehen, dass auf seine Kosten in Apulien und den Abruzzen ein Jahr lang 12 000 französische Soldaten stationiert wurden. Damit behielt Frankreich ein ständiges Druckmittel in der Hand. Maria Carolina nannte all diese Bedingungen «erniedrigende und grausame Schurkereien gegen uns, die ihnen nichts nützen, aber uns zu Feinden Englands machen»[8]. England war und blieb der einzige Verbündete, der das Königreich in ihren Augen überhaupt noch retten konnte. Verzweifelt wandte sie sich außerdem an Zar Alexander und bat ihn, «trotz aller Verträge» seine «tapferen Soldaten» im Königreich zu belassen[9]

Ohnmächtig musste Maria Carolina aus der Ferne auch zusehen, dass Ferdinando, Acton und ihr Sohn Francesco auf dem Umweg über Spanien eine Annäherung an Frankreich in die Wege leiteten. Im November 1801 starb Francescos erst zwanzigjährige, seit langem an Tuberkulose leidende Gattin Maria Clementina, die Maria Carolina sehr geliebt hatte. Keine zehn Tage nach dem Tod der jungen Frau teilte Francesco seiner Mutter mit, dass er die Infantin von Spanien zu heiraten gedenke. Maria Carolina war außer sich und gestand Gallo, sie «schäme sich» ihres Sohnes, zumal sie wie alle Welt die gerade erst dreizehnjährige Maria Isabella für eine Frucht des ehebrecherischen Verhältnisses zwischen der spanischen Königin und dem allmächtigen Minister Godoy hielt. Im Gegenzug gegen die Heiratsanfrage aus Palermo hielt der spanische König für seinen ältesten Sohn, den Prinzen Fernando von Asturien, um die Hand der fünfzehnjährigen Maria Antonietta an. Dass man dieses Angebot nicht gut ablehnen konnte, musste die Königin einsehen, so sehr es ihr weh tat, ihre «Toto» ausgerechnet an den verhassten spanischen Hof ziehen zu lassen. Leichter fiel ihr die Entscheidung durch die Aussicht, dass Maria Antonietta dereinst selbst Königin Spaniens werden könnte. Die bevorstehende Doppelhochzeit war ein geeigneter Vorwand, wieder in ihr Königreich zurückzukehren. Ferdinando hatte ihr mehrmals davon abgeraten, und sie sah richtig voraus, dass es bald heißen würde: «Wer hat dich denn gerufen?»[10] Aber Maria Carolina war nicht die Frau, die solche Herausforderungen nicht angenommen hätte. Am 28. Juli 1802 verließ sie mit ihrem ganzen Anhang Wien.

Ferdinando hatte sich inzwischen dazu bequemt, im Mai 1802 nach fast zweieinhalb Jahren Palermo zu verlassen und seine Hauptstadt Neapel wieder in Besitz zu nehmen. Mit dem Frieden von Amiens am 27. März 1802 hatte auch Großbritannien sich mit Frankreich vorläufig geeinigt, und damit war die Zweite Koalition endgültig gescheitert. Napoleon hatte den ersten Gipfel seiner Macht in Europa erreicht. Wenigstens so lange, bis sich eine der europäischen Mächte für einen neuen Waffengang stark genug fühlte, war deshalb auf Ruhe zu hoffen. Ferdinando zeigte sich bei seinem Abschied weder gegenüber seinem Vizekönigreich Sizilien als Ganzem noch gegenüber dem Adel oder den unteren Gesellschaftsschichten in irgendeiner Weise für seinen Aufenthalt erkenntlich. Während Nelson für seine Verdienste mit der Würde eines Herzogs von Bronte und den entsprechenden Ländereien in Sizilien belohnt worden war, verlangte – und erhielt – der König vom Parlament zum Abschied eine außerordentliche, als Geschenk (*donativo*) deklarierte Steuer. Deshalb weinte ihm auf der Insel niemand eine Träne nach. In Neapel hingegen wurde er mit den üblichen «Viva il re!»-Rufen empfangen. Aber auch hier war die Begeisterung nicht mehr so groß wie vor seiner Flucht. Als Maria Carolina Ende August nach einer Seereise durch die Adria von Manfredonia aus in der Hauptstadt eintraf, erwartete sie nicht einmal das, aber wie sie tatsächlich empfangen wurde, ließ sie dann doch erschauern und zugleich schäumen vor Wut, denn, so gestand sie Gallo, man «habe sie wirklich unverschämt empfangen», wie eine Ausgestoßene und Bettlerin.[11] Maria Carolinas Einfluss war deutlich geschwunden. Sie konnte nicht verhindern, dass Francesco die spanische Infantin heimführte. Als ihre neue Schwiegertochter in Neapel eintraf, fand die Königin, das vierzehnjährige Mädchen sei eine «Null, in allem, was Wissen, Begreifen, Ideen und Neugier betrifft, nichts, ein absolutes Nichts».[12] Ebenso wenig konnte die Königin verhindern, dass ihre Tochter ins ferne Spanien verheiratet wurde und ihr von dort herzzerreißende Briefe über die «Hölle» schrieb, die sie mit ihrem «abstoßenden» Gatten durchmachen musste. Bei seiner Abreise aus Spanien hatte Toto ihren Bruder angefleht, sie wieder mitzunehmen oder sie zu töten, und an ihre Mutter schrieb sie: «Maman, man hat Euch getäuscht. Denn Ihr seid eine zu gute Mutter, als dass Ihr mich, hättet Ihr Bescheid gewusst, auf diese Weise geopfert hättet.»[13] Diese Briefe mussten Maria Carolina wohl an das erinnern, was sie selbst vor mehr als dreißig Jahren an ihre Mutter geschrieben hatte, aber sie wusste nur allzu gut, dass Toto nicht die Kraft und die Willensstärke besaß, mit der sie selbst sich ihren Platz erkämpft hatte. Toto kam in der «Hölle» um, sie starb vier Jahre später mit nur zweiundzwanzig Jahren.

Durch seine Heirat mit der spanischen Infantin war der Erbprinz sozusagen ins profranzösische Lager gewechselt, während Ferdinando sich bisher als fester Bestandteil der antifranzösischen Koalitionen präsentiert hatte. Ein zeitgenössischer Beobachter bemerkte sarkastisch, nun sei der Gipfel der Verwirrung erreicht: «der Vater mit den Engländern verbündet, der Sohn mit den Franzosen, die beiden Reiche des Königreichs getrennt und vielleicht schon bald im Kriegszustand miteinander.»[14]

Wie genehm Napoleon diese Heiraten waren, brachte er dadurch zum Ausdruck, dass er den französischen Botschafter in Neapel ausdrücklich nachfragen ließ, mit welchem Geschenk er der Königin «eine kleine Aufmerksamkeit» bereiten könne. Ferdinando hatte er bereits eine schöne Sammlung von Jagdgewehren überreichen lassen, wofür der sich mit Fundstücken aus Pompeji und Herculaneum revanchierte. Maria Carolina dagegen gab nicht nur dem französischen Botschafter in Neapel, sondern auch dem neapolitanischen Botschafter in Paris ausdrücklich zu verstehen, sie werde «nichts auf der Welt von wem auch immer annehmen, und schon gar nicht von einem Usurpator, der ein Mann von Genie und Charakter sein mag, aber doch ein Usurpator.»[15] Hatte Maria Carolina Napoleon vorbehaltlos bewundert, solange er noch nicht der Erste Konsul und der Erste Mann in Europa war, so wuchs ihre Ablehnung und ihre Kompromisslosigkeit ihm gegenüber im Gleichschritt mit seiner Macht. Das, was Gallo ihr riet und Francesco und Ferdinando mit der Verbindung nach Spanien anstrebten, nämlich diplomatisch zu reagieren, eine Annäherung zu suchen und Neapel so weit wie möglich aus dem großen, unvermeidlichen Kampf zwischen England und Frankreich herauszuhalten, kam für Maria Carolina immer weniger in Frage. Wie die Bewunderung einerseits, die abgrundtiefe Verachtung und der wachsende Hass auf den «verfluchten Korsen»[16] in Einklang zu bringen sind, lässt sich am besten aus einem Gespräch ablesen, das die Königin mit dem französischen Botschafter führte. Dem erläuterte sie nämlich, sie selbst besitze die gleiche «Liebe zum Ruhm» wie Napoleon.[17] Maria Carolina fühlte sich Napoleon demnach durchaus ebenbürtig, wenn nicht gar überlegen, denn sie war eine legitime Königin und nicht ein Produkt der Revolution und der gesellschaftlichen Unordnung. Die Konfrontation war also unvermeidlich.

Über den Ausgang der Konfrontation entschieden jedoch nicht allein die «Liebe zum Ruhm», sondern die für deren Umsetzung zur Verfügung stehenden Mittel. Und da sah Maria Carolina nach ihrer Rückkehr aus Wien mit Beklemmung, in welchen Zustand die zweieinhalb Jahre des Krieges und des Bürgerkrieges die Hauptstadt und das Reich versetzt hatten: «Alle Klassen sind unzufrieden. Die schlechte Ernte hat uns unter dem niederen Volk viel Verbitterung gebracht. Von den anderen Klassen ist der Adel äußerst unzufrieden, weil er sieht, dass die Erinnerung an sein Verhalten trotz oberflächlichen Vergessens unauslöschlich ist. Die zweite Klasse ist unglaublich unverschämt geworden. Schreihälse und Emporkömmlinge stellen ungeheuerliche Forderungen und werden frech. Sie fürchten den König nicht, sondern nur die *Sanfedisten*, und das ist der einzige Weg, sie zu Gesetzestreue und Pflicht anzuhalten. … In den zwei Jahren seit der Wiedereroberung hat sich die reine Anarchie ausgebreitet.»[18] Zu dieser fortdauernden Unzufriedenheit und Unruhe in allen gesellschaftlichen Schichten kam der finanzielle Ruin des Staates. Der König musste eine Ausgabensperre für alle Ministerien verhängen, und die Banken wurden geschlossen. Da half es auch wenig, wenn der Finanzminister abgesetzt und vorübergehend ins Gefängnis geworfen wurde. Die Kassen blieben trotzdem leer.

Neapel war also denkbar schlecht gerüstet für eine neue Runde des «schönen Spiels» zwischen Frankreich und England nach der Kriegserklärung Englands im Mai 1803. Napoleon kündigte an, wiederum französische Truppen in Apulien zu stationieren. Das war ein Bruch des Friedens von Florenz, weil dort nur eine Stationierung von einem Jahr vereinbart worden war. Doch damit reagierte Frankreich seinerseits auf die Nichteinhaltung des Friedens von Amiens durch Großbritannien, das sich zur Aufgabe Maltas verpflichtet hatte. Die beiden großen Mächte konnten ihre Vereinbarungen ungestraft brechen, einer zweitrangigen Macht wie Neapel verziehen sie ein ähnliches Verhalten dagegen nicht. In dieser schwierigen Situation entschloss sich Ferdinando, der durch den Austausch von Geschenken ja bereits eine Brücke gebaut hatte, auf Diktat Actons zu einem Schreiben an den «General und Ersten Konsul», um die Rücknahme der Truppenstationierung zu erbitten. Nach langem Drängen war schließlich auch Maria Carolina bereit, sich so weit zu erniedrigen, eigenhändig einen Brief an den Mann zu schreiben, von dem sie noch kurz zuvor nicht einmal eine «kleine Aufmerksamkeit» hatte entgegennehmen wollen. Sie bat als «Ehefrau, zärtliche Mutter meiner Kinder und meiner geliebten Untertanen» darum, dass dem «Verlangen des Königs, meines lieben Gatten, stattgegeben wird. Der Einmarsch der französischen Truppen in unser Reich, das sich mit Frankreich im Friedenszustand befindet und die Regeln der Neutralität aufs strengste beachtet, ruiniert uns, vor allem angesichts der unerwarteten finanziellen Belastung für deren Unterhalt.»[19] Ausdrücklich betonte sie, Neapel werde an der vereinbarten Neutralität strikt festhalten.

Trotz dieses fast unterwürfigen Tons hörte Maria Carolina nicht auf, sich in unzähligen Briefen, auch und gerade in denen, die nach Frankreich gingen, abfällig über den Usurpator zu äußern, ihn Diktator, Schurken, Kanaille oder Teufel zu nennen. Ja, sie machte sich gegenüber Gallo sogar über das «schmächtige, magere, kleine und armselige» Äußere des «lieben Konsuls» lustig, was bei kleingewachsenen Menschen bekanntermaßen selten gut ankommt.[20] Die übliche Vorsichtsmaßnahme, dem Adressaten anzuempfehlen, die Briefe zu verbrennen, war bei solch unverblümter Offenheit viel zu wenig. Das hätte Maria Carolina inzwischen aus eigener, bitterer Erfahrung wissen sollen. Sie musste also damit rechnen, dass derartige Äußerungen nicht nur als Gerücht, sondern Schwarz auf Weiß in die Hände des Verunglimpften gerieten. Ob hinter diesem Verhalten Absicht steckte oder ob die Königin zu diesem Zeitpunkt durch ihren Drogenkonsum bereits die Kontrolle über ihr Handeln verloren hatte, lässt sich schwer entscheiden. Die politischen Auswirkungen jedenfalls waren verheerend. Denn Napoleon war nicht der Mann, der sich von irgendjemand und schon gar nicht von einer Frau so behandeln ließ. Auch er neigte zu Wutanfällen, reagierte dann aber anders als Maria Carolina nicht impulsiv und übereilt, sondern eiskalt und zynisch. Erst ließ er die Königin ungebührlich lange auf eine Antwort warten, kam ihr dann mit ausgesuchter Höflichkeit scheinbar entgegen, um sie schließlich hinterrücks mit Drohungen unter Druck zu setzen.

Diesen Druck konnte er nach Belieben erhöhen oder vermindern, wie es ihm und den militärischen Erfordernissen entsprach. Das Mittelmeer war ohnehin vorläufig ein Nebenschauplatz seiner Auseinandersetzung mit England, denn er plante den direkten Angriff im Ärmelkanal. Mittel- und Norditalien war bis auf Venedig seit dem Frieden von Amiens fest in französischer Hand, und so musste er nur noch das Königreich Neapel ruhig halten. In seinem mit versteckten Seitenhieben garnierten Antwortschreiben versicherte Napoleon scheinbar zuvorkommend, Frankreich werde jedem «schwachen Staat, dessen Wohlergehen für den Handel Frankreichs wichtig» sei, zur Seite stehen. Dann aber beschwerte er sich

ganz unvermittelt darüber, dass an der Spitze der neapolitanischen Regierung «ein Fremder» stehe, «der all seinen Reichtum und all seine Gefühle auf England» konzentriere. Zudem
regiere in Neapel nicht der König und die Königin, sondern
dieser Minister allein, und er habe deshalb «beschlossen, das
Königreich Neapel aus Vorsicht als ein von einem englischen
Minister regiertes Land zu betrachten.»[21] Ohne es direkt aus-
zusprechen, aber unter der scheinheiligen Versicherung, sich
nicht in die inneren Angelegenheiten Neapels einmischen zu
wollen, forderte Napoleon somit die Entlassung Actons.

Dieses Manöver erscheint auf den ersten Blick absurd, war
aber in Wirklichkeit äußerst raffiniert. Die Anwürfe gegen
Acton waren aus Napoleons Feder ebenso falsch und unbe-
gründet wie diejenigen, die einst von Carolinas Schwiegervater gegen ihn erhoben worden waren. Abgesehen davon,
dass es immer leicht ist, alte Vorurteile wieder aufzuwärmen,
verdankte Acton trotz heftiger Meinungsverschiedenheiten in
den letzten Jahren seine ganze Karriere Maria Carolina, und
Napoleons Forderung war somit ein Hinweis darauf, wer in
Wirklichkeit damit gemeint war. Außerdem wusste Napoleon
ganz genau, dass man in Neapel auf keinen Fall sofort nachgeben konnte, wollte man nicht vollkommen das Gesicht verlieren. Darauf kam es ihm an. Zusammen mit dem Ringen um
die Frage der finanziellen Lasten hielt Napoleon mit seinem
Drängen Neapel auf allen diplomatischen Kanälen ständig unter Druck, ohne auch nur einen Finger rühren zu müssen. Zudem wirkte dieser Druck als Spaltpilz, denn als neapolitanischer Botschafter in Paris glaubte Gallo, man müsse ein ge-
schmeidigeres Verhalten gegenüber Napoleon an den Tag
legen, und auf den Erbprinzen Francesco wirkte seine spanische Verwandtschaft in demselben Sinne ein. Ein Jahr später
war es so weit. Anfang Mai 1804 erhielt Acton ein ähnliches
Entlassungsschreiben wie neun Jahre zuvor. Wieder behielt er
das Recht, weiter Mitglied des Staatsrats zu bleiben und an al-

len wichtigen Entscheidungen mitzuwirken. Allerdings schiffte er sich mit seiner Familie – der weit über Sechzigjährige hatte 1800 seine dreizehnjährige Nichte geheiratet, die ihr erstes Kind erwartete – nach Sizilien ein. Am liebsten wäre Ferdinando mitgefahren. Denn schon lange wollte er die unangenehmen politischen Probleme des Kontinents hinter sich lassen und auf der Insel ungestört dem Fischfang und der Jagd frönen. Maria Carolina konnte ihn nur mit Mühe davon abhalten, und seine ständige Litanei «Ich will nach Sizilien» wurde ihr immer verhasster.[22] Auch sie selbst dachte gelegentlich daran, wie er einfach die Hände in den Schoß zu legen. Zum einen war es jedoch stets der Gedanke an ihre Kinder, an die noch nicht «etablierten» Mädchen und das «Erbe» ihres Sohnes, der ihr immer wieder die Kraft gab, weiterzumachen und das zu tun, was sie als ihren Beruf und ihre Pflicht empfand. Zum anderen war es ihr Hass auf Napoleon, der nicht geringer wurde, als er sich im Dezember 1804 zum Kaiser der Franzosen krönte. Verächtlich schrieb sie an Gallo. «Es war nicht der Mühe wert, ... in Frankreich und in anderen Staaten die schrecklichsten Verbrechen zu begehen, die die Menschheit je gesehen hat, und ganze Bibliotheken über Freiheit, Glück usw. usf. zu verfassen, um dann nach vierzehn Jahren das versklavte Gewürm eines kleinen Korsen zu sein.»[23]

Ohne jede Rücksicht auf Erfolgschancen und reale Machtverhältnisse begann Maria Carolina ihren ganz persönlichen Kampf gegen den Usurpator. Nach Actons Abgang hatte sie dafür sogar mehr Spielraum gewonnen. Ferdinando schwänzte die Staatsratssitzungen nun gänzlich und überließ die Leitung dem Erbprinzen oder der Königin. Zunächst griff sie auf einen bewährten *capomassa* zurück, nahm persönlich Kontakt zu Giovan Battista Rodio auf, der unter Ruffo in Apulien und dann in den Abruzzen die Franzosen geschlagen und die Freiheitsbäume umgestürzt hatte. Die Königin ernannte ihn zum Marchese und beauftragte ihn damit, Aufstände gegen die inzwischen tatsächlich in Apulien stationierten Franzosen zu entfachen und für die Krone zu spionieren. Anders als 1799 regte sich jedoch keinerlei Widerstand gegen die Franzosen. Ebenso wenig erfolgreich war der Versuch, mit Hilfe eines neuen aus dem österreichischen Heer entliehenen Generals und durch allgemeine Rekrutierung ein schlagkräftiges Heer aufzubauen.

Da die eigene Initiative auf diese klägliche Weise fehlschlug, blieb als einziger Weg, sich wiederum in die Arme der Engländer zu werfen und zu beweisen, dass «wir im Herzen Engländer sind und Franzosen nur aus Angst und Klugheit.»[24] Die Engländer ihrerseits taten alles, um ihren Einfluss im süditalienischen Königreich nicht zu verlieren. Zu Maria Carolinas Freude war Nelson als Oberkommandierender der Mittelmeerflotte zurückgekehrt. Die Königin und der König begrüßten ihn als «Beschützer und Behüter gegen die listige Behandlung derer, die weder Gesetz noch Recht kennen». Der König schrieb dankbar die absurden Sätze: «Das Schiff, das Sie mir auf der Reede zurücklassen, wird mir immer notwendiger. Meine Frau, mein Sohn und ich werden uns nicht trennen. Die Königin wird Neapel verteidigen, mein Sohn Kalabrien, ich werde mich nach Sizilien begeben, der Rest der Familie in [der Grenzfestung zum Kirchenstaat] Gaeta bleiben. Auf jeden Fall bitte ich um ihre Unterstützung.»[25] Den Franzosen konnte natürlich nicht verborgen bleiben, dass Neapel die vertraglich zugesicherte Neutralität grob verletzte, indem es den englischen Schiffen seine Häfen für die Verproviantierung zur Verfügung stellte. Napoleon ging deshalb von der indirekten zur direkten Drohung über und richtete an die Königin einen Brief voller beißendem Sarkasmus: «Wie groß muss der Hass Eurer Majestät gegen Frankreich sein, dass Sie nach allen bisherigen Erfahrungen weder die eheliche Liebe noch die Liebe zu Ihrer Familie und Ihren Untertanen dazu veranlassen konnte, mehr Zurückhaltung zu zeigen und eine Politik zu betreiben, die Ihren Interessen mehr nützen würde? Sind Sie, Majestät, die Sie anderen Frauen geistig derart überlegen sind, etwa nicht in der Lage, die Vorurteile Ihres Geschlechts abzulegen, um Staatsangelegenheiten nicht mit Herzensangelegenheiten zu verwechseln? Sie haben schon einmal Ihr Königreich verloren und waren zweimal Ursache eines Krieges, der Ihr väterliches Haus von Grund auf zerstört hat. Wollen Sie zum dritten Mal der Grund für einen Krieg sein? … Majestät, hören Sie geduldig diese Prophezeiung an: Sollten Sie einen neuen Krieg entfachen, werden Sie aufhören zu regieren. … Ich aber wünsche Frieden mit Neapel, mit ganz Europa und auch mit England, aber ich fürchte den Krieg nicht, von wem auch immer.»[26] Wie sich Napoleon den Frieden in Italien vorstellte, bewies er mit der Umwandlung der Italischen Republik in ein Königreich Italien, dessen Krone er sich am 26. Mai 1805 selbst aufs Haupt setzte. Bis auf Venetien war ganz Mittel- und Oberitalien fest in französischer Hand, und nur der auf ein schmales Band reduzierte Kirchenstaat trennte den napoleonischen Teil Italiens noch vom Königreich Neapel. Im Zusammenhang mit den Krönungsfeierlichkeiten demütigte Napoleon Maria Carolina in der Person ihres Abgesandten, des Fürsten von Cardito vor aller Öffentlichkeit. Der Kaiser und König ließ erkennen, dass er Maria Carolinas despektierliche Äußerungen über sich sehr wohl kannte, und erklärte, falls sie nach so vielen Jahren der Herrschaft immer noch nicht gelernt habe sich zu mäßigen, werde auch das englische Schiff im Golf von Neapel sie nicht mehr retten können. Gleichzeitig drohte er, es als Kriegserklärung aufzufassen, falls Neapel es wagen sollte, die diplomatische Anerkennung des neuen Königreichs Italien zu verweigern.

In dieser brandgefährlichen Situation war es nahezu unmöglich die richtige Entscheidung zu treffen. Obwohl Maria Carolina dem Beispiel ihres Mannes folgen und sich nicht mehr in die Politik einmischen wollte, stand sie angesichts der persönlichen Angriffe Napoleons nahezu zwangsläufig in deren Mittelpunkt. Und entgegen allen anderslautenden Beteuerungen mischte sie doch wieder tatkräftig mit und ließ sich auf ein verzweifeltes Doppelspiel ein. Es führte zu einem Taktieren nach allen Seiten, das bis heute in seinem Hergang nur schwer zu entwirren ist, zumal man in Neapel dafür sorgte, entscheidende Schriftstücke verschwinden zu lassen.[27] Maria Carolina akzeptierte die Anerkennung des Königreichs Italien und ließ sich auf ein französisches Verhandlungsangebot ein, das sie auch schlecht hätte ablehnen können. Gallo wurde beauftragt, mit Frankreichs Außenminister Talleyrand einen Vertragstext auszuarbeiten. Die Königin schrieb Gallo vielsagend, sie stelle es seinen Talenten anheim, «die beste Lösung zu finden ohne vor den Kopf zu stoßen …»[28] Als der Diplomat jedoch – sicher nicht aus eigener Initiative – eine Heirat von Napoleons Stiefsohn Eugène Beauharnais, der als Vizekönig für Italien ausersehen war, mit Maria Carolinas Tochter Maria Amalia ins Spiel brachte, lehnte die Königin entrüstet ab. Trotz dieser Düpierung handelte Gallo schließlich ein Abkommen aus, das am 21. September 1805 unterschriftsreif war. Darin sagte Neapel vollkommene Neutralität zu, sobald die französischen Soldaten aus Apulien abgezogen seien. Das Abkommen war für Neapel durchaus günstig. Für den versprochenen – und dann tatsächlich vollzogenen Abzug – verlangte Frankreich einzig und allein, das endgültige Ausscheiden Actons aus der neapolitanischen Politik. Dennoch versuchte Maria Carolina mit allen Mitteln, die Unterzeichnung des französischen Vertrages entweder zu verhindern oder wenigstens hinauszuzögern. Sie ging so weit, dass der französische Botschafter schließlich mit dem Abbruch der diplomatischen Beziehungen drohte, woraufhin das Abkommen schließlich am 8. Oktober ratifiziert wurde.

Der Grund für Maria Carolinas Verzögerungstaktik war der, dass ohne Gallos Wissen über den russischen Botschafter in Neapel gleichzeitig ein Vertrag formuliert worden war, der eigentlich nur die Verlängerung eines seit 1798 bestehenden Defensivbündnisses sein sollte, in das auch England mit einbezogen war. Nach dem Buchstaben dieses Vertrages waren die «Freunde und Bündnispartner» nur dann zum Eingreifen ermächtigt und verpflichtet, wenn die in der Präambel befürchteten «vermehrten feindlichen Vorstöße» Frankreichs das Königreich Neapel ernsthaft bedrohten. Durch den Neutralitätsvertrag mit Frankreich und den tatsächlichen Abzug der Franzosen aus Apulien war diese Gefahr gebannt, und es gab keinen Grund für kriegerische Maßnahmen. In Wirklichkeit aber ging es Russland und England nicht um den Schutz Neapels, sondern darum, das Königreich in die erneuerte antifranzösische Koalition einzubinden und das Land als Basis für einen Angriff auf Napoleons Königreich Italien zu nutzen. Auch Maria Carolina arbeitete intensiv in diese Richtung. Sie ließ in Wien über einen Beitritt Neapels zu der neuen Koalition zwischen Österreich, Russland und England verhandeln. Schon diese Unterredungen allein waren ein massiver Bruch der Neutralitätsverpflichtung gegenüber Frankreich. Zur Rechtfertigung erklärte die neapolitanische Seite schlicht, der Neutralitätsvertrag mit Frankreich sei erzwungen und deshalb in keiner Weise bindend.

In den Gesprächen in Wien im Oktober 1805 wurde vereinbart, russische und englische Truppen in Neapel landen zu lassen, um in Italien eine Angriffsfront gegen Napoleon aufzubauen und seine Herrschaft von Süden her aufzurollen. All dies sollte als «Zusatzartikel» dem Defensivvertrag beigefügt werden, und die «Freunde und Bündnispartner» verlangten nun gebieterisch, dass Neapel seine Häfen für die versprochenen 25 000 anglo-russischen Soldaten öffnete und auch selbst seinen Beitrag leistete. England drohte mit der völligen Einstellung aller Hilfszahlungen, von denen die Existenz des neapolitanischen Heeres abhing. Neapel gebot über ganze

12 000 Mann Infanterie und 2000 Mann Kavallerie. Der König verlangte nun, dass Maria Carolina und der Erbprinz dem Staatsrat den Zusatzartikel, vor allem aber die Frage vorlegten, ob den anglo-russischen Truppen die Landung gestattet und damit die Vereinbarungen mit Frankreich gebrochen werden sollten.

Am 7. November 1805, noch bevor die anglo-russischen Schiffe aufgetaucht waren, fand eine Staatsratssitzung statt, in der eine ähnlich dramatische Entscheidung zu treffen war wie 1792, als französische Schiffe vor Neapel lagen. In der äußerst prekären Situation alle möglichen Konsequenzen abzuschätzen, war so gut wie unmöglich. Es wäre allerdings durchaus noch machbar gewesen, den Schiffen einfach die Landung zu verweigern und damit Frankreich die Einhaltung der Neutralität handfest zu beweisen. Das aber hätte die vollständige Kapitulation vor Napoleon bedeutet und das Land ohne jede Gegenwehr dessen Willen unterworfen. Von Paris aus bot Gallo eine elegante Zwischenlösung an. Obwohl er sich nach den langen Jahren der engen und vertrauensvollen Zusammenarbeit von der Königin schamlos hintergangen fühlte – und bald darauf seinen Dienst quittierte –, versuchte er noch einmal zu vermitteln. Als erfahrener Diplomat hatte er in das Abkommen mit Frankreich äußerst dehnbare Formulierungen einfließen lassen, beispielsweise war nicht ausdrücklich festgelegt worden, aus wie vielen Schiffen ein «Geschwader» bestehe. Er schlug deshalb vor, z. B. jeweils nur vier Schiffen die Landung zu genehmigen, mit der Begründung, diese Zahl sei noch kein Geschwader.[29]

Der Staatsrat überging diesen Vorschlag jedoch. Stattdessen wollte man sich diesmal dem französischen Druck nicht beugen, sondern die Truppen aufnehmen, sich eindeutig auf die Seite der antifranzösischen Koalition stellen und damit den offenen Bruch mit Frankreich riskieren. Einmütig erklärten die Beteiligten, man müsse den russischen Truppen den Hafen öffnen, weil andernfalls nie mehr auf deren Hilfe und die Subsidien zu rechnen sei. Diese Entscheidung sei die am wenigsten gefährliche, «um die Monarchie zu erhalten».[30] Die Verantwortung für diese Entscheidung schob Maria Carolina später weit von sich und allein den Mitgliedern des Staatsrats zu. Sie selbst habe darauf gedrungen, dass weder sie noch Ferdinando an der Sitzung teilnahmen, um niemanden zu beeinflussen. Nichtsdestotrotz blieb die Schuld an der «Schurkin»[31] Maria Carolina hängen. An ihr konnte Napoleon nun seine ganze Wut auslassen, denn sie war es gewesen, die die geheimen Parallelverhandlungen mit der antifranzösischen Koalition initiiert hatte, und damit nicht nur, wie ihr ein Zeitgenosse vorwarf, eine «Dummheit» begangen, sondern sich in politische Widersprüche verwickelt hatte, aus denen sie selbst keinen Ausweg mehr fand.[32]

Die versprochenen anglo-russischen Soldaten erschienen tatsächlich am 19. November 1805 vor der Bucht von Neapel, aber statt der angekündigten 25 000 Mann waren es sehr viel weniger, darunter 2000 Albaner, d. h. Untertanen des Osmanischen Reiches, die man eher als Straßenräuber den Briganten des Königreichs zugesellen konnte als reguläre Truppen mit ihnen zu verstärken. Der Grund für dieses nur halbherzige Engagement der Alliierten war, dass der Beitritt Neapels zur antifranzösischen Koalition durch die langwierigen und widersprüchlichen Verhandlungen schlicht und einfach zu spät kam. Der englische Seesieg vor Trafalgar am 21. Oktober 1805 hatte die politische Weltlage erneut grundlegend verändert und die mühsam überkleisterten Interessengegensätze in der Koalition wieder aufbrechen lassen. In der Schlacht war zwar Nelson, der «Beschützer und Behüter» Neapels, tödlich verletzt worden, aber durch seinen Sieg hatte er der französischen Flotte das Genick gebrochen, einen französischen Angriff auf England endgültig vereitelt und die englische Vormachtstellung zur See langfristig gesichert. Das Königreich Neapel verlor damit vorläufig seine strategische Bedeutung für England, während Russland nun die englische Hegemonie im Mittelmeer fürchten musste. Deshalb hatten weder England noch Russland Interesse an der Fortführung des geplanten Angriffs auf Napoleons Königreich Italien, und dementsprechend mager fiel der versprochene «Schutz» für Neapel aus. Infolgedessen verschwanden die Beschützer nach kurzem Aufenthalt wieder am Horizont.

Der Einmarsch Bonapartes in Wien, sein überwältigender Sieg in der Dreikaiserschlacht von Austerlitz und der darauf folgende Frieden von Preßburg am 26. Dezember 1805 taten ein Übriges. Die bittere Niederlage und der demütigende Friedensschluss läuteten das Ende des Heiligen Römischen Reiches deutscher Nation ein und führten zur Bildung des Rheinbundes von Napoleons Gnaden. Österreich war als europäische Großmacht ausgeschaltet und verlor mit Venetien seinen letzten Stützpunkt in Italien. Für Neapel war also auch von dort keine Rettung mehr zu erhoffen. Noch von Preßburg aus erklärte Napoleon in einer Proklamation an seine Soldaten, wer als Nächstes an der Reihe war: «Die Dynastie von Neapel hat zu herrschen aufgehört; ihre bloße Existenz ist mit der Ruhe Europas und der Ehre meiner Krone unvereinbar.»[33] Seinen Bruder Joseph ließ der Kaiser auf die Grenze des Königreichs Neapel zumarschieren und benannte Maria Carolina in einem Bulletin als die Alleinschuldige an diesem französischen Vorgehen: «Die Armee Seiner Majestät geht in Eilmärschen voran, um die Königin von Neapel für das größte Attentat zu bestrafen, das je gegen die Heiligkeit von Verträgen, gegen Treu und Glauben und gegen das Völkerrecht verübt worden ist. Umsonst waren alle Bitten und Vermittlungsversuche, die für eine derartige Treulosigkeit um Vergebung bitten wollten. Der Kaiser antwortete darauf, dass es nach diesem letzten Attentat keine Hoffnung auf Vergebung mehr geben dürfe. Die Königin von Neapel hat kein Recht mehr zu herrschen,

auch um den Preis, die Feindseligkeiten erneut aufzunehmen
und die Nation einen Dreißigjährigen Krieg erleiden zu lassen.»[34]

Die Schuldige packte bereits eilends die Koffer und zwar
anders als sechs Jahre zuvor in aller Öffentlichkeit. Die Bevölkerung erschloss die bevorstehende Abreise aus der Tatsache,
dass die königlichen Hunde und Pferde eingeschifft wurden.
Ein Augenzeuge berichtete: «Ich vermag den Eindruck nicht
wiederzugeben, den der Königspalast heute vermittelte, es war
ein bewegendes Schauspiel, und zumindest ich war fast so
weit, Neapel sofort zu verlassen. Überall heftig diskutierende
Menschen, auf deren Gesichtern sich die verschiedensten
leidenschaftlichen Empfindungen abzeichneten. Sie blickten
auf die Balkone und das ganze Hin und Her, auf die Wagen
und Kavaliere und all das Gepäck. In der Kapelle war die Heilige Hostie ausgestellt, als sollte die königliche Familie die
letzte Ölung erhalten. … In mir wuchs die Angst, als mitten in
der Menge ein paar ‹Viva il Re!›-Rufe laut wurden und ich daran denken musste, wie schrecklich es 1799 gewesen war, und
ich sah schon vor mir, dass wieder eine Revolte ausbrechen
würde.»[35] Maria Carolina verließ als Letzte der königlichen
Familie die Stadt, nachdem am 8. Februar 1806 französische
Truppen die Grenze des Reiches überschritten hatten. Ferdinando hatte schon Ende Januar die Flucht ergriffen und Maria
Carolina, die Töchter und die Söhne allein zurückgelassen.
Wenige Tage zuvor war noch einmal das ganze festliche Ritual
des *bacciamano*, der öffentlichen Tafel und des großen Auftritts
im Theater inszeniert worden, aber anders als sonst zeigten
sich die Monarchen wortkarg und ernst, Anlass genug für die
Neapolitaner, sich sorgenvoll zu fragen, was diesmal nach der
Flucht von Hof, Regierung und den Resten der Staatskasse aus
ihnen werden würde.

Anders als 1799 rührte sich diesmal kein Finger zugunsten
der Monarchen, die Lazzari verfolgten vielmehr neugierig und

unbeschwert den Einzug der französischen Soldaten. Der von Ferdinando als Statthalter eingesetzte Generalleutnant Diego Naselli übergab Neapel als erste und letzte Amtshandlung widerstandslos ihrem neuen Herrn Joseph Bonaparte. Einen Monat später erhob Napoleon seinen Bruder zum König von Neapel und leitete damit eine neue Phase seiner Neuordnung Europas ein. Bisher hatte er zwar zu seinen und seiner Verbündeten Gunsten Ländergrenzen verändert, aber noch keinen Thron umgestürzt, sondern allein sich selbst durch die Krönung als Kaiser der Franzosen in einen Rang erhoben, der ihn mit dem Kaiser des Heiligen Römischen Reiches und dem Zar aller Reußen gleichstellen sollte. Mit dem an Neapel und speziell an Maria Carolina statuierten Exempel inaugurierte er nun seine neue Methode der «Herrschaftsausübung durch Machtdelegation an Familienangehörige»[36]. In Neapel war diese Methode am erfolgreichsten und hätte um ein Haar die napoleonische Zeit überdauert. Für Maria Carolina wurde sie zum endgültigen Abschied von ihrem «schönen, guten und lieben Neapel»[37].

Revolution auf die englische Art

Bei der Überfahrt nach Palermo geriet der Schiffskonvoi in ein noch schlimmeres Unwetter als sieben Jahre zuvor. Die neapolitanische Fregatte, auf der Maria Carolina mit ihren zwei noch unverheirateten Töchtern, ihrer hochschwangeren Schwiegertochter, ihrer Enkelin, den Hofdamen und der Dienerschaft reiste, erreichte zwar nach fünf Tagen endlich Palermo, die meisten anderen Schiffe mit Wertgegenständen, Möbeln und Hausrat waren jedoch abgetrieben worden oder sogar untergegangen. Anders als bei ihrem ersten Eintreffen kam Maria Carolina wirklich als − fast − mittelloser, ausgestoßener Flüchtling in Palermo an und wurde auch so empfangen.

Es herrschten weder Begeisterung noch hoffnungsvolle Erwartung. Die Monarchen, der Hofstaat, die Regierung und die zahllosen Flüchtlinge wurden vielmehr als lästige, unvermeidliche Bürde empfunden, die man widerwillig zu ertragen hatte. Darüber hinaus war allen Beteiligten von vorneherein klar, dass dieser zweite Zwangsaufenthalt der bourbonischen Monarchen nicht nur ein paar Monate dauern würde. Ganz Italien war fester denn je in französischer Hand. Die Auflösung des deutschen Kaiserreiches stand unmittelbar bevor. Die Bildung des Rheinbundes unter französischer Ägide wurde im Oktober 1806 ratifiziert. Einen Monat später legte Franz II. die Kaiserkrone des seit 962 bestehenden Heiligen Römischen Reiches nieder und war seither nurmehr Kaiser Franz I. von Österreich, ein Titel, den er vorsorglich schon zwei Jahre zuvor angenommen hatte. Im November 1806 verkündete Napoleon nach dem Sieg über Preußen in der Doppelschlacht von Jena und Auerstedt als Antwort auf die seit Trafalgar andauernde Seeblockade der Engländer von Berlin aus die Kontinentalsperre.

Unter diesen traurigen Auspizien für ganz Europa war der frostige Empfang in Palermo der Auftakt dessen, was Maria Carolina im Rückblick als «eine erstaunliche Revolution» bezeichnete. Eine Revolution, die nicht wie die bereits bekannten Revolutionen das Werk der französischen Propaganda und ihrer Anhänger und Nachahmer war, sondern das Werk Englands, dem die Königin stets als treueste Verbündete zur Seite gestanden hatte. Im Mittelpunkt dieser Revolution stand sie, die Tochter der «unsterblichen Maria Theresia».[38] Die Revolution, die schließlich zur Vertreibung der Königin führen sollte, war auch nicht das Ergebnis gesellschaftlicher Umwälzungen, sondern der Interessengegensätze zwischen den Engländern und der bourbonischen Monarchie, die sich in der Person der Königin bündelten.

Der neue englische Geschäftsträger Elliot behandelte Ma-

ria Carolina von vorneherein nicht als Verbündete und recht-
mäßige Vertreterin der Monarchie, wie dies einst Lord Hamilton mit großem diplomatischem Feingefühl getan hatte. Obwohl Ferdinando ihr wie so oft völlig freie Hand ließ und sich
in seine Jagdgefilde zurückzog, war Maria Carolina für Elliot
im besten Fall Befehlsempfängerin, und statt «Behüter und
Beschützer» waren die Engländer Besatzer. Sie hatten die
wichtigsten Festungen in der Hand, von ihren Hilfsgeldern
war die Regierung vollständig abhängig. Unter den gänzlich
veränderten politischen Umständen hatte England zwar großes Interesse an der Präsenz in Sizilien. Solange mit einem
erfolgreichen Angriff an mehreren Fronten nicht zu rechnen
war, blieb Sizilien jedoch bloß ein Stachel im Fleisch der napoleonischen Festung Europa. Umgekehrt bot die Insel Sizilien
aber auch für Napoleon und seine Stellvertreter «im Kleinen
die gleichen Schwierigkeiten wie ein Angriff gegen England,
mit dem Napoleon immer drohte, ihn aber nie in die Tat um-
setzte».[39] Für Maria Carolina dagegen gab es nur ein Ziel: so
schnell wie möglich den Statthalter des verhassten Korsen aus
Neapel zu vertreiben. Doch all ihr Drängen in diese Richtung
führte bei dem englischen Vertreter nur zu immer heftigerem
Widerstand.

Maria Carolinas erste Versuche, aus eigener Kraft die Rückeroberung in Gang zu setzen, schlugen fehl. Vor der Flucht
aus Neapel waren die beiden Söhne, Francesco und Leopoldo,
an der Seite des neuen, aus Österreich ausgeliehenen Generals
Graf Roger Damas auf dem Kontinent geblieben und mit
einem Heer von etwa 5000 Mann nach Kalabrien marschiert.
Sie hofften darauf, noch einmal durch mindestens 7000 Mann
verstärkt zu werden, um dann von Kalabrien aus gegen Neapel
und Joseph Bonaparte anzutreten. Gleichzeitig setzte Maria
Carolina wie 1799 auf die Bildung von irregulären Truppen
unter Führung der *capimassa*. Doch diesmal bot sich kein cha-
rismatischer, militärisch geschickter und in allen gesellschaft-

lichen Schichten verankerter Mann wie einst Kardinal Ruffo
an. Maria Carolinas Versuch, den Kommandanten des neapolitanischen Heeres mit dieser Aufgabe zu betrauen, stieß auf
eisige Ablehnung. Der kriegserfahrene Nachfolger General
Macks, Damas, erklärte rundheraus, er sei es gewohnt, «reguläre Truppen zu befehligen und nicht undisziplinierte Hau-
fen».[40] Die Königin war deshalb gezwungen, Michele Pezza,
alias Fra Diavolo, diese Aufgabe zu übertragen. Er war zwar
inzwischen zum Oberst im bourbonischen Heer aufgestiegen,
blieb aber dennoch der Brigant, der er immer gewesen war. Es
gelang ihm, mit Hilfe englischer Unterstützung in Kalabrien
zu landen und dort ein paar hundert Männer hinter sich zu
scharen, aber die Massen zum Aufstand gegen die Franzosen
anzustacheln und dauerhaft hinter sich zu bringen, gelang
seiner «Rachelegion» nicht. Er war nicht der Mann, der im
Namen des «heiligen Glaubens» auftreten konnte. Zudem
hatte die bäuerliche Bevölkerung erlebt, dass die konkreten
Verbesserungen und Abgabenkürzungen, die Ruffo versprochen und kurzfristig eingeführt hatte, zurückgenommen worden waren. Deshalb war von dem heiligen Glauben nicht mehr
viel übrig. Nachdem sich Fra Diavolo mühsam und mit immer
weniger Getreuen bis in die Abruzzen durchgeschlagen hatte,
wurde er schließlich im November von französischen Soldaten
gefangengenommen, nach Neapel gebracht und auf derselben
Piazza Mercato am Galgen hingerichtet, auf dem 1799 seine
Feinde unter dem Gejohle der fanatisierten Menge geopfert
worden waren.

Ohne die erwartete, massenhafte Unterstützung der süditalienischen Bevölkerung endete auch das Unternehmen des
Erbprinzen schnell und kläglich. Statt der erhofften begeisterten Erhebung erwies sich die Bevölkerung als ausgesprochen
feindselig, und er kam in Kalabrien nicht vorwärts. Deshalb
kehrte er wieder nach Messina zurück, ließ sich in einem Bau-
ernhof nieder, vergnügte sich beim Jagen und in der Land-

wirtschaft und verhökerte sogar seine eigene Butter an seine Nachbarn. Die Engländer waren zwar noch ein paar Mal zu Landungsunternehmen auf den Inseln und sogar auf dem Festland bereit, zogen sich aber immer dann wieder zurück, wenn sicher war, dass vom Kontinent kein Vorstoß auf Sizilien zu erwarten war. Als sich auch Russland nach dem Frieden von Tilsit der Kontinentalsperre anschloss, gaben die Engländer sogar die kleineren Inseln Capri, Ponza und Ventotene auf. Verbittert schrieb Maria Carolina an ihre Toto in Spanien, die Engländer hätten sie im Stich gelassen, «als die Gefahr am größten war. Sie haben uns ruiniert». Für sie blieb die Rückeroberung des Reiches auf dem Kontinent aber weiterhin der «Dreh- und Angelpunkt, um den alles kreisen muss, dem man alles opfern muss: sogar Ehre und Persönlichkeit.»[41]

Vorübergehend ließ sich die Königin von diesem Hauptziel dadurch abhalten, dass es gelang, ihre beiden noch unverheirateten Töchter endlich unter die Haube zu bringen und dabei wieder großartigen Träumen von Macht und Einfluss nachzuhängen. Die Ehen, die geschlossen wurden, waren zunächst allerdings weit entfernt von dem, was Maria Carolina vorschwebte. Als Anwärter für ihre Lieblingstochter Maria Cristina, genannt Mimi, traf im Herbst des Jahres 1806 Carlo Felice, Herzog von Genua und Bruder des Königs von Sardinien-Piemont aus seinem Exil in Sardinien ein. Die savoyische Königsfamilie war bereits vor der neapolitanischen vom Kontinent geflohen und lebte seitdem unter eher ärmlichen Umständen auf Sardinien. Die Heirat mit einem noch ärmeren Flüchtling, der nicht einmal Aussicht auf einen eventuell wiederhergestellten Thron hatte, entsprach nach wie vor nicht Maria Carolinas Vorstellungen von einer angemessenen «Etablierung» ihrer Töchter. Der Herzog hatte es schon einmal versucht und war damals von der Königin abgewiesen worden. Nun aber musste sie sich dem Drängen ihrer eigenen Tochter beugen, die mit dem Bräutigam durchaus zufrieden war. Und so wurde der Schein der Größe gewahrt und die Hochzeit mit dem gebührenden Pomp in Palermo gefeiert.

Für die noch verbliebene Maria Amalia war diese Hochzeit, wie sie in ihr Tagebuch schrieb, nichts als eine «Pein», denn nun schien sie endgültig zu einem Leben als alte Jungfer oder gar im Kloster verurteilt. Maria Carolina dagegen glaubte, für ihre letzte zu etablierende Tochter endlich eine ihrer «Liebe zum Ruhm» entsprechende Ehe ins Auge fassen zu können. Der Anlass dafür war denkbar traurig. Maria Teresa, ihre älteste Tochter, war im Kindbett ihrer zwölften Niederkunft am 13. April 1807 gestorben. Schon in ihrem Beileidsschreiben an den «sehr lieben und sehr unglücklichen» Witwer Kaiser Franz deutete die Königin unverblümt an, dass ihre sechsundzwanzigjährige Tochter Maria Amalia nach wie vor zu haben sei. Doch dieses Traumgebilde längst überholter Großmachtszenarien zerplatzte an der politischen Realität des von Napoleon beherrschten Europa. Angesichts der Schwäche Österreichs wäre eine Heirat des Kaisers mit der Tochter der Schurkin in Palermo einer neuerlichen Kriegserklärung gleichgekommen. Franz I. vergaß seine nach eigenen Worten «glückliche Ehe» erstaunlich schnell und heiratete bereits ein Jahr später die zwanzig Jahre jüngere, wegen ihrer Schönheit berühmte Ludovica d'Este, die Tochter des erst kurz zuvor verstorbenen Erzherzogs Ferdinand und Cousine des Kaisers. Gegen diese Verbindung konnten weder Napoleon noch sein Bruder Joseph etwas einwenden.

Für die letzte unverheiratete Tochter Maria Amalia tauchte dann ganz unerwartet doch noch ein Bewerber auf, für den sie wie für ein «echtes Wunder» dankbar war, obwohl sie ihn «ziemlich dick und äußerlich weder schön noch hässlich» fand.[42] Auch Maria Carolina begrüßte ihn zunächst begeistert, bekämpfte ihn jedoch bald erbittert als einen ihrer schlimmsten Feinde. Im Juni 1808 kam Louis-Philippe, Herzog von Orléans, mit kühnen Plänen nach Palermo, die wie maßgeschneidert waren für Maria Carolinas immer noch leicht erregbare Machtphantasien. Fast nebenbei präsentierte er sich von Anfang an als Heiratskandidat für Maria Amalia. Dennoch war Maria Carolina zunächst misstrauisch. Der Franzose trug zwar einen großen Namen, war aber eigentlich mehr noch als der Herzog von Genua seit Jahren ein mittel- und heimatloser Emigrant. Seine Mutter, Louise Marie Adélaïde de Bourbon-Penthièvre, hatte in jenen längst vergangenen Tagen, als Maria Carolina noch auf der Seite der freien Geister ihres Königreichs stand, durch ihren Besuch in Neapel und ihr Eintreten für die Freimaurer der Königin zum Triumph über den Minister Tanucci verholfen. Diese Sympathie für die Familie war bei Maria Carolina jedoch spätestens dann verflogen, als der Vater des Heiratskandidaten unter dem Namen Philippe Égalité für die Hinrichtung des französischen Königs gestimmt hatte. Auch der junge Louis-Philippe hatte sich anfangs für die Revolution begeistert, war aber rechtzeitig vor den Anhängern Robespierres geflohen und später als Verfemter durch halb Europa, ja bis nach Amerika geirrt, wo er sich unter falschem Namen auch mal als Lehrer durchschlagen musste. Louis-Philippe wurde jedoch nicht von allen royalistischen französischen Kreisen als Königsmörder angefeindet, denn es gab auch eine Orléanisten-Partei, die im Falle einer Wiederherstellung des bourbonischen Throns dem liberal gesinnten Herzog von Orléans die besseren Chancen einräumte. Der Herzog hielt sich geschickt im Hintergrund, taktierte nach allen Seiten und hatte neben Maria Amalia auch noch die bereits achtunddreißigjährige englische Prinzessin Elisabeth als zweites Eisen im Feuer. Deshalb befand sich der Herzog in einer Zwickmühle: Bei der englischen Partie war sein – nicht sonderlich ausgeprägter – katholischer Glaube ein Hindernis, bei der sizilianischen dagegen musste er tiefe Religiosität mimen. Der Widerstand der englischen Königin gab schließlich den Ausschlag, und von da an setzte der Herzog in Palermo

seinen ganzen Charme und all seine Überredungskünste ein,
um Maria Amalias Hand zu gewinnen. Gegenüber seiner künftigen Schwiegermutter beteuerte Louis-Philippe wortreich
seine Treue zu Louis XVIII. und erklärte, sein einziges Ziel sei
«die Ehre, am Sturz [Napoleons] von seinem Kaiserthron»
teilzunehmen.[43] Nicht damit, sondern mit seinen – angeblich
von England autorisierten – politischen Projekten gewann er
Maria Carolinas Zustimmung. Später behauptete diese, es sei
Ferdinando gewesen, der dem Herzog die Hand seiner Tochter
als eine Art Siegestrophäe versprochen habe.[44]

Anlass für das Versprechen war ein neuerlicher Coup Napoleons, diesmal in Spanien. Ausgerechnet dort witterte Orléans
großartige Chancen, mit denen er Maria Carolina auf seine
Seite zog. Im Familienstreit zwischen dem spanischen König
Carlos IV. und seinem Sohn Fernando hatte sich dieser durch
die «Meuterei von Aranjuez» als Fernando VII. im März 1808
kurzfristig auf den Thron geputscht. Von beiden angerufen
trat Napoleon in Bayonne als Schiedsrichter auf, schickte beide
ins Exil und beanspruchte den spanischen Thron kurzerhand
für sich selbst bzw. für seinen Bruder Joseph. Dagegen erhob
sich die spanische Bevölkerung mit einem Aufstand, der in eine
für Napoleon und seinen Bruder äußerst kräftezehrende
Guerilla übergehen sollte. Louis-Philippe trat nun leiden-
schaftlich und angeblich im Einverständnis mit der englischen
Regierung dafür ein, den erst achtzehnjährigen Leopoldo als
Abgesandten der rechtmäßigen Anwärter auf den spanischen
Thron zu den Aufständischen zu entsenden. Als Alternative
brachte er ins Spiel, Leopoldo nach Südamerika zu schicken,
um dort die spanischen Besitzungen zu übernehmen. Diese
Weltmachtphantasien gingen Maria Carolina dann doch zu
weit, aber für die Entsendung Leopoldos nach Spanien war sie
sofort Feuer und Flamme. Die neuerliche Anmaßung des «Un-
geheuers», des hergelaufenen Thronräubers und Usurpators
bedeutete auch für sie keineswegs, die spanischen Monarchen

zu unterstützen, von denen sie ohnehin nichts hielt. Vielmehr war sie davon überzeugt, dass ihr Gatte als nächster männlicher Verwandter Anspruch auf den spanischen Thron erheben könne, ja müsse.

Den Bedenken Ferdinandos setzte Maria Carolina das Vertrauen in die «edlen, treuen, redlichen Engländer» entgegen, die, «ihre Verbündeten doch unterstützen» würden.[45] Orléans seinerseits erbot sich, Leopoldo zu begleiten und zu beraten. Die Königin stimmte diesem Vorschlag begeistert zu und sah es «als einen Hinweis der Vorsehung an, dass dieser junge Mann [Orléans] hierhergeführt worden ist.» Beim Abschiedsessen für den Prinzen und seinen Beschützer versprach Ferdinando dem von der Vorsehung geschickten jungen Mann schließlich die Hand seiner Tochter. Doch das Unternehmen ging gründlich schief und öffnete Maria Carolina allmählich die Augen über die wahren Interessen der einzig ihr verbliebenen Verbündeten und ihres künftigen Schwiegersohnes. Die Engländer hatten nämlich inzwischen in Spanien nicht nur die Aufständischen nach Kräften unterstützt, sondern auch selbst bedeutende militärische Erfolge erzielt. Als Leopoldo und der Herzog von Orléans in Gibraltar eintrafen, verbaten sich die edlen Verbündeten jede Einmischung, und auch die Bevölkerung zeigte keinerlei Interesse an dem Besuch aus Sizilien, obwohl Napoleon seinen Bruder Joseph inzwischen zum König proklamiert hatte und die Guerilla gegen ihn bereits zum Flächenbrand geworden war.

Unverrichteter Dinge mussten die beiden Bourbonen wieder nach Sizilien zurückkehren. Die großartigen Träume, die Orléans in Maria Carolina entfacht hatte, triumphal Rache zu nehmen für alles, was ihr der Usurpator und das spanische Königshaus gleichermaßen angetan hatten, waren kläglich zerstoben. Deshalb schob Maria Carolina später die Schuld auf Orléans, «der sich einbildete, Leopoldo nach seinem Geschmack leiten zu können und nur für sich zu arbeiten, unter dem Vorwand der Sache des Königs zu dienen.»[46] Unter diesen Umständen schien es in jeder Hinsicht geboten, die Verbindung Maria Amalias mit dem französischen Bourbonenspross nicht allzu hoch zu hängen, und man nahm einen Jagdunfall Ferdinandos zum Vorwand, um die Hochzeit im kleinen Kreis am Krankenbett des Königs zu feiern. Erschwerend kam hinzu, dass England dem Herzog nach dem missglückten spanischen Abenteuer die bislang gewährte finanzielle Unterstützung aufgekündigt hatte und der neue Schwiegersohn nun endgültig bettelarm war. Da war es dann wohl wirklich zutreffend, wenn Maria Carolina über diese letzte «Etablierung» einer Tochter später schrieb, jeder Augenzeuge wisse, «wie viele Tränen sie darüber vergossen» habe.

Das Ereignis war zudem überschattet von der Nachricht, dass der Usurpator ein weiteres Mal triumphiert hatte. Trotz einer ersten Niederlage bei Aspern hatte Napoleon bei Wagram Österreich vernichtend geschlagen, das seinerseits von Preußen und Russland im Stich gelassen worden war, und am 14. Oktober 1809 den Frieden von Wien-Schönbrunn diktiert. Österreich verlor ein Drittel seines territorialen Bestandes und mit Triest, Fiume und Kroatien auch den letzten Zugang zum Meer. Welche dramatischen Auswirkungen diese Tatsache vier Jahre später für Maria Carolina ganz persönlich haben sollte, konnte sie zu diesem Zeitpunkt noch nicht ahnen. Über die unmittelbaren politischen Konsequenzen bestand jedoch kein Zweifel. Österreich war nicht nur als ein möglicher Verbündeter gegen Napoleon ausgeschaltet, sondern war nun sogar als Feind zu betrachten. Wie weit die Demütigung gehen würde, wurde jedoch erst im nächsten Jahr deutlich. Von ihrem ehemaligen Schwiegersohn hielt Maria Carolina schon längst nicht mehr viel und zuletzt hatte sie akzeptieren müssen, dass Franz die ihm angebotene Heiratskandidatin ablehnte. Maria Carolina musste nun aus dem «Moniteur» erfahren, dass der österreichische Kaiser seine Tochter, *ihre*

Enkelin, dem «Unmenschen» als «ehebrecherische Konku-
bine» zur Frau gab.[47] Die Empörung der Königin darüber, dass
sie jetzt zu allem Unglück auch noch «des Teufels Großmutter» sein sollte, kannte keine Grenzen. Dem neapolitanischen
Botschafter in Wien trug sie auf, den Brautvater wissen zu lassen, dass er sich nie mehr an sie wenden solle, sie betrachte ihn
als tot, weil er zugelassen habe, dass ihre Enkelin nun «verloren, entehrt und beschmutzt» sei. Völlig verdüstert schloss sie
ihren Brief: «Ich habe nun alles verloren, meine Familie, meine
Heimat, mein Leben und meine Existenz.» Maria Carolina
steigerte sich so sehr in Verzweiflung und Wut, dass sie mehrmals ernsthaft krank wurde. Dabei musste sie erleben, dass
weder ihre Familie noch die englischen Verbündeten und erst
recht nicht ihre sizilianische Umgebung darüber besorgt waren. Hatte sie in Neapel einst, wenn eine Geburt bevorstand
oder auch nur das Gerücht einer Krankheit aufkam, von ihrem
Gatten, vom Hof, von den diplomatischen Vertretern und aus
der Bevölkerung überschwängliche Bekundungen des Mitge-
fühls und der Aufmunterung erhalten, so kümmerte sich hier
kein Mensch um ihr Wohlergehen. Um ihre Verzweiflung, immer wiederkehrende Schmerzen und Krankheiten wie Venen-
leiden und Herzprobleme zu bekämpfen, nahm ihr Opiumkonsum weiter zu, der wiederum ihre Stimmungsschwankungen
verschärfte. Wutausbrüche und wüste Beschimpfungen unterschiedlichster Personen in aller Öffentlichkeit oder in Briefen,
die immer in die falschen Hände geraten konnten, nahmen ein
solches Ausmaß an, dass viele davon sprachen, die Königin sei
nicht mehr bei Sinnen. Ferdinando reagierte auf die ihm übliche Art und zog sich in seine Jagdgefilde zurück.

Maria Carolina hingegen gab immer noch nicht auf, obwohl
sie sich objektiv in einer geradezu aussichtslosen Situation befand und kaum mehr fähig war, die komplizierte Lage zu über-
blicken. Vielmehr schlug sie wild um sich wie ein in die Enge
getriebenes Tier, das um sein Leben kämpft. Sie wusste nun,

dass sie keine Verbündeten mehr hatte und dass auch die
«edlen, treuen, redlichen Engländer» in Wirklichkeit bloß
«allein befehlen» und die «althergebrachten Gewalten aus-
schließen»[48] wollten. Nicht respektierte Verbündete waren die
Monarchen in Sizilien, sondern Gefangene im eigenen Land.
In aller Öffentlichkeit überhäufte Maria Carolina England mit
sarkastischen Äußerungen und erntete damit sogar von ihrem
Botschafter in London eine vorsichtige Ermahnung, solche
Bemerkungen zu unterlassen, um nicht auch den Rest ihres
Königreichs aufs Spiel zu setzen. Maria Carolinas Hass richtete sich nicht zuletzt gegen ihren neuen Schwiegersohn, den
sie nun als willfähriges Werkzeug Englands betrachtete. Der
war allerdings selbst in einer schwierigen Situation. Nach
seiner Heirat hatte die englische Regierung ihm wieder seine
allowance [Taschengeld, Aufwandsentschädigung] genannte
Zuwendung bewilligt, ihn damit aber lediglich in die Stellung
eines jederzeit fristlos kündbaren Angestellten befördert.
Während er, Ferdinando und auch der Erbprinz Francesco
sich resigniert in ihr Schicksal ergaben und auf bessere Zeiten
warteten, brachte Maria Carolina so viel Geduld nicht auf.
Immer noch glaubte sie, durch einen Kraftakt ihr Reich wiederzugewinnen und es nun auch noch mit den Engländern aufnehmen zu können.

Seit 1808 existierte ein formaler Bündnis- und Beistands-
vertrag zwischen Großbritannien und dem Königreich Beider
Sizilien, in dem die Engländer jährliche Hilfszahlungen in
Höhe von 300 000 (ein Jahr später sogar 400 000) Pfund für
Aufbau und Unterhalt von Heer und Flotte zusagten. Die
bourbonische Regierung verpflichtete sich im Gegenzug zur
Stellung von 42 000 Freiwilligen. Die englischen Subsidien
waren allerdings längst ausgegeben, bevor auch nur ein Teil
der zugesagten Freiwilligen rekrutiert und ausgerüstet war.
Das meiste Geld verbrauchte Maria Carolina für den Unter-
halt ihres Agenten- und Spionagenetzes, mit dem sie hoffte,

auf dem Kontinent Widerstand gegen die Franzosen entfachen zu können. Da die Engländer Rechenschaft für die Verwendung der Hilfszahlungen verlangten und auch auf die
Stellung von einheimischen Truppen pochten, geriet die Regierung in Erklärungsnot und Zugzwang. Es kamen Gerüchte
auf, dass Maria Carolina nicht nur entgegen ihren Beteuerungen mit dem nunmehrigen Feind Österreich, sondern sogar
mit den Franzosen in geheimen Verhandlungen stehe. Im Mai
1810 erschien in der französischsprachigen «Gazette de Com-
merce» von Cadiz, ein angeblich von Napoleon verfasster
Brief an Maria Carolina, in dem er schmeichlerische Töne
anschlug und der Großmutter seiner Frau Avancen für ein
Bündnis gegen England machte. Der britische Gesandte
schrieb an den englischen Außenminister: «Ich glaube, dass
bei der Königin das Missfallen über die Pläne Großbritanniens
stärker ist als der Hass auf Bonaparte, und – bei allem Respekt
vor dem sizilianischen König, an dessen Loyalität und Prin-
zipientreue kein Zweifel besteht, – denke ich, dass er zu täu-
schen ist, und eine Verschwörung, an der er nicht beteiligt ist,
geplant sein kann.»[49] Für eine solche Verschwörung fanden
die Geheimdienste auch schnell Beweise. Es entspann sich ein
Spionagekrieg, in dem sich die Agenten der Engländer, der
Königin, der Franzosen in Neapel und des französischen Kaisers gegenseitig bespitzelten und einander Verrat und Verschwörung nachzuweisen suchten. Die Franzosen erwiesen
sich dabei als die skrupellosesten, die Engländer als die ge-
schicktesten, die Spione der Königin als die unzuverlässigsten
und sie selbst als die Verliererin.

Seit der Ankunft der Monarchen in Palermo war Marchese
Giuseppe Castrone Polizeichef und der Vertraute Maria Carolinas für alle geheimen Aufträge. Alle ihre Briefe gingen durch
seine Hand, und er war zugleich Herr über eine kleine Flotte
von unscheinbaren Küstenbooten, in denen als Fischer ge-
tarnte Agenten der Königin nach Neapel gelangen und der

Aufmerksamkeit der vor den Küsten kreuzenden Schiffe von Verbündeten oder Feinden entgehen konnten. Diese kleine Flotte unter dem Befehl Castrones betrachtete die Königin als ihr ganz persönliches Eigentum und verteidigte sie hartnäckig gegen alle Versuche des Marineministers, ihr die Verfügungsgewalt darüber zu entziehen. Von Castrones Aufrichtigkeit und Ergebenheit war Maria Carolina zutiefst überzeugt, sie erwartete von ihm, dass er «vollkommen offen» mit ihr rede, und versprach ihm dafür «ewige Dankbarkeit». Ihre Befehle an Castrone unterzeichnete sie mit *vostra buona padrona* [Eure gute Herrin].[50] Andere Mitglieder der Regierung, die der Königin durchaus wohlgesonnen waren, nannten Castrone dagegen ein «verwerfliches Subjekt» und warnten sie vergebens vor ihm und seinen Leuten. Ausrüstung und Unterhalt dieser Männer, des Schiffsparks und des Personals verschlangen immer größere Summen, zumal die Königin z. B. gegenüber dem Marchese, aber auch gegenüber anderen untergeordneten Personen, die ihr nützlich waren, großzügig sein musste, um sie bei der Stange zu halten. Es kam aber auch vor, dass Castrone ihr Geld vorstrecken musste, weil sie zu ihrer «Schande gestehen» musste, dass nicht einmal die Bank ihr etwas leihen wollte, obwohl sie längst nicht nur ihre Privatschatulle, sondern auch die englischen Hilfsgelder für ihre Privatarmee geplündert hatte. Doch Maria Carolinas Vertrauen wurde missbraucht. Die sogenannten Freunde, die in Verkleidung ihre Briefe transportierten, Stimmungen einfingen und Gerüchte ausstreuten, die Anhänger sammelten und Gegner ausschalteten, erwiesen sich in einigen Fällen als Doppel- oder Dreifachagenten oder wechselten, sobald sie aufgegriffen wurden, umstandslos die Fronten. Ein gewisser Giuseppe Cassetta, der seit 1808 in ständigem Briefwechsel mit Maria Carolina stand und mit Castrone zusammen häufig von ihr empfangen wurde, stand spätestens seit 1810 auf der Gehaltsliste des Polizeiministers in Neapel, denn er händigte diesem z. B. einen Brief

Maria Carolinas an ihre Enkelin Marie Louise aus, als diese bereits Kaiserin von Frankreich war. Im Oktober 1811 wurde dieser Cassetta von den Engländern mit Briefschaften aus Neapel verhaftet, die den Eindruck erweckten, dass die Königin mit ihrem Spionagechef Castrone in geheimen Verhandlungen mit den Franzosen stand. Gegenüber den englischen Vorwürfen reagierte die Königin mit äußerster Entrüstung und stellte die Sache so dar, dass diese Briefe gefälscht seien, um einen Keil zwischen die bourbonische Regierung und ihre englischen Verbündeten zu treiben. Einige Wochen später wurde ein anderer ihrer Leute, ein Hauptmann namens Andrea Rossarol, mit Listen von Verschwörern für einen Aufstand gegen die Engländer gefasst und ebenso wie Cassetta standrechtlich erschossen. Maria Carolina erklärte zwar immer noch standhaft, niemand habe ihr bisher einen handfesten Beweis dafür liefern können, dass sie selbst an derartigen Machenschaften beteiligt sei. Sofern es sich nicht einfach um von den Engländern selbst fabrizierte Schriftstücke handle, seien sie nichts anderes als ein plumper Versuch der Franzosen, sie persönlich in Misskredit zu bringen. In diesem Spionagekrimi war sie jedoch die eindeutige Verliererin. Ihr mühsam aufgebautes, kostspieliges Agentennetz war zerschlagen und ihr Handlungsspielraum auf ein Minimum reduziert.

Um gegenüber den englischen Verbündeten wenigstens einen Rest von Eigenständigkeit zu bewahren, hatte die Regierung schon ein Jahr zuvor versucht, die Kosten für Heer und Flotte über Steuern zu finanzieren. Diese Steuern konnten nur auf der Insel eingetrieben werden, und da rächten sich die Fehler, die die bourbonische Regierung gegenüber dem Parlament und der «Deputazione del Regno», dem Exekutivrat, in der Vergangenheit gemacht hatte. Die Barone der Insel erinnerten sich sehr genau daran, wie erfolgreich ihr Widerstand gegen die Reformpläne des Vizekönigs Caracciolo gewesen war. Sie erinnerten sich ebenso genau daran, wie sang- und klanglos der König nach 1799 die Insel verlassen und nur ein riesiges Steuer-«Geschenk» eingestrichen hatte. Außerdem waren sie schon lange unzufrieden damit, dass die Monarchie auch bei diesem zweiten Aufenthalt in Sizilien die ganze Regierung aus Neapel importiert und keinen einzigen Vertreter der Insel eingebunden hatte. Maria Carolina hatte sich sogar öffentlich sehr abfällig darüber geäußert, dass es in Sizilien mühsam sei, überhaupt «Leute aufzutreiben, die lesen und schreiben können.»[51] Deshalb hatte man sogar lieber auf alte Bekannte wie Acton und sogar auf Luigi de' Medici zurückgegriffen. Acton warf schon nach einem knappen Jahr das Handtuch, und Maria Carolina bemerkte dazu abschätzig, er sei ganz Sizilianer geworden und habe die neapolitanischen Interessen völlig aus dem Auge verloren. Damit blieb Medici als der einzige fähige Mann in der Regierung. Aber Maria Carolina misstraute ihm nach wie vor. Im Zuge der sich nun anbahnenden Auseinandersetzung mit den sizilianischen Baronen titulierte sie ihn sogar als «Verräter».[52]

Die Spannung eskalierte, als der König bei der Eröffnung des neuen – alle vier Jahre tagenden – Parlaments 1810 ein «Geschenk» von jährlich 360000 sizilianischen Unzen, d.h. ungefähr eine Million Dukaten, verlangte, um das Heer von den vorhandenen 8000 auf wenigstens 20000 Mann aufzustocken. Die gewählten Vertreter des Landes, in vorderster Linie die Barone, ließen die Regierung kalt abblitzen. Wenn man bedenkt, dass der gesamte Staatshaushalt des ganzen Königreichs ca. 4,5 Millionen Dukaten betragen hatte, so ist leicht zu ermessen, dass eine Million allein für Heer und Flotte und allein für die Insel eine unerträglich hohe Belastung mit sich brachte. Nach zähen Verhandlungen wollten die Repräsentanten der Insel lediglich 150000 Unzen, also etwas weniger als die Hälfte, gewähren. Die Führung der Fronde gegen die Krone übernahmen die Barone. Sie zogen die Repräsentanten des Klerus und die des Bürgertums mit einem Plan für eine gerechtere Lastenverteilung auf ihre Seite. Ihr führender Theoretiker Paolo Balsamo warb damit, dass auch die Barone einen höheren Anteil als bisher am Steueraufkommen leisten würden. Maria Carolina wollte bis zum Schluss nicht daran glauben, dass die Sizilianer es wagen würden, gegen die königliche Autorität zu opponieren. Für sie war die Unbotmäßigkeit des Parlaments deshalb ein «Schock», sie titulierte die Parlamentarier als «Hanswurste» und drängte Ferdinando dazu, genau das zu tun, was sie selbst zuvor den Engländern vorgeworfen hatte, nämlich die «althergebrachten Gewalten» auszuschließen[53]. Gegen den Rat Medicis setzte sich der König mit einem Dekret über die Rechte des Parlaments hinweg und ordnete einen Steueraufschlag von einem Prozent auf alle Geschäftsvorgänge an. Damit löste er einen schweren Verfassungskonflikt aus zwischen der Monarchie und den althergebrachten Gewalten, d. h. in erster Linie den Baronen der Insel. Dreiundvierzig Vertreter des Parlaments pochten auf ihr Recht, jede neue Steuer zu genehmigen, und richteten eine Beschwerde an die «Deputazione del Regno», den Exekutivrat des Vizekönigreichs, der über die Frage der Verfassungsmäßigkeit entscheiden sollte. Dem Protest schlossen sich Hunderte von Personen an, aber Regierung und Hof hatten immer noch nicht begriffen, wie explosiv die Stimmung inzwischen geworden war. Schon als die ersten Gerüchte über das Aufbegehren der Barone bekannt wurden, wollte es die Königin den Urhebern mit «Blut und Tränen»[54] heimzahlen. An der entscheidenden Sitzung des Staatsrats nahm der König wie üblich nicht teil, überließ Maria Carolina und dem Erbprinzen den Vorsitz und beschränkte sich darauf, die Entscheidungen abzusegnen. Weil jedermann wusste, wie gefügig der Erbprinz war, fiel deshalb auf die Königin das ganze Gewicht der in dieser Sitzung getroffenen Entscheidungen zurück, und die waren tatsächlich schwerwiegend. Alle Mitglieder der *Deputa-*

zione sollten gezwungen werden, *vor* der eigentlichen Sitzung schriftlich zu erklären, dass der König mit seinem Steuerdekret nicht gegen bestehendes Recht verstoßen habe. Die undankbare Aufgabe, jedes einzelne Mitglied zu bearbeiten und zur Unterschrift zu veranlassen, fiel der Königin zu, und sie absolvierte sie mit Nachdruck. Sie ging sogar noch weiter und verlangte, dass die Anführer der Protestbewegung, die sich von Anfang an gegen die Forderungen der Krone hervorgetan hatten, wegen Majestätsbeleidigung verhaftet und verurteilt werden sollten. Fünf Barone wurden festgenommen, und Maria Carolina war davon überzeugt, dass sie aufgrund der Beweislage den Tod verdient hätten. Doch vor allem Medici und der Herzog von Orléans, der ganz auf der Seite der Barone stand, setzten ein konzilianteres Vorgehen durch, so dass die Barone nur auf verschiedene Inseln ins Exil geschickt wurden. Beide Ratgeber betrachtete Maria Carolina nun erst recht als ihre persönlichen Feinde. Sie weinte Medici keine Träne nach, als er noch im selben Jahr auf Druck der Engländer die Insel verlassen und nach London ins Exil gehen musste, obwohl sie damit den letzten einigermaßen fähigen Mann verloren hatte.

Die Barone hätten jedoch kaum Erfolg gehabt, wenn sie nicht in dem neuen Vertreter Englands einen mächtigen Verbündeten gefunden hätten. England hatte keinerlei Interesse an Unruhen auf der Insel, die einen Angriff der Franzosen hätten erleichtern können. Unmittelbar nach der Festnahme der fünf Barone kam Lord William Charles Cavendish Bentinck in Palermo an, und er war, anders als seine Vorgänger, Botschafter *und* Militärkommandant zugleich. Dieser Lord William war ganz anders geartet als der kunstsinnige, elegante und diplomatisch geschickte Lord William Hamilton, der die glücklichen Jahre Maria Carolinas in Neapel bis zu ihrem bitteren Ende begleitet hatte. Lord William Bentinck dagegen war durch und durch englischer Kolonialbeamter und

brachte aus Indien die Überzeugung mit, dass man seinen re-
soluten Kommandos unverzüglich Folge zu leisten habe. Während er Maria Carolina nach der ersten Begegnung als eine
«ungewöhnlich kluge Frau»[55] bezeichnete, betrachtete sie ihn
von Anfang an als «ungehobelten Hauptmann» und schrieb
über ihn: «Der Mylord [Bentinck] hatte sich eingebildet, er
könne die Königin leicht auf seine Seite ziehen, die bestehende
Ordnung umstürzen und durch eine nach seiner Art zu erset-
zen, musste aber bald erkennen, dass die Königin zu viel Verstand hatte, um derartige Ideen zu übernehmen ...»[56]

Die Königin war allerdings nicht mehr klar genug bei Verstand um einzusehen, dass sie gegen das Bündnis von Bentinck
und den sizilianischen Baronen keine Chance hatte. Von Anfang an verweigerte sie jede Zusammenarbeit und stürzte sich
halsstarrig in einen aussichtslosen Kampf gegen den englischen Bevollmächtigten. Dieser hatte von seiner Regierung
die klare Anweisung erhalten, auf die Einhaltung der Ver-
tragsbedingungen zu pochen, insbesondere auf Rechenschaft
über die Verwendung der Hilfsgelder und die Stellung der
einheimischen Soldaten. Darüber hinaus forderte er die Einbeziehung von Vertretern der Insel in die Regierung und die
Beachtung der Parlamentsbeschlüsse. Die verhafteten Barone
sollten freigelassen werden. Bentinck stieß mit diesen Forderungen auf eisige Ablehnung, und Maria Carolina war so
unbesonnen, ihm in einem Brief eine neue «Sizilianische Vesper» gegen die Engländer anzudrohen und anzudeuten, dass
die «wohlmeinenden Sizilianer» eine französische Fremdherrschaft der englischen sogar vorzögen. Bentinck packte daraufhin kurzerhand seine Sachen, fuhr nach England und ließ sich
dort mit neuen, noch viel weiter gehenden Vollmachten aus-
statten. Nach seiner Rückkehr hatte er nun völlig freie Hand
und sogar das Recht, mit Waffengewalt gegen die widerspens-
tige Königin vorzugehen, die er als Ursache allen Übels ausgemacht hatte.

Im Jahr 1812 führte Napoleon eine halbe Million Soldaten aus fast allen Teilen Europas nach Russland in eine der größten militärischen Katastrophen der Geschichte und bereitete damit das Ende seiner Herrschaft und auch das vorläufige Ende der seit zwei Jahrzehnten andauernden revolutionären Umwälzungen und territorialen Veränderungen in Europa vor. Dieses Jahr gespannter politischer Ruhe nutzte Bentinck am anderen Ende Europas, um aus der Insel Sizilien ein politisch stabiles und vorzeigbares Bollwerk zu machen, von dem aus die französische Herrschaft über Europa zum gegebenen Zeitpunkt attackiert werden konnte. Zu diesem Zweck begünstigte er politische Reformen, die wie eine vorsichtige Überleitung aus der Epoche der Revolution in eine moderate Restauration hätten wirken können, und in etwa zu vergleichen sind mit den Reformen, die in den Rheinbundstaaten oder in Preußen unter Stein und Hardenberg in Gang gesetzt worden waren und eine wesentliche Grundlage für die Befreiungskriege bildeten. Der hartnäckige und halsstarrige Widerstand vor allem Maria Carolinas gegen jedes auch noch so kleine Zugeständnis an die neue Zeit verbaute diese Möglichkeit jedoch und besiegelte für sie selbst das Schicksal einer Königin ohne Land.

Unmittelbar nach seiner Rückkehr ließ Bentinck die Königin wissen, dass die britischen Hilfszahlungen gesperrt blieben, sofern nicht folgende Forderungen erfüllt seien: Erstens die Einbeziehung sizilianischer Persönlichkeiten in die Regierung, zweitens die vertraglich vereinbarte Übertragung des Oberbefehls über alle sizilianischen Streitkräfte auf ihn, und drittens die sofortige Freilassung der verhafteten Barone. Als die Königin auch diesmal nicht zum Nachgeben bereit war, schlug Bentinck eine härtere Gangart ein. Gestützt auf den Herzog von Orléans bearbeitete er Ferdinando, der ohnehin «nichts mehr wissen und nichts mehr tun und alles Gott überlassen»[57] wollte, so lange, bis dieser bereit war, «aus gesund-

heitlichen Gründen» seinen Sohn Francesco als seinen Stellvertreter einzusetzen. Obwohl auch dieser sich am liebsten
seiner Familie und der Landwirtschaft widmete, fühlte er sich
doch von dem in ihn gesetzten Vertrauen geschmeichelt und
nahm das Angebot an. Bentinck wusste nur allzu gut, dass
Francesco leicht zu beeinflussen war und nach wie vor auf
seine Mutter hörte. Deshalb ging der englische Vertreter zum
direkten Angriff auf die Königin über. Ihr war es fortan
verboten, an den Sitzungen des Staatsrats teilzunehmen, wie
dies seit fünfunddreißig Jahren ihr Recht gewesen war. In
dieser Zeit hatte sie ja darüber hinaus an Stelle Ferdinandos in
der Regel sogar den Vorsitz geführt. Ihren Platz nahm nun der
Erbprinz ein. Bentinck wusste sehr wohl, dass Maria Carolina
sich einen derartig unverfrorenen Eingriff in ihre Rechte als
Königin nicht ohne heftigste Gegenwehr gefallen lassen
würde. Deshalb wollte er sie auch physisch von Palermo fern-
halten und schrieb ihr mit einem heuchlerischen Appell an
ihren Stolz als Mutter: «Es wäre von meiner Seite eine straf-
bare Nachlässigkeit, Eurer Majestät zu verhehlen …, dass die
Regierung Ihres Erhabenen Sohnes niemals das Vertrauen gewinnen kann, das zum gegenwärtigen Zeitpunkt so dringend
benötigt wird, da man zu Recht oder zu Unrecht unterstellt,
dass der Einfluss Eurer Majestät überwiegt. … Es erfüllt mich
mit unendlichem Bedauern, Eurer Majestät die unangenehme
Wahrheit unterbreiten zu müssen, dass das Verhalten Eurer
Majestät nach der Ernennung Ihres Erhabenen Sohnes zum
Generalvikar nicht dazu beigetragen hat, derartige Vorurteile
in der Öffentlichkeit zu vermindern.»[58] Unter der kaum ver-
hohlenen Androhung von Gewalt forderte Bentinck die Königin auf, sich aus Palermo «in einen entfernteren Teil der Insel» zurückzuziehen und entfachte damit einen Kleinkrieg mit
Maria Carolina um die Frage, wie weit sich die Königin künftig der Hauptstadt nähern oder ob sie nicht besser überhaupt
die Insel ganz verlassen und sich wie ihr Gatte «aus gesund-

heitlichen Gründen» zurückziehen und in ihre Heimat zu ihrem ungeliebten ehemaligen Schwiegersohn begeben sollte. Zunächst einigte man sich auf Santa Margherita an der Südküste der Insel als Mindestentfernung von der Hauptstadt. Solange Maria Carolina aber auf der Insel blieb, konnten ihre unzähligen Briefe zwar abgefangen und kopiert, nicht aber ganz unterbunden werden. Und Maria Carolina war nicht gewillt, sich dem englischen Diktat kampflos zu unterwerfen, obwohl ihre Kräfte immer mehr schwanden und sie so gut wie keine Mitstreiter mehr hatte.

Ihr nunmehr regierender Sohn Francesco hatte als eine seiner ersten Amtshandlungen die fünf verhafteten Barone aus dem Exil zurückgerufen und sie mit den wichtigsten Regierungsämtern betraut. Damit war jene «englische Partei» in den Sattel gehoben, die seit langem eine Verfassung nach englischem Vorbild verlangte. Die «englisch», d.h. liberal gesinnten Barone hatten die Zeichen der Zeit erkannt und waren bereit, auf einen Teil ihrer Rechte und Privilegien zu verzichten, um nicht alles zu verlieren. Damit huldigten sie dem Grundsatz, den einer ihrer Nachfahren weltberühmt machen sollte: «Es muss sich alles ändern, damit alles so bleibt, wie es ist.» Das 1812 zusammengetretene Parlament erklärte sich zur verfassunggebenden Versammlung und entwarf unter Federführung des Juristen Paolo Balsamo die Verfassung für ein eigenständiges Königreich Sizilien, dessen König die Insel nur verlassen durfte, um zum Beispiel sein Reich auf dem Kontinent wieder in Besitz zu nehmen, sofern er seinen Erstgeborenen als König einsetzte. Andernfalls beanspruchten die in einem Oberhaus und einem nach Zensus gewählten Unterhaus versammelten Vertreter des Landes das Recht, sich selbst einen König zu suchen. Die Exekutive wurde ganz in der Hand des Königs konzentriert, und die von ihm zu berufende Regierung bedurfte nicht des Vertrauens des Parlaments. Die legislative Gewalt dagegen lag einzig und allein beim Parlament, und auch die Justiz war dem Einfluss der Krone entzogen. Alle feudalen Privilegien wurden teils entschädigungslos, teils gegen Entschädigung gestrichen, Rechtsgleichheit und Pressefreiheit garantiert. Besonders wichtig für Sizilien und besonders umkämpft in der verfassunggebenden Versammlung war die Schaffung neuer Verwaltungseinheiten, die modernen wirtschaftlichen und demographischen Kriterien entsprachen und die alten, durch Gewohnheitsrecht und uralte Verträge verwirrten Grenzen korrigierten.

Als Maria Carolina den ersten Entwurf zu Gesicht bekam, war ihr schon allein das Wort «Verfassung» ebenso zuwider wie der Begriff «Nation», der nun an die Stelle der «Untertanen» trat. Insbesondere aber empörte sie die Aufwertung Siziliens zu einem eigenständigen und mit Neapel gleichwertigen Königreich und der vom Parlament stillschweigend als endgültig akzeptierte Rücktritt Ferdinandos. Davor warnte Maria Carolina Ferdinando als «ehrbare Gattin und Mutter, die seit fünfundvierzig Jahren mit Liebe und dem sehnlichen Wunsch nach dem Guten hier lebt», aus ihrem «Exil». Sie bestürmte ihn mit der Erinnerung an das Schicksal Louis' XVI., für den die Unterschrift unter die französische Verfassung von 1792 den Anfang vom Ende bedeutet hatte, und für sich selbst sah sie das Schicksal ihrer Lieblingsschwester vor Augen, das zu rächen, seit zwanzig Jahren all ihr Denken und Handeln bestimmt hatte. In einem nicht abreißenden Wortstrom beschwor sie Ferdinando: «Du bist verloren, am Ende, entehrt, wenn Du das akzeptierst und nicht alle verfügbaren Mittel ergreifst, um den Schurkereien dieser Regierung von Eseln und Gaunern ein Ende zu bereiten; für die Tränen, das Blut, das Leiden Deiner Dir von Gott anbefohlenen Untertanen wirst Du vor Gottes Angesicht Rechenschaft ablegen müssen, wenn Du Dich entehren willst, dann tu das, aber das bedeutet, Deine Untertanen, Deine Familie, ja alles zu ruinieren und mit sechzig Jahren entehrt dazustehen, während Du ein Volk und ein Heer auf Deiner Seite hattest, und ich sage es Dir noch einmal: Überwinde diese verbrecherische Drückebergerei, wach auf aus Deiner verbrecherischen Lethargie, geh morgen nach Palermo und stelle Dich Deinen Pflichten, oder aber akzeptiere die Verachtung und die Verfluchung durch Dein Volk und die Opferung Deiner zugrunde gerichteten Familie. Dir das zu sagen, zwingt mich meine Pflicht und ich bete zu Gott, dass er Dich erleuchten möge, Deine verzweifelte, zu Tode betrübte und zutiefst unglückliche Frau Carolina.»[59]

Doch alles Drängen, Drohen und Beschwören half nichts. Ferdinando erklärte sich mit der Verfassung einverstanden und ließ seinen Sohn unterschreiben. Der Erbprinz war das gefügige Werkzeug der englischen Regierung, und der «verfluchte Orléans» hielt die Fäden in der Hand. Dennoch versuchte Maria Carolina ein letztes Mal, durch ihr persönliches Auftreten auf ihren Mann einzuwirken und suchte ihn in seinem Jagdschloss auf, ließ aber dadurch den Konflikt mit Bentinck endgültig eskalieren. Er verlangte von der Königin ultimativ die Einhaltung der vertraglich vereinbarten Entfernung von der Hauptstadt, und auch Ferdinando ließ seine «innig geliebte Frau» nun einfach im Stich. Er forderte sie auf, nachzugeben und sich unter dem Vorwand ihrer angegriffenen Gesundheit ans andere Ende der Insel zurückzuziehen. Zu diesem Opfer erklärte sich Maria Carolina aber nur unter der Bedingung bereit, dass Ferdinando unverzüglich wieder die Regierungsgeschäfte in die Hand nahm. Das war längst illusorisch. Ferdinando machte zwar tatsächlich einen Versuch und tauchte völlig unerwartet in Palermo auf. Dort wurde er aber schnell und barsch von Orléans und Bentinck auf den Boden der Tatsachen zurückgeholt. Man speiste ihn mit der Zusicherung ab, dass sich englische Offiziere künftig nicht mehr in seinen Jagdgründen vergnügen dürften, und schickte ihn wieder zurück.

Damit hatte Ferdinando Maria Carolina preisgegeben und

er leistete nun auch keinerlei Widerstand mehr dagegen, dass sie aus ihrem Königreich vertrieben wurde. Er verlangte sogar ihre Einwilligung und schrieb: «Als Freund rate ich Euch dazu, als Ehemann bitte ich Euch darum und als König befehle ich es Euch.»[60] Am 25. März 1813 überbrachte ein englischer General der Königin in Santa Margherita mit einem bewaffneten Kontingent das Ultimatum, sie habe in spätestens zehn Tagen die Insel zu verlassen. Obwohl sie nun tatsächlich völlig hilflos und von allen verlassen war, wehrte sich die Königin immer noch mit der Kraft der Verzweiflung. Statt nach Malta oder nach Cagliari, wohin man sie verfrachten wollte, bestand sie darauf, in ihre Heimat zurückzukehren, und stellte präzise Bedingungen für ihre Abreise: die Begleichung ihrer Schulden, eine angemessene Rente, die Übernahme der Reisekosten für sich und eine ihrem Wunsche entsprechende Zahl an Personal. In zähen Verhandlungen wurde ihr schließlich das meiste gewährt. Bentinck war sogar so großzügig, ohne von der englischen Regierung dazu autorisiert zu sein, zumindest vorläufig eine Rente von tausend Unzen monatlich zu garantieren, in der Hoffnung, «dass das Benehmen der Königin derart sein wird, dass sich die britische Regierung veranlasst sieht, die Rente fortzuzahlen».

Am 14. Juni 1813 schickte sich Maria Carolina ins Unvermeidliche: Ohne sich von ihrem Mann und dem Erbprinzen verabschieden zu können, bestieg sie mit Leopoldo weit von der Hauptstadt der Insel entfernt in Mazara del Vallo eine englische Fregatte, um in ihre Heimat zurückzukehren. Kurz vor ihrer Abreise schrieb sie noch an Medici: «Wenn ich aber einmal in Wien bin, will ich es ihnen schon heimzahlen.»[61]

Heimkehr in die Fremde

Die doppelte Carolina

~ Der vor Maria Carolinas Abreise geäußerte Wunsch nach Rache an allen Beteiligten sollte zwar nicht mehr in Erfüllung gehen. Doch kurz bevor sie ihr Land hatte verlassen müssen, war es ihr noch gelungen, wenigstens ihrem englischen Feind auf der Insel einen ordentlichen Schlag zu versetzen. Durch die Korrespondenz mit ihrer Enkelin Marie Louise, der jetzigen Kaiserin der Franzosen, ließ sie den «ruchlosen Korsen» wissen, dass Lord Bentinck in Verhandlungen mit dem neapolitanischen König von Napoleons Gnaden getreten war und diesem anbot «der Bernadotte Italiens zu werden».[1] Jean-Baptiste Bernadotte war einer der fähigsten Marschälle Napoleons gewesen, aber mit seinem Oberbefehlshaber schon früh in Konflikt geraten. Noch mit Napoleons Segen war er 1810 in Schweden vom Parlament als Carl Johan zum dortigen Thronfolger ernannt worden. In seinem neuen Reich arbeitete er jedoch von Anfang an auf eine Distanzierung von Napoleon hin und stand ab dem Frühsommer 1813 als Oberbefehlshaber der Nordarmee fest auf der Seite der Koalition gegen den Kaiser der Franzosen. Das gleiche Ziel verfolgte die Kontaktaufnahme zwischen Bentinck und dem König von Neapel.

Die Gespräche fanden diskret – aber eben nicht diskret genug für Maria Carolinas Spione – auf der Insel Ponza statt, die die Engländer im Februar 1813 wieder besetzt hatten. Mit ihrer Enthüllung wollte Maria Carolina aufdecken, wer in ihren Augen der eigentliche Verräter war: Entgegen aller bisherigen Beteuerungen gegenüber den Monarchen in Sizilien zog England in Erwägung, den Usurpator auf dem neapolitanischen Thron entweder dort zu bestätigen, oder, so stand zu befürchten, ihm sogar noch Sizilien als Dreingabe zu überlassen. Der Schachzug war Teil eines neuen Anlaufs um Napoleon niederzuringen. Seit dem verheerenden Russlandfeldzug war in Europa die Hoffnung auf ein Ende der napoleonischen Hegemonie und der Widerstand gegen den Fortgang der menschenfressenden Kriege Napoleons neu erwacht. Der nie ganz niedergerungene Guerillakrieg in Spanien und die wachsende antifranzösische Stimmung in den deutschen Ländern machten deutlich, dass der Kampf gegen Napoleon ein neues Stadium erreicht hatte. Es ging nicht mehr nur um Kronen und dynastische Legitimitäten, sondern auch um die Völker selbst, die sich jetzt als Nationen zu Wort meldeten. Vasallen und Verbündete Napoleons mussten um ihren Besitzstand fürchten. Aber zugleich taten sich neue, völlig unerwartete Szenarien auf. Es schien plötzlich möglich, dass bei einer künftigen Neuordnung Europas ohne Napoleon nicht nur Machtpolitik und der *status quo ante* eine Rolle spielen könnten, sondern auch Reformbereitschaft und Verankerung im Volk. Wer würde sich auf welche Seite stellen? Seit dem Frühjahr 1813 hatte Bayern als erster Staat aus dem Orbit Napoleons mit dem neuen österreichischen Außenminister Metternich Kontakt aufgenommen, um einen Seitenwechsel vorzubereiten. Als nächster Kandidat für einen möglichen Abfall vom Kaiser Europas bot sich Neapel an. Dort hatten sich die Unstimmigkeiten zwischen Napoleon und dem von ihm eingesetzten König seit langem für jedermann sichtbar gehäuft.

In den ersten zwei Jahren nach der erneuten Flucht der Herrscherfamilie aus Neapel hatte Napoleon seinen Bruder Joseph als König von Neapel eingesetzt. Mit harter Hand hatte dieser innerhalb eines Jahres all die Reformen in die Wege geleitet, um die in Neapel seit mehr als einem halben Jahrhundert gekämpft worden war: Das Feudalwesen wurde abgeschafft, die Gemeingüter wurden aufgeteilt und verkauft, das Steuerwesen wurde vereinfacht und gerechter gestaltet, die Verwaltung rationalisiert und die Justiz reorganisiert. Joseph hatte sich dabei auf diejenigen Neapolitaner gestützt, die seit der Französischen Revolution als «Jakobiner» verfolgt, bestraft oder des Landes verwiesen worden waren. Er hielt sich an die Ratschläge, die ihm bei seinem Regierungsantritt unter der Überschrift «Mémoires et Projets» von Reformern unterbreitet wurden: «Rufen Sie die Flüchtlinge ins Land zurück, dann werden Sie über hervorragende Männer verfügen, um die Verluste an Wissen beim Militär, der Artillerie und der Marine auszugleichen. Rufen Sie sie zurück, aber nehmen Sie sie nicht auf, ohne ihre Verdienste und ihr Verhalten zu überprüfen. … Unter den Patrioten waren ebenso wie unter den Königstreuen gute und schlechte Menschen.»[2] Das Papier listete eine ganze Reihe von Namen auf, die sich wie das *Who is Who* der intellektuellen Elite der Jahre vor der Französischen Revolution lesen. Und Joseph holte tatsächlich wichtige Leute aus diesem Kreis der ehemaligen Reformer in seine Regierung und die Verwaltung des Königreichs, die er – anders als die Bourbonen in Sizilien – aus Einheimischen und eigenen Leuten zusammensetzte. Als Außenminister diente dem Bruder Napoleons Marchese di Gallo, der nach der Düpierung durch Maria Carolinas Geheimpolitik die Seiten gewechselt hatte. Der neue König hielt sich an die Maxime für die Reformgesetzgebung, die ihm die «Mémoires et Projets» vorgaben: «Die Regierung muss vom ersten Augenblick an das überall herrschende Elend mindern und sich den Ruf der Milde und Wohltätigkeit erwerben.» Weil Joseph Neapel jedoch schon nach zwei Jahren auf Geheiß seines Bruders verlassen musste, blieben seine Reformen unvollendet. Im spanischen Thronstreit zwischen Carlos IV. und seinem Sohn Fernando beorderte der Kaiser seinen Bruder nach Spanien. An dessen Stelle trat sein Schwager Joachim Murat. Der war mit seinem neuen Posten zunächst gar nicht zufrieden, denn er war der Meinung, dass dieses Königreich als Belohnung für seine Verdienste um Napoleon nicht groß und nicht bedeutend genug sei. Der Eindruck, dass Murat sich von Napoleon nicht ausreichend gewürdigt fühlte, wurde bald auch für Außenstehende sichtbar und verstärkte sich immer mehr.

Murats Verdienste um den Kaiser waren wohl tatsächlich kaum mit Gold und auch nicht mit dem Königreich Neapel aufzuwiegen. Murat, der Sohn eines Gastwirts aus der Nähe von Cahors im Südwesten Frankreichs, war dem um zwei Jahre jüngeren General Napoleon Bonaparte zum ersten Mal im Mai 1795 bei der Niederschlagung eines royalistischen Aufstands gegen die neue Direktorialverfassung begegnet. Beide verdankten ihre militärische Laufbahn der Revolution und beide wussten sich, strategisch nur auf die eigene Karriere bedacht, geschickt an die rasant wechselnden Verhältnisse anzupassen. Der hervorragende Menschenkenner Napoleon bemerkte sofort den ungewöhnlichen Mut, die Tatkraft und die Führungsqualitäten des gutaussehenden jungen Mannes und nahm ihn von diesem Zeitpunkt an in seinen engsten Kreis auf. Murat begleitete Napoleon auf dem Italienfeldzug, nach Ägypten und war nach der Rückkehr einer der wichtigsten Organisatoren des Staatsstreichs vom 18. Brumaire (9. November 1799), mit dem sich Napoleon zum ersten Mann im Staat putschte. Murat gehörte zu den vierzehn aktiven Marschällen, die Napoleon anlässlich der Ausrufung des Kaiserreichs am 19. Mai 1804 neu ernannte; damit belebte er diesen durch die Revolution abgeschafften Rang neu. Aber auch Murat war nicht dumm und erkannte schnell, worauf es in dem korsischen Familienclan ankam. Deshalb machte er Napoleons jüngster Schwester Caroline ausdauernd den Hof. Napoleon stimmte der Hochzeit allerdings nur widerstrebend zu, weil er sich für seine schönste und intelligenteste Schwester eine bedeutendere Partie vorgestellt hatte. Aber Caroline, die ebenfalls eine gute Menschenkennerin war, ahnte wohl, dass aus diesem blendend aussehenden Draufgänger durchaus noch etwas werden konnte. Aus der teilweise sehr stürmischen Ehe gingen vier Kinder hervor, die in Italien noch lange eine Rolle spielen sollten.

Nachdem er vergebens gehofft hatte, Vizekönig von Italien zu werden (ein Posten, den Napoleon an seinen Stiefsohn Eugène de Beauharnais vergab), und auch in Spanien nicht zum Zuge gekommen war, erschien Murat das Königreich Neapel bloß als Trostpflaster. Doch der Empfang, den ihm die Neapolitaner bereiteten, als er nach langen Aufenthalten in Turin, Mailand und Rom am 6. September 1808 in seiner neuen Hauptstadt ankam, überwältigte ihn so sehr, dass er sofort für das Land und seine Menschen eingenommen war. Schon vor den Toren wurde er von Vertretern der Zivil- und Militärverwaltung erwartet, um die Schlüssel der Stadt zu übernehmen. Die Bevölkerung bereitete ihm entlang der Via Toledo einen so begeisterten Empfang, dass sein Zug nur mühsam vorwärtskam. Die Festlichkeiten dauerten mit Beleuchtung und Konzerten die ganze Nacht an, und das gleiche Schauspiel wiederholte sich, als drei Wochen später Caroline mit den Kindern nachkam. Der kühne Soldat und geschickte Militärorganisator erwies sich bald als kluger und tatkräftiger König und Verwalter seines neuen Reiches. Er übernahm die bestehende Regierung aus neapolitanischen und französischen Funktionären, die Joseph eingerichtet hatte; und führte die begonnene Reformpolitik fort. Mit harter Hand ließ er seinen General Manhès das Brigantenwesen in den Provinzen des Königreichs niederschlagen, das nach einem kurzfristig erfolgreichen Landungsversuch anglo-bourbonischer Truppen seit 1806 von Maria Carolinas Agenten angefacht worden war. Der General erwarb sich den Spitznamen «Würgeengel» und einen Grafentitel. Gleichzeitig aber war Murat so klug, eine

Auch Caroline Murat (1782–1839) ließ sich gern im Kreise ihrer Kinder porträtieren: (v. l. n. r.) Louise Caroline (1805), Achille Napoléon (* 1801), Lucien Napoléon (* 1803), Marie Letizia (* 1802). (F. Gerard)*

allgemeine Amnestie zu verkünden, sobald wieder Ruhe im Lande herrschte.

Murats eigentlicher Trumpf war seine Frau Caroline. Schon in Paris hatte sie zu den elegantesten und am meisten umschwärmten Damen der Gesellschaft gehört. Sie versprach,

Joachim Murat (1767–1815) unterstrich sein militärisches Draufgängertum gern durch prunkvolle Uniformen. (F. Gerard)

Neapel endlich wieder den Glanz und das weltstädtische Flair zu geben, das in den unglücklichen Jahren seit 1799 so lange gefehlt hatte. Mit dem Geld, das ihr Mann im Laufe seiner steilen Karriere reichlich angehäuft hatte, sorgte sie dafür, dass die leer geräumten Schlösser großzügig im modernen Stil des Empire renoviert und ausgestattet wurden. Murat ließ den Graben der Sanità, der den Weg nach Capodimonte so mühselig gemacht hatte, durch eine Brücke überwinden und eine geradlinige, bequeme Straße zu dem Schloss bauen, das zum Lieblingsaufenthalt Carolines und zum Mittelpunkt eines prachtvollen Hoflebens umgestaltet wurde. Die Repräsentationsräume aller Schlösser wurden mit den Emblemen des Kaiserreiches geschmückt und aufs engste verbunden mit den Wappen und Symbolen des Königreichs Beider Sizilien. Dabei durfte neben dem aufsteigenden Pferd Neapels nie die Triskele fehlen, das «dreibeinige» Symbol für Sizilien, um den Anspruch auch auf die Insel zu unterstreichen. In dieser Um-

Die Triskele, das dreibeinige Symbol Siziliens trägt in der Mitte das geflügelte Haupt einer Göttin (ursprünglich eine Meduse), umrahmt von zwei Schlangen.

gebung verbreitete Caroline endlich wieder die Eleganz und die Leichtigkeit, die in den ersten Jahren auch unter Maria Carolina geherrscht und sie damals so beliebt gemacht hatten. Caroline Murat aber gelang darüber hinaus etwas, was Maria Carolina, die stets ganz von ihren politischen Geschäften in der Hauptstadt eingenommen war, nie wirklich gelungen war. Weil die Murats das Land bereisten, die Bevölkerung in den Provinzen miteinbezogen und den Glanz des Hofes im ganzen Land verbreiteten, machten sie sich überall und in allen Schichten beliebt, und dies war vor allem das Verdienst der schönen Caroline, die einen Hauch von großer Welt in die von zwanzig Jahren Krieg, Not und Unsicherheit geschundenen Provinzen brachte. Der rechtmäßigen Königin auf der anderen Seite der Straße von Messina blieb nur ohnmächtige Wut, die sie in Sarkasmus kleidete, wenn sie an den russischen Botschafter schrieb: «Dieser Halunke Murat und seine Nachkommenschaft, ... dieser Maultiertreiber, Küchen- und Stalljunge

König! Und Neapel gibt Feste, bejubelt ihn, und der Adel, die Besitzenden, die treueste Stadt fügen sich darein.»[3]

Mehr und mehr lebten sich der «Halunke» und seine schöne Gattin in ihrem Königreich ein und kamen zu der Überzeugung, dass sie tatsächlich die «schönste Krone Italiens» errungen hatten, wie es einst Elisabetta Farnese ihrem Sohn Carlos versprochen hatte. Umso drückender wurden nicht nur von ihren Untertanen, sondern von ihnen selbst die Forderungen empfunden, die der Bruder und Schwager stellte. Neapel musste ein Heer von 20000 Mann stellen, und im April 1812 verließ Murat wohl oder übel sein Land, um sich auf den Russlandfeldzug seines Schwagers vorzubereiten. Auch bei diesem katastrophalen Unternehmen bewies Murat seine außerordentlichen militärischen Fähigkeiten. Aber als Napoleon auf dem Rückzug die kläglichen Reste seiner «Grande Armée» im Stich ließ, um in Paris zu retten, was noch zu retten war, verließ auch Murat seinen Posten. Der Kaiser der Franzosen hatte ihm das Kommando über die Armee übertragen, aber dem war die Aufrechterhaltung von Ruhe und Ordnung unter dem Vesuv wichtiger als die Treuepflicht gegenüber seinen Kameraden und seinem Schwager. Mit Mühe konnte Caroline das gestörte Verhältnis zu ihrem Bruder noch einmal kitten. In Briefen versicherte sie Napoleon der Treue seines Schwagers und erklärte wie immer vor aller Welt: «Der Kaiser ist ein Gott für meinen Mann. Ich müsste wegen dieser Bewunderung eigentlich eifersüchtig sein.»[4] In Wirklichkeit streckte Murat – vorläufig ohne Carolines Wissen – bald seine Fühler nach Sizilien zu Bentinck und auch nach Wien zu Metternich aus. Die Gespräche mit den Engländern in Ponza zogen sich allerdings in die Länge, weil Lord Bentinck dann doch nicht bereit war, alle seine Zusagen an die Bourbonen zu brechen und Murat auch das geforderte Sizilien zu versprechen. Aus Wien kam vorläufig kein Signal.

Als Murat in der Völkerschlacht bei Leipzig wiederum

an der Seite Napoleons stand, war es dann Caroline, die die Initiative ergriff, um ihrem zwischen allen Fronten schwankenden Ehemann eine klare Richtung aufzuzeigen. Noch bevor Murat – erneut früher, als es Napoleon recht war – wieder in Neapel eingetroffen war, hatte sich der österreichische Außenminister Metternich mit ihr in Verbindung gesetzt. Caroline kannte Metternich gut, denn sie hatte mit ihm, als er nach dem Frieden von Preßburg seit 1806 Botschafter in Paris war, eine langfristige Affäre, bei der es um Interessen und nicht um Liebe ging, wie eine der üblichen Klatschbasen der besseren Gesellschaft kolportierte. «Le beau Clement», der mit seiner eleganten granseigneurhaften Erscheinung das genaue Gegenteil ihres draufgängerischen Ehemanns war, passte gut in den Kreis ihrer Verehrer und angeblichen Liebhaber, zu denen die mächtigsten Männer in Napoleons Umgebung gehörten. Fast ein Jahrzehnt später griff Metternich auf diese alte Vertrautheit mit Caroline zurück, um den Abfall ihres Mannes von seinem «Gott» unwiderruflich zu machen. Am 17. Oktober 1813, also am Abend des zweiten Tages der Völkerschlacht von Leipzig, erschien bei der Regentin in Neapel ein neapolitanischer Legationssekretär, dem Metternich in der Nähe von Leipzig eine Botschaft an die Königin mitgegeben hatte. Der österreichische Außenminister stellte sie vor eine klare Alternative: «Der Sturz ihres großen Bruders ist sicher. Sie können Ihre Stellung und Ihr Königreich nur dadurch retten, dass Sie sich in die Arme der Verbündeten werfen.»[5] Metternich zeigte sich auch viel flexibler als Bentinck und konnte sich – mit Einwilligung Franz' I.! – gut vorstellen, Francesco z. B. mit Belgien und Ferdinando mit einem schönen Jagdgebiet irgendwo in der Puszta abzuspeisen. Außerdem sagte er zu, dass auch die Engländer damit einverstanden seien.

Caroline Murat befand sich in einer Lage, die in vielfacher Hinsicht mit der ihrer so gehassten Namensvetterin in Sizilien vergleichbar war. Auch sie betrachtete Neapel als *ihr* Königreich. Sie besaß zwar keinerlei dynastische Legitimität, aber sie wurde allseits geliebt und bewundert als Königin, die dem kaum der Krise und Anarchie entwachsenen Reich wieder Selbstvertrauen eingeflößt, die es modernisiert und für das neue Jahrhundert reif gemacht hatte. Ihre Kinder waren am Golf aufgewachsen, betrachteten sich als Neapolitaner und wurden als solche, wo auch immer sie auftauchten, mit Liebe und Zuwendung überhäuft. Caroline Murat war deshalb ebenso fest entschlossen wie Maria Carolina, mit aller Kraft um diese schönste Krone Italiens zu kämpfen. Und ebenso wie Maria Carolina musste sie deshalb Verrat üben, einen größeren Verrat als ihre Rivalin, nämlich Verrat an ihrem eigenen Bruder. Ohne Wenn und Aber ließ sie Metternich wissen, dass sie sich ganz «unter den Schutz Österreichs stellen» wolle, und sie tat alles, um ihren schwankenden Gatten darauf einzuschwören.

Im Januar 1814 war es dann so weit: In Wien wurde von den Vertretern beider Seiten ein Beistands- und Garantievertrag geschlossen, mit dem Murat der antinapoleonischen Koalition beitrat und sich verpflichtete, die Truppen seines Schwagers aus ganz Italien zu vertreiben. Dafür winkte ihm der Erhalt seines Königreichs. Murat zögerte jedoch weiter, weil die Engländer nicht zu einer schriftlichen Garantieerklärung bereit waren. Aber Caroline und auch der Außenminister Gallo drängten ihn zu raschem und entschiedenem Handeln, um den neuen Verbündeten seine Glaubwürdigkeit zu beweisen. Endlich entschloss sich der Zauderer dazu, die französischen Truppen in Italien, die von seinen ehemaligen Kameraden kommandiert wurden, anzugreifen und, weil sie ihm wenig Widerstand entgegensetzten, aus Italien zurückzudrängen. Doch der glänzende Soldat agierte nicht so zielstrebig, wie es die neuen Verbündeten erwartet hatten, sondern zögerte weiter und folgte den Befehlen seiner Verbündeten nicht. Nur Caroline handelte in seiner Abwesenheit rasch und konsequent. Sie brach die dip-

lomatischen Beziehungen zu ihrer Heimat ab, ließ alle französischen Liegenschaften, vor allem aber auch die französischen
Schiffe beschlagnahmen, wies die Offiziere aus und ließ von
der Bourbonenpartei ausgelöste Unruhen mit harter Hand
niederwerfen. Als ihr Mann Anfang Mai 1814 zwar als Sieger,
aber keineswegs triumphierend nach Neapel zurückkam, erklärte er stolz, aber auch ein wenig trotzig: «Mein Reich hat
jetzt seine volle Unabhängigkeit gewonnen, sieht sich keiner
fremden Macht untertan oder zu Dank verpflichtet und nur
auf seine eigenen Kräfte angewiesen.»[6]

Des Teufels Großmutter

Maria Carolina war «aus dem Haus gejagt worden»[7], als sie
herausgefunden hatte, dass es Lord Bentinck war, der Kontakt
zu Murat aufnahm, um ihn zu einem Frontwechsel zu bewegen. Um sie als die schärfste Kritikerin dieser Entwicklung
so lange wie möglich aus dem Weg zu schaffen, taten die Beteiligten alles, um die Reise der Einundsechzigjährigen zu
einer qualvollen Odyssee werden zu lassen, die nur eine Frau
mit dem unbeugsamen Willen und dem Mut Maria Carolinas
überstehen konnte. Vielleicht um seine Verlegenheit zu ka-
schieren, hatte ihr der englische Offizier, der sie zur Einschiffung in Mazara del Vallo begleiten musste, versichert,
eine Seereise werde ihr bestimmt gut tun. Das war blanker
Hohn angesichts der Unwetter, die die Königin bei der Überfahrt nach Palermo jedes Mal erlebt hatte. Außerdem wütete
auf vielen Inseln und im östlichen Mittelmeerraum die Pest.
Deshalb konnte die englische Fregatte schon nicht Malta an-
steuern, sondern musste nach Zante, dem heutigen Zakynthos,
vor der Westküste der Peloponnes ausweichen. Diese ehemals
zu Venedig gehörige Insel hatten die Engländer entgegen den
Vertragsbestimmungen von Tilsit 1809 den Franzosen abge-

nommen. Auch wenn es in den Sommermonaten auf der Insel schön war, – die Venezianer hatten die Insel «Blume der Levante» genannt –, war es für Maria Carolina eine erste nervenaufreibende Geduldsprobe, dass sie auf diesem kleinen Eiland ausharren musste. Ihre englischen Bewacher schützten die Pest vor. Der eigentliche Grund aber war ein anderer. Napoleon hatte die Vertreibung der Königin aus Sizilien propagandistisch geschickt genutzt und Befehl gegeben, die Großmutter seiner Frau und «unglückliche, von den Engländern verfolgte Königin» überall dort, wo sie mit französischen Behörden in Kontakt käme, mit allem Respekt zu behandeln.[8] Damit war für Maria Carolina der einfachste Weg nach Wien durch die Adria und über Triest versperrt. Die Küstengebiete waren in französischer Hand, und nichts hätten die Engländer weniger zulassen können, als dass die vertriebene Königin mit allen ihrem Rang gebührenden Ehren durch französisches Territorium in ihre alte Heimat zu Napoleons Schwiegervater und Verbündetem geleitet würde. Die englischen Bewacher der Königin nahmen deshalb wiederum die Pest als Vorwand, um zu rechtfertigen, dass sie der Widerstrebenden den ungeheuren Umweg über Istanbul und das Schwarze Meer aufdrängten. Alle Versuche Maria Carolinas, durch Briefe nach Palermo, St. Petersburg und Wien Fürsprecher zu finden, liefen ins Leere. Erst nach sechs Wochen, in denen sie von den Engländern auf Schritt und Tritt bewacht wurde, ging die Fahrt weiter durch die Ägäis bis zu der kargen Insel Tenedos, das heutige Bozcaada am Eingang der Dardanellen. Hier saß die Königin, die sich nun als Gräfin von Castellamare ausgeben musste, ein weiteres Mal fest. Die Engländer hatten absichtlich oder unabsichtlich nicht in Rechnung gestellt, dass einer englischen, mit Kanonen bestückten Fregatte das Recht zur Fahrt durch die Dardanellen von der Hohen Pforte verweigert wurde. Ein weiteres Mal musste in zähen Verhandlungen nach einer Lösung gesucht werden. Schließlich setzte sich neben dem österreichischen Gesandten auch der französische für die «Gräfin» ein, dann musste sich schließlich sogar der englische Vertreter bei der Hohen Pforte ins Zeug legen, um nicht der französischen Propaganda gegen England noch mehr Stoff zu liefern. Aber die Pforte, die die Sache als Staatsangelegenheit betrachtete, ließ sich nicht einmal auf das Angebot ein, unbewaffnet die Dardanellen und den Bosporus zu durchfahren. Endlich, fast einen Monat später, durfte die Reisegesellschaft, einschließlich der englischen Besatzung auf einem von Istanbul aus entsandten osmanischen Schiff ins Marmara-Meer einfahren. Aus Angst vor der Pest, die auch hier wütete, ging die Gräfin Castellamare nicht in Istanbul, sondern in dem kleinen Landstädtchen Buyukdere etwas nördlich der Hauptstadt des Osmanischen Reiches an Land. Der einzige Kontakt zur Außenwelt war für Maria Carolina der Umgang mit dem österreichischen Gesandten, der ihr die Nachricht vom Beitritt Österreichs zur neuen antinapoleonischen Koalition am 12. August 1813 überbrachte.

Die Gräfin Castellamare war nun plötzlich nicht mehr einfach ein unglückliches Familienmitglied auf dem Weg in seine Heimatstadt, wo man es gnädig aufnehmen, politisch dagegen, da Österreich auf Seiten Frankreichs stand, kaltstellen würde. Durch den Beitritt Österreichs zur antinapoleonischen Koalition war aus dem unglücklichen Familienmitglied wieder die Königin eines verbündeten Staates geworden, der die Vertretung der Interessen ihres Reiches schwerlich zu verbieten war. Ihr Erscheinen in Wien war daher für die Koalitionäre keineswegs wünschenswert. Die Situation war verworrener denn je. In Palermo verfasste Ferdinando, der ja eigentlich die Staatsgeschäfte in die Hände seines Sohnes gelegt hatte, für Maria Carolina eine Generalvollmacht für Verhandlungen mit Österreich über die Kriegsteilnahme oder einen möglichen Friedensschluss. Sie ist für diplomatische Gepflogenheiten völlig unüblich auf Italienisch verfasst, was darauf schließen lässt, dass

Ferdinando hier ganz aus eigener Initiative handelte. In dem Schreiben hieß es höchst zweideutig: «Ich befinde mich in einer Lage, die es mir nicht erlaubt, mich direkt dafür einzusetzen, was für mich und meine Familie von größter Bedeutung ist, nämlich mein Königreich Neapel wiederzugewinnen.» Über die Frau, für die er zwei Monate zuvor keinen Finger gerührt hatte, als sie aus dem Haus gejagt wurde, sagte er jetzt: «Ich vertraue auf Eure herzliche Anhänglichkeit, Eure Liebe und Freundschaft, und bin überzeugt von Eurem Eifer und Eurem Talent. Ich bin sicher, dass Ihr diese Aufgabe mit Eurer gewohnten Tatkraft und Sorgfalt erledigen werdet.»[9] Für eventuelle Friedensverhandlungen verlangte Ferdinando die Zulassung eines neapolitanischen Vertreters und die Herstellung des *status quo ante* einschließlich der Rückgabe des im Frieden von Florenz 1801 verlorenen Territoriums an der toskanischen Küste (*Stato dei presidi*). Im Kriegsfall und nach dem zu erwartenden Ende von Napoleons Königreich Italien beanspruchte Ferdinando die Aufteilung Mittelitaliens zwischen Sardinien-Piemont und dem Königreich Beider Sizilien. Für sich reklamierte er Toskana, Parma, Piacenza und einen Küstenstreifen durch den Kirchenstaat. Als Entschädigung für den Papst dachte Ferdinando an die großzügige Überlassung der Güter der Familie Farnese im Kirchenstaat aus dem Erbe seiner Großmutter. Diese Generalvollmacht wurde Maria Carolina einige Wochen später zugestellt, und sie war ganz gerührt von dem Vertrauen, das Ferdinando in sie setzte. Weniger gerührt waren die Alliierten, für die das Königreich des Halunken in Neapel in der anstehenden Auseinandersetzung mit Napoleon als Verhandlungsmasse eine gewichtige Rolle spielte. Das Katz- und Mausspiel mit Murat war noch in vollem Gange. Da konnte man eine Unterhändlerin mit derartigen Zielvorgaben ganz und gar nicht brauchen. In dieser Situation hielten sich die Engländer nicht einmal mehr an die minimalen Anforderungen des höflichen

Umgangs mit einer Frau und ließen die Königin einfach im Stich.

Die Hohe Pforte verweigerte der englischen Fregatte nach wie vor die Durchfahrt durch die Dardanellen und weiter durch den Bosporus. Dies nahm der englische Kommandant zum Anlass, das osmanische Schiff für die Rückkehr zu seinem eigenen Schiff zu beschlagnahmen. Eine solche Entscheidung konnte er nur im Einverständnis mit dem englischen Geschäftsträger fällen. Maria Carolina hatte also von dieser Seite keine Hilfe mehr zu erwarten und musste sich selbst um die Weiterreise kümmern. Inzwischen war es Mitte September. Dennoch spielte Maria Carolina mit dem abenteuerlichen Gedanken, zu Land durch die osmanischen Provinzen Bulgarien und Walachei die ungarische Grenze zu erreichen. Da jedoch weiterhin auf dem ganzen Balkan die Pest wütete, wurde dieser Plan verworfen. Nach einem Monat fand sich dann endlich ein Handelsschiff, das die Gesellschaft nach Odessa auf russisches Gebiet brachte. Hier war eine weitere Geduldsprobe zu bestehen. Der Gouverneur der neuen Provinz des Zarenreiches war in seinem Territorium unterwegs, und deshalb verlangten die Behörden, dass die Gräfin Castellamare mit ihrem Gefolge die vorgeschriebene Quarantäne von vierzig Tagen vollständig absitzen müsse. Weder aus Sankt Petersburg noch aus Wien kam Hilfe. Es wäre ein Leichtes gewesen, durch einen Wink aus den Hauptstädten der verbündeten Großmächte die nervenaufreibende Wartezeit abzukürzen. Doch keine Hand rührte sich. Das bedeutete, dass Maria Carolina sich erst kurz vor Weihnachten wieder frei bewegen konnte. Dennoch war sie nicht bereit, den Winter in der angenehmen Hafenstadt am Schwarzen Meer abzuwarten, sondern nahm die Aussicht auf Eis und Schnee, gefrorene und verschlammte Straßen in Kauf, um so schnell wie möglich dorthin zu kommen, wo man sie nicht haben wollte.

Die Weihnachtstage verbrachte die Gesellschaft in einem riesigen Schloss in Tultschyn (Tulczyn) bei der Witwe eines russischen Grafen in der Mitte von Nirgendwo. Obwohl sie dort aufs großzügigste und ehrenvollste aufgenommen und umhegt wurde, ließ sich die Königin nicht aufhalten. Sie schickte Eilkuriere nach Wien voraus, um dem dortigen neapolitanischen Botschafter ihre Vollmachten nebst einem Schreiben Ferdinands an den Kaiser zu überbringen und Anweisung zu geben, wo und wie sie in Wien wohnen wollte. Sie selbst reiste im Eiltempo hinterher. Bereits am 7. Januar überschritt sie die Grenze zum österreichischen Galizien und traf bald darauf in Lemberg ein. Der Gouverneur von Galizien hatte Order, der Königin nahezulegen, ihren Aufenthalt in Buda zu nehmen. Das versuchte der Kaiser seiner Schwiegermutter dadurch schmackhaft zu machen, dass er ihr das Königsschloss anbot. Sie aber antwortete unbeeindruckt: «Es ist mir unmöglich, mich an den Ort zu begeben, den Sie mir anweisen, da dieser übrigens sehr mühsame Umweg glauben machen könnte, dass man mich in Wien nicht zu empfangen wünscht. … Ich beabsichtige im Gegenteil mich geradewegs dahin zu begeben, wo ich meinem Minister Befehl erteilt habe, mir eine Wohnung vorzubereiten, da ich Ihnen in keiner Weise zur Last fallen möchte.»[10] Obwohl selbst der neapolitanische Botschafter davon ausging, dass die Königin besser in Preßburg (Bratislava) oder Brünn bleiben sollte, eilte sie weiter nach Wien, wo sie am 2. Februar 1814 nach fast acht Monaten endlich ankam. Die Kaiserin hatte sich erweichen und das Reichskanzleigebäude für ihre arme Verwandte herrichten lassen. Weniger als einen Monat zuvor hatte Österreich einen Bündnis- und Beistandsvertrag mit Murat abgeschlossen, einen Tag nach der Ankunft Maria Carolinas in Wien unterschrieben Bentinck und Gallo in Neapel den Waffenstillstand, in dem sich Murat verpflichtete, seinen Schwager Eugène Beauharnais und seine eigenen Landsleute aus Italien zu vertreiben. Dafür winkte ihm der dauerhafte Besitz des Königreichs Neapel.

Dieses Königreich aber wollte sich Maria Carolina nach wie vor nicht nehmen lassen. Dafür musste sie zunächst einmal darum kämpfen, nicht wieder abgeschoben zu werden. Denn in Wien rechnete jedermann damit, dass sie die Stadt bald wieder verlassen müsse. Wie sie in Sizilien um jede Meile der Nähe zur Hauptstadt gefeilscht hatte, so musste sie sich auch in ihrer alten Heimat, die ja eigentlich ihre Zuflucht hätte sein sollen, ein Bleiberecht erstreiten. Der Kaiser, dem sie auf ihrer Reise mehr als zwanzig Briefe geschrieben hatte, hielt sich bedeckt. Er hatte ihr nur einmal geantwortet und gab sich auch nach ihrer Ankunft erstaunt über ihr Ansinnen. Weil er weit weg von Wien auf dem französischen Kriegsschauplatz weilte, wünschte er ihr schriftlich sehr freundlich gute Erholung von der langen und anstrengenden Reise, verlor aber natürlich kein Wort darüber, dass er selbst durch unterlassene Hilfeleistung kräftig zu deren Länge und Beschwerlichkeit beigetragen hatte. Dann aber bot er schmeichlerisch wieder einen Aufenthalt fern von Wien an. Maria Carolina wehrte sich hartnäckig gegen derlei Ansinnen.

Gleichzeitig packte sie den politischen Stier bei den Hörnern. Vorläufig schenkte ihr in Wien niemand ganz reinen Wein ein, aber aus dem, was sie bei ihrer Abreise erlebt hatte und was in den Wiener Zeitungen über die Truppenbewegungen in Italien zu lesen stand, konnte sie sich leicht einen Reim machen. Schon drei Tage nach ihrer Ankunft verfasste sie eine lange Denkschrift an den Kaiser, in der sie «wie in ihrer besten Zeit» für ihr Anliegen warb.[11] Nicht fordernd und auftrumpfend wie Ferdinando in seiner Generalvollmacht, sondern würdevoll und ruhig argumentierend beschränkte sie sich auf ihr «gerechtes Verlangen» der Rückgabe der Krone an Ferdinando. Und obwohl sie von einem Bündnis mit Murat ausgehen konnte, verfiel sie auch in diesem Punkt nicht in die wüsten Beschimpfungen, die ihr früher so oft geschadet hatten. Sie nannte Murat nicht mehr Halunken, Maultiertreiber oder Stalljungen, sondern anerkannte gar, dass ihm gelungen war, woran ihre Regierung immer gescheitert war: «Man behauptet, Murat sei es gelungen die neapolitanische Armee auf einen achtunggebietenden Stand zu setzen, nun wohlan, wir werden sie darin erhalten! Oder will man lieber auf den Beistand eines Mannes bauen, dessen ränkevolles, wetterwendisches Wesen, dessen Ehrsucht, dessen Mangel an Hochsinn und schonender Rücksicht ihn gerade in den letzten Zeiten so arg bloßgestellt haben?» Und schließlich zeigte sie sogar Verständnis für den Teufelspakt mit Murat, der zu verhindern half, dass der König von Neapel gemeinsam mit Eugène Beauharnais, dem Vizekönig Italiens, von Süden her Österreich angriff. Doch mit einer geschickten rhetorischen Frage entlarvte sie dieses Einverständnis mit Murat als bloß kurzfristiges Zweckbündnis, das in einer veränderten Lage eher kontraproduktiv zu sein versprach: «Hat sich seither nicht alles verändert? Sind die neapolitanischen Truppen in den Reihen der Verbündeten nicht eher eine Last denn ein Vorteil? Und wenn der Kaiser dem Wunsche meines Sohnes Leopold entspricht [der sich an die Spitze der Truppen stellen wollte], wird dann das neapolitanische Heer nicht eben so viele Ausreißer verlieren wie die Kaiserlichen mit jedem Schritte, den sie vorwärts tun, an Überläufern gewinnen werden?» Trotz ihrer geschickten Argumentation lief Maria Carolina mit ihrem Vorstoß vorläufig ins Leere. Erst einen Monat später antwortete der Kaiser, gab aber keine Antwort auf die Denkschrift, sondern sprach wieder davon, dass seine Tante doch besser anderswo ihren wohlverdienten Ruhestand genießen sollte. Diesmal bot er nicht mehr Buda, sondern das näher gelegene Preßburg als Aufenthaltsort an. Noch vager äußerte sich Metternich. In einem Brief aus dem Hauptquartier der Alliierten in Chaumont sprach er von dem großen «Unterschied zwischen dem Zustand Europas im Augenblick der Abreise Eurer Majestät aus Sizilien und Ihrer Ankunft bei uns». Das sei mehr als gerecht, und man müsse jetzt «ausschließlich auf erhaltende [conservateurs]» Anstrengungen setzen.[12]

Die Alliierten standen inzwischen im Herzen Frankreichs, Ende März 1814 zogen sie in Paris ein, und wenig später erzwangen die eigenen Soldaten Napoleons Abdankung. Den Thron, auf den sich der Usurpator gesetzt hatte, um als Kaiser der Franzosen an der Spitze seiner Armeen Europa unter seine Knute zu zwingen, bestieg nun als «König von Frankreich und Navarra» der übergewichtige, gichtkranke Louis XVIII., der zuvor als lästiger Bittsteller und Flüchtling durch ganz Europa geirrt war. Die provisorische Regierung des wendigen, ehemaligen napoleonischen Außenministers Talleyrand handelte den Pariser Frieden vom 30. Mai 1814 aus, durch den Frankreich im Wesentlichen in seinen Grenzen vom 1. Januar 1792 bestätigt wurde und «Friede und Freundschaft» zwischen Frankreich und den Alliierten wiederhergestellt wurden. Die Großmächte regelten einige sie besonders interessierende Fragen, z. B. sicherte sich England den Besitz von Malta. Alles Übrige wurde nur in groben Zügen angedeutet und war einer Konferenz vorbehalten, zu der innerhalb von zwei Monaten «alle von einer und der anderen Seite in dem gegenwärtigen Kriege begriffenen Mächte Bevollmächtigte nach Wien schicken» sollten. Für die künftige Gestaltung Italiens enthielt der Friedens- und Freundschaftsvertrag mit Frankreich lediglich den vieldeutigen Satz: «Italien, außerhalb der Grenzen der an Österreich zurückfallenden Länder, wird aus unabhängigen Staaten bestehen.»[13] Bis der Wiener Kongress tatsächlich zusammentrat und über acht Monate lang das künftige Schicksal Europas verhandelte, dauerte es nicht zwei, sondern vier Monate. In dieser Zeit ging es für die kleineren Staaten darum, sich durch vertrauliche Gespräche, durch die Anknüpfung neuer und die Festigung bestehender Beziehungen Fürsprecher bei den großen Mächten und gute Ausgangsbedingungen für die Durchsetzung ihrer Interessen zu sichern.

Maria Carolina war über die Ereignisse in Frankreich natürlich hoch beglückt, gleichzeitig aber tief beunruhigt, da die Erhaltung ihres Königreichs noch alles andere als sicher war. Während Murat durch seine Frau über einen direkten Draht zu dem nunmehr allmächtigen Metternich verfügte, gelang es ihr selbst nicht, diesen Minister zu umgehen und unmittelbar auf Kaiser Franz einzuwirken. Dessen dritte Frau, Maria Ludovica, war Maria Carolina zwar gewogen und hatte von Anfang an ihre Abneigung gegen das Bündnis mit Frankreich geteilt, hatte aber immer weniger Einfluss auf ihren Mann und wurde von Metternich in jeder Hinsicht scharf überwacht. Als Kaiser Franz im Juni 1814 nach Wien zurückgekehrt war, ließ er sich nur ein einziges Mal zu einem persönlichen Treffen mit Maria Carolina herbei, und mehr als bemühte Höflichkeit kam dabei nicht heraus. Die Bitte der Königin, den Sommer in Schönbrunn verbringen zu dürfen, lehnte der Kaiser erneut ab, stellte ihr dafür aber wenigstens das Schloss Hetzendorf südlich von Wien zur Verfügung. Maria Carolina gab sich schließlich mit diesem «Altenteil» zufrieden. Obwohl das Schloss nur wenige Kilometer südlich von Schönbrunn liegt, blieb sie dort weitgehend isoliert. Aus Kreisen des Hofes und der Regierung erhielt sie höfliche, aber nichtssagende und ausweichende Briefe. Ihre Verwandten schützten allerlei Gründe vor, warum sie die Königin gerade jetzt nicht besuchen konnten. Der Kaiser selbst verbrachte den Sommer entweder in seinen Jagdschlössern in Oberösterreich oder mit der Vorbereitung der großen internationalen Konferenz, die den Ruhm Österreichs als führender europäischer Großmacht endlich wieder neu erstrahlen lassen sollte. Für seine alte Tante blieb da keine Zeit. Auch der diplomatische Vertreter der Regierung in Sizilien kam kaum an Informationen heran.

Alarmiert von der Tatsache, dass auch Caroline Murat

Abgesandte nach Wien geschickt hatte, die Neapel auf dem Kongress vertreten sollten, setzte Maria Carolina wieder einmal ihre privaten Agenten und Spione ein. Sie wollte mehr erfahren über all das, wovon sie ferngehalten wurde: Die Gespräche, die am Rande von Bällen und Opernaufführungen, auf der Jagd und bei mehr oder weniger geheimen Treffen geführt wurden. Doch in Wien hatte sie noch weniger Erfolg als in Palermo. Hier war es Metternich, der die geheimen Fäden in der Hand hielt und selbst die privateste Korrespondenz der Kaiserin überwachte. Maria Carolinas Leute blieben nicht unerkannt, und das wiederum fiel auf die Regierung in Palermo zurück. Entsetzt schrieb Ferdinando an den Erzieher des Prinzen Leopoldo, Marquis Saint-Clair: «Aus Wien erfahre ich von verschiedener Seite, dass eine große Zahl der überaus gefährlichen Leute, die die Königin seit einiger Zeit umgeben, ebenfalls in der Hauptstadt eingetroffen seien. Sie erregen dort großes Missfallen, und werfen ein schlechtes Licht auf diese.»[14] Saint-Clair versicherte, selbst schon einige Leute des Landes verwiesen, ja sogar der Polizei übergeben zu haben.

In ihrer Isolation glaubte Maria Carolina zunächst, eine unerwartete Schicksalsgenossin gefunden zu haben. Marie Louise, die Frau Napoleons, hatte sich nach dessen Abdankung und Verbannung nach Elba ohne großen Widerstand von ihrem Vater dazu überreden lassen, mit ihrem Sohn Napoléon-François-Charles-Joseph Bonaparte in ihre Heimat zurückzukehren. Obwohl Maria Carolina nach der Verheiratung ihrer Enkelin nie mehr etwas mit ihr zu tun haben wollte und sie als «verloren, entehrt und beschmutzt» betrachtete, nahm sie diese und vor allem deren Sohn nun unter ihre Fittiche. Während Marie Louise bei ihren Landsleuten nach anfänglicher Begeisterung auf zunehmende Kritik stieß, weil sie sich nach wie vor in Lebensstil und Auftreten verhielt, als wäre sie noch Kaiserin der Franzosen, sah Maria Carolina in ihr jetzt nur noch eine unglückliche Madame Bonaparte, die eigentlich ihrem Mann ins Exil hätte begleiten sollen. Auch ihr Sohn wurde in Schönbrunn eher kühl aufgenommen, weil er allzu sehr seinem Vater ähnelte. Hier hieß er nun einfach Franz und durfte auch nicht mehr mit dem von seinem Vater verliehenen Titel als König von Rom angesprochen werden, sondern war nun Prinz von Parma, weil Marie Louise nach dem Thronverzicht ihres Mannes mit dem Herzogtum Parma entschädigt worden war.

Die nunmehrige Herzogin von Parma nahm ihr Exil und die Trennung von ihrem Mann allerdings ganz anders auf als Maria Carolina. Sie stürzte sich ins mondäne Leben, trauerte ihrem Mann in Elba nicht wahrnehmbar nach und war mit dem Ehrenoffizier, dem Grafen Neipperg, den man ihr listig zur Seite gestellt hatte, durchaus zufrieden. Mit ihm – und ohne ihren Sohn – reiste sie im Sommer in die Bäder von Aix-en-Provence und in die Schweiz. Damit war Maria Carolina zum einzigen familiären Bezugspunkt des dreijährigen Erben Napoleons geworden. Sie besuchte ihn täglich und kümmerte sich, wie sie das bei ihren eigenen Kindern getan hatte, sorgfältig um seine Erziehung, vor allem ums Schreiben und Lesen, denn damit musste ein Junge aus so hohem Hause, auch wenn seine Zukunft völlig offen war, spätestens in diesem Alter anfangen. Doch auch als des «Teufels Großmutter», wie sie sich selbst einst bezeichnet hatte, ließen Maria Carolinas Kräfte allmählich nach. Sie litt unter Gallenproblemen und nahm gegen den Rat der Ärzte weiter täglich viel zu hohe Dosen Opium, weil sie sonst nicht schlafen konnte. Da sie sich der neuen französischen Mode verweigerte, wirkte sie bei den wenigen Gelegenheiten, bei denen sie sich in der Öffentlichkeit zeigte, völlig aus der Zeit gefallen und wie ein Gespenst aus einer längst vergangenen Epoche. Schon lange vor ihrer anstrengenden Reise hatte sie ein Engländer ganz ungalant als «famous wreck of bygone graces and gallantries» bezeichnet.[15]

In der Nacht vom 7. auf den 8. September 1814 erlitt Maria Carolina einen Schlaganfall und wurde am nächsten Morgen von ihrer Kammerfrau tot aufgefunden. In ihrem Testament hatte sie sich jeden Prunk verbeten, und diesem Wunsch kam man in Wien nur allzu gern nach. Zwar wurde ihr Leichnam am 10. September in feierlicher Prozession aus der Hofkapelle in die Kapuzinergruft überführt, wo sie an der Seite ihres Bruders Joseph II., zwei ihrer Schwestern und ihrer Schwägerin Maria Ludovica in der Toskanagruft bestattet ist. Ihr Herz wird wie das aller Habsburger in der Herzgruft der Augustinerkirche verwahrt. Die Trauerzeit für die «Königin von Sizilien» – nicht von Neapel oder Beider Sizilien! – dagegen verkürzte man mit Rücksicht auf den anstehenden Wiener Kongress auf nur sechs Wochen. Als die Nachricht vom Tod seiner Frau, mit der er sechsundvierzig Jahre verheiratet gewesen war, am 21. September 1814 in Palermo eintraf, ordnete Ferdinando in Sizilien die gebührende sechsmonatige Trauerzeit im ganzen Land an. Aber er selbst hielt die Trauerzeit nicht ein. Kaum zwei Monate später heiratete der Dreiundsechzigjährige in morganatischer Ehe seine langjährige Geliebte, die um zwanzig Jahre jüngere ehemalige Hofdame Carolinas und verwitwete Fürstin von Partanna, Lucia Migliaccio.

Nachwort

Am 1. Oktober 1814, dreieinhalb Wochen nach Maria Carolinas Tod, wurde der Wiener Kongress eröffnet, auf dem Vertreter aus mehr als 200 Ländern um eine Neuordnung Europas rangen. Die Delegationen der wichtigsten europäischen Mächte waren bereits seit Mitte September Gäste des österreichischen Kaiserpaares und seines Außenministers Metternich. Kurz vor ihrem Tod hatte ein alter Vertrauter Maria Carolina noch berichtet, dass ausgerechnet der russische Zar Alexander an die blutige Repression von 1799 in Neapel erinnert und geäußert habe: «Jetzt, da es um die Völker geht, können wir das Königreich Neapel nicht einem Mörder zurückgeben.»[1] Dafür, dass es doch anders kommen sollte, sorgten weniger die Kongressteilnehmer und schon gar nicht Ferdinando im fernen Sizilien, sondern zwei der einst schlimmsten Widersacher Maria Carolinas: Napoleon und Murat.

Auf dem Kongress prallten die Interessengegensätze und das gegenseitige Misstrauen der Großmächte, die schon die antinapoleonischen Koalitionen regelmäßig zermürbt hatten, nun, da der Hauptfeind darniederlag, mit unverminderter Härte aufeinander. Geflügelte Worte wie «Der Kongress tanzt, aber er kommt nicht vorwärts» und «Der König von Württemberg frisst für alle, der König von Bayern säuft für alle und der Zar von Russland liebt für alle», kleideten die Enttäuschung der Völker, um die es angeblich eigentlich gehen sollte, in Galgenhumor. Schon nach zwei Monaten verdichteten sich die Feindschaften zu einem Geheimbündnis zwischen England, Frankreich und Österreich gegen Russland und Preußen. Ihrer eigentlichen Aufgabe wurden sich die Kongressteilnehmer erst bewusst, als Napoleon die Insel Elba verließ und am 1. März 1815 französischen Boden betrat, um im Triumphzug in seine Hauptstadt zu marschieren, aus der sich der Bourbonenkönig in panischer Flucht davongemacht hatte. Napoleons «Herrschaft der hundert Tage» brachte für die Zukunft des Königreichs Neapel den Wendepunkt, weil Murat entgegen dem dringenden Rat seiner Frau und seines Ministers Gallo wiederum die Seite wechselte. Murat schwang sich nun zum Vorkämpfer für die Sache der Völker und die Befreiung Italiens auf. Am 30. März 1815 wandte er sich von Rimini aus an die «tapferen und unglücklichen Italiener von Mailand, Bologna, Turin, Venedig, Brescia, Modena, Reggio [Emilia] und ebenso vieler vornehmer, unterdrückter Landstriche», um sie zum entscheidenden Kampf für «eine unabhängige Nation» aufzurufen. «Von den Alpen bis zur Meerenge von Messina erschalle der Ruf ‹Unabhängigkeit für Italien!›»[2] Mit diesem Manifest entflammte Murat die Herzen der noch Wenigen, die von einem unabhängigen geeinten Italien zu träumen begannen. Alessandro Manzoni, der später zum bedeutendsten Schriftsteller des italienischen Risorgimento werden sollte, widmete diesem «Proclama di Rimini» ein hymnisches Gedicht. Es blieb allerdings unvollendet, weil der Traum kaum einen Monat später bereits ausgeträumt war. Bei der kleinen Stadt Tolentino in den Marken wurde Murat Anfang Mai 1815 vernichtend geschlagen, musste sein Königreich verlassen und schlug sich unter falschem Namen nach Frankreich durch, wo ihm Napoleon jedoch verbot, nach Paris zu kommen. In dem Glauben, dass auch ihm gelingen würde, was seinem Schwager gelungen war, landete er mit wenigen Getreuen in Kalabrien, um, wie er hoffte, im Siegeszug nach Neapel zu eilen. Stattdessen wurde er gefangengenommen und nach kurzem Prozess standrechtlich erschossen. Das war der endgültige Triumph für Ferdinando, der bereits seit Juni 1815 den kontinentalen Teil seines Reiches wieder in Besitz genommen hatte. Der Artikel der Wiener Kongressakte vom 6. Juni 1815, der ihn dazu berechtigte, war einer der kürzesten des ganzen Konvoluts und lautete: «Seine Majestät, König Ferdinand IV., wird für sich, seine Erben und Nachfolger wieder auf den Thron von Neapel eingesetzt und von den Mächten als König Beider Sizilien anerkannt.»[3]

Wäre es Maria Carolina vergönnt gewesen, das Ende des Wiener Kongresses zu erleben, hätte sie sich ohne Zweifel am Ziel ihrer politischen Wünsche gefühlt und mit vollem Recht die Überzeugung hegen können, dass die Wiederherstellung ihres Königreichs unter Ferdinando ohne ihren hartnäckigen Kampf gegen Napoleon, gegen die Engländer, gegen Murat und am Ende auch gegen Metternich nicht gelungen wäre. Insgesamt erhielt Italien nach dem Wiener Kongress genau die politische Gestalt, die der Tochter der «unsterblichen Maria Theresia» von Anfang vorgeschwebt hatte: Das Königreich Beider Sizilien blieb – in enger Anlehnung an Österreich – unter der einheimischen Dynastie der Bourbonen selbstständig. Das übrige, in drei größere und mehrere Kleinststaaten aufgeteilte Italien war dagegen – abgesehen vom Kirchenstaat – entweder direkt in österreichischer Hand oder von ihm abhängig. Eine Ausnahme bildete das wiederhergestellte und vergrößerte Königreich Sardinien-Piemont, das als eine Art Pufferstaat zwischen dem österreichischen Lombardo-Venetien und Frankreich fungierte.

Der innere Zustand des wiederhergestellten und wiedervereinigten Königreichs dagegen war instabiler und zerrütteter denn je. Ihr eigentliches Ziel, aus dem schönsten Königreich Italiens einen Staat zu machen, der auf der politischen Bühne Europas eine eigenständige Rolle spielte, hatte Maria Carolina verfehlt. Die Gründe dafür lagen in ihrer grundsätzlichen Fixierung auf Außen- und Machtpolitik und der damit verbundenen dramatischen Wende der neunziger Jahre. In den ersten beiden Jahrzehnten ihrer Herrschaft hatte sie sich aufgeschlossen gezeigt für die Ideen und Forderungen der geistigen Elite ihres Reiches. In den dadurch angestoßenen Reformen deutete sich die Chance an, dass der Mezzogiorno zur treibenden Kraft einer eigenständigen Erneuerung Italiens hätte werden können. Doch Maria Carolina ordnete diese innenpolitischen Maßnahmen stets ihren außen- und machtpolitischen Zielen unter, die die Fähigkeiten des Königreichs bei weitem überstiegen. Die Heftigkeit der politischen und gesellschaftlichen Umwälzungen seit Beginn der Französischen Revolution, die Hinrichtung ihres Schwagers und ihrer Lieblingsschwester Marie Antoinette sowie die Bedrohung durch die französischen Revolutionsheere veranlassten Maria Carolina dann zu einer abrupten Kehrtwendung und brachten den Prozess innerer Reformen in Neapel zum Stillstand. Die Verhärtung der politischen Fronten mündete in der Revolution von 1799. Die Repression, die auf das Ende der Neapolitanischen Republik folgte, an der Maria Carolina nicht allein-, aber zumindest mitschuldig war, beendete danach jede Möglichkeit des Dialogs zwischen Reformkräften und Regierung und beraubte Neapel auf lange Zeit seiner besten Köpfe und Kräfte.

Das so geschwächte Königreich wurde zum Spielball der Großmächte in den sich rasend wandelnden Macht- und Interessenkonstellationen der napoleonischen Kriege. Maria Carolinas Versuch, dabei eine eigenständige Rolle zu spielen, war nach der Katastrophe von 1799 von vorneherein zum Scheitern verurteilt. Der Süden Italiens blieb für Frankreich, England, Russland und Österreich zwar als Stützpunkt im Mittelmeer von Bedeutung, jedoch immer nur als Nebenschauplatz des großen Ringens im Herzen Europas. Es war deshalb auch sinnlos, dass sie sich während des zweiten Exils in Sizilien mit aller Kraft für die Rückeroberung Neapels einsetzte, solange die Engländer daran kein ernsthaftes Interesse hatten. Ihr Unverständnis für den Stolz und die eigenständigen Belange der Insel sowie ihr Widerstand gegen die von den Engländern unterstützte liberale Verfassung führten darüber hinaus zu einer tiefen und langfristigen Entfremdung. In Sizilien war Maria Carolina allerdings längst nicht mehr im Vollbesitz ihrer geistigen und körperlichen Kräfte. Sie hatte sich aufgerieben im Kampf um eine ihren Vorstellungen entsprechende Rolle als Herrscherin an der Seite eines Mannes, der sich vor jeder Entscheidung drückte, aber doch irgendwie König sein wollte; sie hatte sich aufgerieben im Umgang mit Ministern, die die Monarchen gegeneinander ausspielten, mit Diplomaten und Höflingen, die an Alkovengeschichten statt an Politik interessiert waren und eine Frau als Politikerin nicht ernstnahmen. Ihre Gesundheit war ruiniert von allzu vielen Schwangerschaften, ihr Gemüt verdunkelt von allzu vielen Todesfällen und ihr Geist verwirrt von allzu viel Opium. Fern von ihrem geliebten Königreich starb Maria Carolina nicht nur in der quälenden Ungewissheit über das politische Schicksal Neapels und Siziliens, sie wusste auch, wie wenig sie dort verstanden und betrauert wurde. Ihre Hoffnung richtete sich darauf, dass ihr die Nachwelt die Gerechtigkeit widerfahren ließe, die ihr «zu Lebzeiten verweigert worden» war.[4] Es hat fast zwei Jahrhunderte gedauert, bis jenseits von extremer Verurteilung und übertriebener Verherrlichung ein ausgewogeneres Bild möglich geworden ist.

Ferdinando, der nahezu ohne eigenes Zutun wieder in den Besitz seines Königreichs gekommen war, war nicht der Mann, der aus den Umwälzungen und Fehlern der letzten Jahrzehnte eigenständige Schlüsse hätte ziehen können. Die neue Ära seiner Herrschaft läutete er damit ein, dass er die beiden Teile seines Reiches zusammenlegte und damit Sizilien den letzten Rest seiner Autonomie nahm. Seitdem hieß sein Reich offiziell «Königreich Beider Sizilien» und er selbst Ferdinando I. Das schürte den Groll der Inselbewohner weiter und sollte sich bitter rächen. Immerhin war er so klug, sich mit Luigi de' Medici einen erfahrenen Ersten Minister an die Seite zu holen, der den Ideen der Reformära und des französischen Jahrzehnts aufgeschlossen gegenüberstand und die Gesetze dieser Zeit bestehen ließ. Der König selbst aber zog sich mit seiner neuen Frau in eine bequeme Villa oberhalb Neapels mit großem Park und Wildbestand zurück, weil er wegen seiner morganatischen Ehe nicht im Palazzo Reale bleiben konnte. Dort soll er gesagt haben, er sei nun der glücklichste König der Welt, denn er habe endlich eine Frau, die ihm nicht dreinrede, und einen Minister, der ihm alle Arbeit abnehme. Das allein genügte freilich nicht, um die Wunden der Vergangenheit zu heilen und das Land für die Zukunft zu rüsten. Die Chance des Neuanfangs war vertan. Statt zur treibenden Kraft einer Erneuerung Italiens zu werden, wurde der Mezzogiorno unter seinen Erben von der italienischen Einigungsbewegung geradezu überrollt und hat sich davon bis heute nicht erholt.

Dank

Im Gegensatz zum Titel des Buches habe ich Neapel während meiner Recherchen als ein vielleicht nicht immer von Engeln, aber von überaus freundlichen Menschen bewohntes Inferno aus Lärm und Verkehrsgewühl in paradiesischer Umgebung kennengelernt. Zu einem echten Schutzengel wurde für mich dabei Marco Meriggi. Er hat mir nicht nur wertvolle wissenschaftliche und praktische Hinweise gegeben, sondern auch den Kontakt zu seinen Historikerkollegen vermittelt. Durch seine Hilfe haben mir Anna Maria Rao, Renata De Lorenzo, Mirella Mafrici und Girolamo Imbruglia großzügig ihre Zeit und ihr immenses Wissen zur Verfügung gestellt. Marco hat sich außerdem bereit erklärt, die Endfassung meines Manuskripts durchzusehen, und mich auf Fehler und Versehen aufmerksam gemacht. Durch Maria Carmen Morese und Andreas und Zsa Zsa Schlüter konnte ich Einblicke in die Wunder hinter den abweisenden Fassaden neapolitanischer Palazzi gewinnen. Annamaria Cirillo, die Besitzerin der kleinsten und bestgeführten Buchhandlung, die ich kenne, hat mir auf wundersame Weise auch längst vergriffene Bücher beschafft, und mir nebenbei bewiesen, dass der Postverkehr zwischen Italien und Deutschland auch klappen kann. Nur durch die kritischen Hinweise von Christiane Wyrwa, die die Entstehung des Textes von Anfang an begleitet hat, ist es mir überhaupt gelungen, das Thema einigermaßen in den Griff zu bekommen. Und im Verlag wurde ich von meinem Lektor Sebastian Ullrich und seiner Assistentin Carola Samlowsky wie gewohnt sorgfältig und verständnisvoll betreut. Allen Ratgebern und Helfern – auch denen, die ich hier nicht namentlich erwähnen kann – danke ich von ganzem Herzen – *last but not least* Rupp Doinet, weil der die Höhen und Tiefen meiner «Carolinamanie» geduldig ertragen hat.

Anmerkungen

Abkürzungen:

AB = Archivio Borbone (im ASN; der Bestand ist identisch mit dem von Corti benutzten «Archiv S. königl. Hoheit des Herzogs Ferdinand von Kalabrien». Die Teile des AB, die nach der italienischen Einigung in Neapel verblieben waren, wurden während des Zweiten Weltkriegs von den deutschen Truppen auf dem Rückzug vernichtet, darunter der größte Teil der Papiere von MC)

ASN = Archivio di Stato di Napoli.

DBT = Dizionario biografico Treccani, http://www.treccani.it/biografie/

MC = Maria Carolina

MT = Maria Theresia

1 Zit. n. Croce, Paradiso, S. 11, 17, 23.
2 Forsyth, Remarks, S. 561.

Vorwort
1 Imbruglia (Hg.), Naples, S. I.
2 Croce, Rivoluzione, S. 16. Vgl. zum Ganzen: Mafrici, Un'austriaca, S. 51 ff. Für die Sicht der Beteiligten auf Maria Carolina und ihre Zeit, die das Risorgimento prägte: Cuoco, Saggio storico; Colletta, Storia.
3 Von Helfert, Königin Karolina; Ders., Maria Karolina; Corti, Ich, eine Tochter.
4 Nach Schiller, Prolog zu Wallenstein.
5 Ajello, I filosofi, S. 403.
6 Constantine, Fields, S. XXVII.

Ankunft in der Fremde
1 Von Arneth (Hg.), Briefe, Bd. III, S. 29, MT an MC, 9. August 1767.
2 Ebd., Bd. III, S. 32 ff., MT an MC, Anfang April 1768.
3 Ebd., Bd. III, S. 12, MT an Maria Amalia, Ende Juni 1769.
4 Ebd., Bd. IV, S. 116, MT an Gräfin Lerchenfeld, 13. Oktober 1763.
5 Ebd., Bd. IV, S. 488, MT an Gräfin Enzenberg, 23. März 1768.
6 Ebd., Bd. IV, S. 116, MT an Gräfin Lerchenfeld, 13. Oktober 1763.
7 Tamussino, Des Teufels Großmutter, S. 63.
8 Del Puglia, La Regina, S. 14.

9 Acton, I Borboni, S. 128.
10 Ebd., S. 184.
11 Benedetto Croce zit. n.: ebd., S. 128.
12 Ebd., S. 116.
13 Tamussino, Des Teufels Großmutter, S. 68.
14 Acton, I Borboni, S. 169; Campolieti, Il re, S. 114.
15 Acton, I Borboni, S. 138.
16 *Vergil, Georgica*, II, Vers 173 f.
17 Valsecchi, Il riformismo, S. 42.
18 Ebd., S. 29 ff., auch zum Folgenden.
19 Zit. n.: Pelizzari, La modernità, S. 129.
20 Dumas, Il corricolo, S. 90.
21 Acton, I Borboni, S. 121.
22 Gunn, Neapel, S. 209.
23 Acton, I Borboni, S. 148.
24 Ebd., S. 131.
25 Tamussino, Des Teufels Großmutter, S. 67.

Unter den wilden Kindern des Schlaraffenbaums

1 Consiglio, Maccheroni, S. 47.
2 Marrone, Guida insolita, Stichwort: lazzari.
3 Benedetto Croce zit. n.: Dini, Masaniello, S. 13.
4 Vgl. Scafoglio, Il gioco, S. 15.
5 Ebd., S. 71.
6 Travérsier, Fêtes, S. 301.
7 Scafoglio, Il gioco, S. 42.
8 Coletti, La Regina, S. 31.
9 Acton, I Borboni, S. 141.
10 Ottomeyer u. Völkel (Hgg.), Tafel, S. 54.
11 Zit. n.: Rao, Il regno, S. 90.
12 Ebd., S. 62.
13 Coletti, La Regina, S. 35.
14 Ebd., S. 33.
15 Corti, Ich, eine Tochter, S. 72.
16 Ebd., S. 721 ff., bes. S. 742.
17 Acton, I Borboni, S. 37.
18 Ebd., S. 40.
19 Raeber, Metastasio, S. 260.
20 Tamussino, Des Teufels Großmutter, S. 88.
21 Goethe, Italienische Reise, Neapel, 22. März 1787.
22 Acton, I Borboni, S. 181.
23 Tamussino, Des Teufels Großmutter, S. 81.

Königin der freien Geister

1 Scafoglio, Il carnevale, S. 44.
2 Ebd., S. 55 f.
3 Ebd., S. 50.
4 Mme de Staël, Corinne ou l'Italie, VI, 3. Zit. n.: Unfer Lukoschik (Hg.), Der Salon, S. 26.
5 Ebd., S. 20.
6 Knight, Hamilton, S. 91.
7 Gunn, Neapel, S. 127.
8 Francovich, Storia, S. 17.
9 Ebd., S. 104.
10 Acton, I Borboni, S. 111.
11 Wikipedia, Stichwort: Raimondo di Sangro.
12 Rao, Lumi, S. 3.
13 Zit. n.: Bramato, Napoli, S. 69.
14 Acton, I Borboni, S. 191.
15 Zit. n.: Francovich, Storia, S. 202, Anm., Brief vom 12. September 1775.
16 Bramato, Napoli, S. 43 ff.
17 Acton, I Borboni, S. 192.
18 Francovich, Storia, S. 206.
19 Bramato, Napoli, S. 47.
20 Francovich, Storia, S. 210.
21 Rao, La Massoneria, S. 533.
22 Nicolini, Luigi de' Medici, S. IX.
23 Chiosi, Intellectuals, S. 121 ff.
24 Zit. n.: Rao, Lumi, S. 58.
25 Ebd., S. 59.
26 Goethe, Italienische Reise, 5. März 1787.
27 Platthaus, 1813, S. 223.
28 Gorani, Nachrichten, S. 348.

Wonnen und Schrecken der Macht

1 Del Puglia, La Regina, S. 90.
2 Corti, Ich, eine Tochter. S. 88.
3 Ebd., S. 87 ff.
4 Ebd., S. 152.
5 Coletti, La Regina, S. 62.
6 Acton, I Borboni, S. 190.
7 Gunn, Neapel, S. 231.
8 Von Arneth (Hg.), Briefe, Bd. III, S. 140, MT an ihre Schwiegertochter Maria Beatrice d'Este, 23. Juni 1772.
9 Urgnani, La vicenda, S. 83.

10 Vgl. http://www.ilportaledelsud.org/bcnn1968_2.pdf.

11 Zit. n.: Tamussino, Des Teufels Großmutter, S. 97.

12 Vgl. Macciocchi, L'amante, S. 262.

13 Von Helfert, Königin Karolina, S. 604.

14 Von Arneth (Hg.), Briefe, Bd. III, S. 360, MT an ihre Schwiegertochter Maria Beatrice d'Este, 12. April 1779.

15 Archivio Filangieri, Museo civico Gaetano Filangieri, Palazzo Como, Neapel, fald. 29, fasc. 19.

16 Von Arneth (Hg.), Briefe, Bd. III, S. 29, MT an MC, 9. August 1767.

17 Corti, Ich, eine Tochter, S. 115, 202.

18 Ebd., S. 96.

19 Gunn, Neapel, S. 231.

20 Acton, I Borboni, S. 229.

21 Verdile, Un'anno, S. 24f.

22 Acton, I Borboni, S. 197.

23 Del Puglia, La Regina, S. 115.

24 Campolieti, Il re, S. 191.

25 Acton, I Borboni, S. 121.

26 ASN AB 99, Brief vom 13. Februar 1883, ohne Unterschrift. Der vertrauliche Ton lässt den Schluss zu, dass Joseph II. der Verfasser ist.

27 Acton, I Borboni, S. 201.

28 Rao, Corte e paese, S. 25. Vgl. auch ebd., S. 58: Acton «wird alles dafür tun, unseren Handel zu ruinieren, den Hof Neapels von dem unseren zu entfremden und den angeborenen Hass der neapolitanischen Nation gegen Spanien zu schüren».

29 Ajello, I filosofi, S. 413.

30 Ebd., S. 419.

31 Tamussino, Des Teufels Großmutter, S. 109.

32 Acton, I Borboni, S. 203.

33 Zit. n.: Villani, Rivoluzione, S. 179.

34 Acton, I Borboni, S. 206.

35 Ajello, I filosofi, S. 437.

36 Acton, I Borboni, S. 212.

37 Corti, Ich, eine Tochter, S. 127.

38 Vgl. ebd., S. 149; Ajello, I filosofi, S. 408.

39 Acton, I Borboni, S. 208.

40 Corti, Ich, eine Tochter, S. 83.

41 Ajello, I filosofi, S. 409.

42 Rao, Il riformismo, S. 281.

43 Ebd., S. 280.

44 Ebd., S. 274.

45 Valsecchi, Il riformismo, S. 143.

46 Vgl. Renda, Maria Carolina, S. 32. Vgl. im vorliegenden Buch das Kapitel «Eine Revolution auf die englische Art».

47 Ajello, I filosofi, S. 438.

48 Rao, The feudal question, S. 113.

49 Rao, Il riformismo, S. 281.

50 Verdile, Maria Carolina, S. 83.

51 Zit. n.: Battaglini, La fabbrica, S. 25.

52 Zit. n.: ebd., S. 9.

53 Zit. n.: Rossi, La fabbrica, S. 184. (Die *leggi* sind auch bei Battaglini abgedruckt.)

54 Urgnani, La vicenda, S. 89 f.

55 So ein piemontesischer Diplomat über die österreichische Herrschaft, vgl. Mafrici, Il Re, S. 259.

56 Corti, Ich, eine Tochter, S. 154.

57 Ebd., S. 167.

58 Ebd., S. 172.

59 Ebd., S. 175.

60 Correspondance inédite, Bd. I, S. 41, 4. August 1792; der Papst verlangt die schriftliche Bestätigung dieses Versprechens. Vgl. auch Pedio, Massoni, S. 66.

61 Acton, I Borboni, S. 247.

62 Verdile,Un'anno, S. 113 ff.

63 Galasso, Storia del Regno di Napoli, Bd. IV, S. 679.

64 Correspondance inédite, Bd. I, S. 24, 14. Juni 1791.

65 DBT, Stichwort: Mastrilli, Marzio.

66 Correspondance inédite, Bd. I., S. 36, 24. März 1792.

67 http://www.habsburger.net/de/kapitel/der-reformwillige-kurzzeitkaiser-leopold-ii?language=de

68 Corti, Ich, eine Tochter, S. 183.

69 http://www.habsburger.net/de/kapitel/der-reformwillige-kurzzeitkaiser-leopold-ii?language=de

70 Corti, Ich, eine Tochter, S. 189.

71 Correspondance inédite, Bd. I, S. 63, 8. Dezember 1792.

72 Acton, I Borboni, S. 271.

73 Correspondance inédite, Bd. I, S. 58, 20. November 1792.

74 Ebd., S. 6, 28. Dezember 1792.

75 Ebd., S. 71 f., 23. Dezember 1792.

76 Corti, Ich, eine Tochter, S. 200.

77 Constantine, Fields, S. 114.

78 Hier und zum Folgenden: Knight, Hamilton, S. 204.

79 Goethe, Italienische Reise, Caserta, 16. März 1787.

80 Fothergill, Hamilton, S. 267.

81 Ebd., S. 286.
82 Fraser, Emma, S. 167.
83 Ebd., S. 168.
84 Correspondance inédite, Bd. I, S. 152,12. Oktober 1793.
85 Ebd., S. 420, 8. November 1796.

Gegen eine Welt von Feinden

 1 Ebd., S. 86, 25. Dezember 1792.
 2 Zit. n.: Galasso, Storia del Regno di Napoli, Bd. IV, S. 673.
 3 Dumas, Storia, Bd. I, S. 145.
 4 Gorani, Nachrichten, S. 247 ff.
 5 Corti, Ich, eine Tochter, S. 154.
 6 Monnier, Un aventurier, S. 241.
 7 Die Agenten heißen Bressac, Ruffo, Marquis de Bombelles; vgl. Correspondance inédite, Bd. I, S. 33, 27. Januar 1792; S. 207, 3. Juni 1794; S. 262, 20. Januar 1795. Vgl. auch: Monnier, Un aventurier, S. 244.
 8 Correspondance inédite, Bd. I, S. 177, 27. Januar 1794.
 9 Acton, I Borboni, S. 284.
10 Zit. n.: Villani, Rivoluzione, S. 285 (Brief von Matteo Angelo Galdi an François Cacault, 18. April 1796); Das obige Zitat: «Memoirs et Projects» zit. n.: Rao, Fortune, S. 523 ff.
11 Pedio, Massoni, S. 64, auch zum Folgenden.
12 Urgnani, La vicenda, S. 21.
13 Dumas, Il corricolo, S. 27.
14 Vgl. Brambilla, Accademie, S. 87.
15 Rosa, Filippo Buonarroti, S. 19.
16 Vincenzo Cuoco, zit. n.: Pedio, Massoni, S. 3.
17 Nicolini, Teodoro Monticelli, S. 199.
18 Chiosi, Intellectuals, S. 123.
19 Correspondance inédite, Bd. I, S. 199, ca. Mai 1794.
20 http://www.repubblicanapoletana.it/dedeolettera.htm.
21 Correspondance inédite, Bd. I, S. 245, 18. Oktober 1794. Zum Folgenden ebd., S. 249, 21. Oktober 1794.
22 Nicolini, Luigi de' Medici, S. 109.
23 Correspondance inédite, Bd. I, S. 353, 10. Januar 1796, auch zum Folgenden; ebd., S. 279, 4. März 1795.
24 Corti, Ich, eine Tochter, S. 222 f.
25 Galasso, Storia del Regno di Napoli, Bd. IV, S. 705.
26 Correspondance inédite, Bd. I, S. 449, 18. März 1797 über Castelcicala und Ascoli «cadavres ambulants».
27 Willms, Napoleon, S. 96.
28 Zit. n.: Acton, I Borboni, S. 309, auch zum Folgenden.

29 Correspondance inédite, Bd. 1, S. 379, ohne Datum (1796).

30 Acton, I Borboni, S. 313, auch zum Folgenden.

31 Correspondance inédite, Bd. I, S. 386, 5. August 1796.

32 Acton, I Borboni, S. 319.

33 Correspondance inédite, Bd. I, S. 481, 31. August 1797.

34 DBT, Stichwort: Marzio Mastrilli.

35 Acton, I Borboni, S. 327; Correspondance inédite, Bd. I, S. 497, 27. Oktober 1797.

36 Zit. n.: Willms, Napoleon, S. 156.

37 Fraser, Emma, S. 192.

38 Acton, I Borboni, S. 339.

39 Zit. n. Hamilton, The Hamilton Letters, S. 21.

40 Acton, I Borboni, S. 344, auch zum Folgenden.

41 Battaglini, La fabbrica, S. 40.

42 Fraser, Emma, S. 199.

43 Corti, Ich, eine Tochter, S. 296.

44 Brydone, A Tour, S. 232.

45 Corti, Ich, eine Tochter, S. 297.

46 Coleman, Nelson, S. 185.

47 Rao, La Repubblica, S. 17.

48 De Liso u. a., Eleonora, S. 120.

49 Croce, Un paradiso, S. 112.

50 Ebd., S. 113.

51 Acton, I Borboni, S. 385.

52 Zit. n. Rao, La Repubblica, S. 39.

53 Zit. n. Sani, 1799, S. 109 f.

54 Zit. n.: Seefelder, Opium, S. 99. Zum Folgenden ebd., S. 101.

55 Journal de Marie-Amélie, S. 23.

56 Correspondance inédite, Bd. II, S. 55, 17. Februar 1799; S. 85, 9. Mai 1799.

57 Zit. n. DBT, Stichwort: Ruffo, Fabrizio.

58 Sacchinelli, Memorie, S. 100, auch zum Folgenden.

59 Z. B. Correspondance inédite, Bd. I, S. 72, 23. Dezember 1792.

60 Salzburger Intelligenzblatt 1794, http://books.google.it/books?id=LY xEAAAAcAAJ&pg=PT74&lpg=PT74&dq=Angiolino+del+duca&source=bl&ots=EtW1Jqu0zR&sig=IfPNVtdmBLd7PTolTZYsD1Rcssk&hl=de&sa=X&ei=d_qRUeTuOeqL4AS2poCwDw&ved=0CEk-Q6AEwBA#v=onepage&q=Angiolino%20del%20duca&f=false.

61 Acton, I Borboni, S. 411.

62 Maresca, Carteggio, S. 332 ff.

63 Correspondance inédite, Bd. II, S. 88, 23. April 1799, Tableau über ihre Familie.

64 Maresca, Carteggio, S. 571, MC an Ruffo, 14. Juni 1799.

65 Ebd., S. 563 ff., MC an Ruffo, 17. Mai 1799.

66 Acton, I Borboni, S. 433.

67 Sacchinelli, Memorie, S. 227.

68 Maresca, Carteggio, S. 565, MC an Ruffo, 23. Mai 1799.

69 Corti, Ich, eine Tochter, S. 313, auch zum Folgenden.

70 Sani, 1799, S. 187.

71 Corti, Ich, eine Tochter, S. 314. Corti versucht, die Heftigkeit dieser Aussage dadurch abzuschwächen, dass er am Datum zweifelt, was m. E. wenig ändert. Bei Palumbo, Carteggio ist es der 25. Juni 1799.

72 Maresca, Carteggio, S. 575, MC an Ruffo, 19. Juni 1799.

73 Dumas, La Sanfelice, S. 1178.

74 Croce, La riconquista, S. 267, Ferdinando an Ruffo, 29. August 1799.

75 Maresca, Carteggio, S. 666, MC an Ruffo, 7. August 1799.

76 Corti, Ich, eine Tochter, S. 322.

77 Croce, La riconquista, S. 263, Ferdinando an Ruffo, 25. August 1799.

78 Vgl. hier und zum Folgenden: Rao, La repubblica (1986), S. 543 ff.

79 Maresca, Carteggio, S. 688, MC an Ruffo, 2. Oktober 1799.

80 Rao, La repubblica (1986), S. 548.

81 Cuoco, Saggio storico, S. 204.

82 Mascilli-Migliorini (Hg.), Italia Napoleonica, S. 63.

Königin ohne Land

1 Corti, Ich, eine Tochter, S. 333.

2 Maresca, Carteggio, S. 687, MC an Ruffo, 7. November 1799.

3 Coleman, Nelson, S. 222, auch zum Folgenden.

4 ASN AB 240, Anonymer Bericht vom 10. September 1800.

5 Lacour-Gayet, Marie Caroline, S. 208.

6 Zit. n.: ebd., S. 216, MC an Gallo vom 6. Januar 1802. Dieser Brief ist nicht in der Correspondance inédite enthalten.

7 Correspondance inédite, Bd. II, S. 213, 6. März 1801.

8 Ebd., S. 232, 21. April 1801.

9 ASN AB 240, Brief von MC an Zar Alexander, 22. Mai 1802.

10 Correspondance inédite, Bd. II, S. 277, 6. Januar 1802.

11 Zit. n.: Lacour-Gayet, Marie Caroline, S. 221.

12 Correspondance inédite, Bd. II, S. 355, 28. Oktober 1802.

13 Ebd., S. 357, 17. Oktober 1802.

14 De Nicola, Diario Napoletano, Bd. I, S. 137, 7. März 1803.

15 Zit. n.: Lacour-Gayet, Marie Caroline, S. 224, MC an Gallo vom 14. September 1802. Dieser Brief ist nicht in der Correspondance inédite enthalten.

16 Zit. n. ebd., S. 258.

17 Zit. n. ebd., S. 229.

18 Correspondance inédite, Bd. II, S. 353, 17. Oktober 1802.

19 Acton, I Borboni, S. 527, ohne Datum, aber ca. Juni 1803.
20 Correspondance inédite, Bd. II, S. 430, 3. November 1803.
21 Acton, I Borboni, S. 527; Corti, S. 420.
22 Correspondance inédite, Bd. II, S. 423, 29. September 1803.
23 Ebd., S. 478, 6./7. Juni 1804; Corti, Ich, eine Tochter, S. 434.
24 Correspondance inédite, S. 205, 6. März 1802.
25 Corti, Ich, eine Tochter, S. 435.
26 Der ganze Brief mit Anmerkungen von MC: ebd., S. 755 ff.
27 Galasso, Storia del Regno di Napoli, Bd. IV, S. 1004.
28 Correspondance inédite, Bd. II, S. 578, 5. Mai 1805.
29 Galasso, Storia del Regno di Napoli, Bd. IV, S. 1003.
30 Votum des Staatsrats vom 7. November 1805, in: ASN AB 241.
31 Corti, Ich, eine Tochter, S. 503.
32 Vgl. Galasso, Storia del Regno di Napoli, Bd. IV, S. 1002. (Colletta spricht von «stultizie».)
33 Zit. n.: Willms, Napoleon, S. 439.
34 De Nicola, Diario Napoletano, Bd. I, S. 188.
35 Ebd., S. 200 f.
36 Willms, Napoleon, S. 459.
37 Corti, Ich, eine Tochter, S. 515.
38 Johnston (Hg.), Mémoire.
39 Valente, Gioacchino Murat, S. 1207.
40 Galasso, Storia del Regno di Napoli, Bd. IV, S. 1007.
41 Zit. n.: Mafrici, Un'austriaca, S. 72 f.
42 Journal de Marie-Amélie, S. 110.
43 ASN AB 99, Brief an MC vom 6. Juli 1808.
44 Johnston (Hg.), Mémoire, S. 3.
45 Corti, Ich, eine Tochter, S. 570, auch zum Folgenden.
46 Johnston (Hg.), Mémoire, S. 22, auch zum Folgenden.
47 Corti, Ich, eine Tochter, S. 769, auch zum Folgenden.
48 Ebd., S. 605.
49 Browning, Queen Caroline, S. 486.
50 Hier und zum Folgenden: von Helfert, Memorie segrete, S. 234 ff. Vgl. auch Valente, Gioacchino Murat, S. 253 ff.
51 Corti, Ich, eine Tochter, S. 620.
52 Von Helfert, Memorie segrete, S. 223.
53 Corti, Ich, eine Tochter, S. 592. Vgl. zu dem komplizierten Vorgang: Palmieri, Saggio storico, S. 126 f.
54 Renda, Maria Carolina, S. 58, auch zum Folgenden.
55 Journal de Marie Amélie, S. 174: «She is an uncommonly clever woman.»
56 Johnston (Hg.), Mémoire, S. 76, auch zum Folgenden.

57 Corti, Ich, eine Tochter, S. 621.

58 Ebd., S. 774.

59 Ebd., S. 781.

60 Journal de Marie Amélie, S. 185, 20. März 1813.

61 Corti, Ich, eine Tochter, S. 668, MC an den neapolitanischen Botschafter in Sankt Petersburg, Antonio (auch: Antonino) Maresca Donnorso, Herzog von Serracapriola, 10. April 1813.

Heimkehr in die Fremde

1 Galasso, Storia del Regno di Napoli, Bd. IV, S. 1248, 1250.

2 De Divitiis, Einleitung, S. 36.

3 Corti, Ich, eine Tochter, S. 575, MC an den neapolitanischen Gesandten in Wien, Alvaro Ruffo, 7. August 1808.

4 Vidal, Caroline Bonaparte, S. 146.

5 Corti, Ich, eine Tochter, S. 688.

6 Von Helfert, Maria Karolina, S. 588.

7 Corti, Ich, eine Tochter, S. 691.

8 Ebd., S. 675.

9 ASN AB 103.

10 Corti, Ich, eine Tochter, S. 688.

11 Von Helfert, Maria Karolina, S. 560. Hier auch die folgenden Zitate.

12 Corti, Ich, eine Tochter, S. 785, Metternich an MC, 5. März 1814.

13 http://www.staatsvertraege.de/Frieden1814–15/1pfv1814-i.htm.

14 Valente, Gioacchino Murat, S. 134, Anm. 3.

15 Pocock, Stopping Napoleon, S. 8.

Nachwort

1 La Cecilia, Storie segrete, Bd. III, S. 511.

2 http://it.wikisource.org/wiki/Proclama_di_Rimini. Das Gedicht von Alessandro Manzoni: http://www.150anni-lanostrastoria.it/index.php/murat/il-proclama-di-rimini-alessandro-manzoni.

3 http://www.staatsvertraege.de/Frieden1814–15/wka1815-i.htm.

4 Maresca, Un documento, S. 563.

Verzeichnis der zitierten Quellen und Literatur

Harold Acton, I Borboni di Napoli (1734–1525), Florenz 1985

Raffaele Ajello, I filosofi e la regina. Il governo delle Due Sicilie da Tanucci a Caracciolo (1776–1786), in: Rivista storica italiana 103 (1991)

Alfred Ritter von Arneth (Hg.), Briefe der Kaiserin Maria Theresia an ihre Kinder und Freunde, IV Bde.,Wien 1881

Mario Battaglini, La fabbrica del Re, Rom 1983

Fulvio Bramato, Napoli massonica nel settecento, Ravenna 1980

Elena Brambilla, Accademie e «conversazioni» come tramiti di innovazione culturale nella società italiana tra fine '600 e primo '700, in: Unfer Lukoschick (Hg.), Der Salon

Oscar Browning, Queen Caroline of Naples, in: The English Historical Review, Bd. II, Nr. 7 (Jul., 1887)

Patrick Brydone, A Tour through Sicily and Malta, London 1792

Giuseppe Campolieti, Il re lazzarone, Mailand 1999

Giovanni La Cecilia, Storie segrete o misteri della vita intima dei Borboni di Napoli e Sicilia, II Bde., Palermo 1860

Elvira Chiosi, Intellectuals and Academies, in: Imbruglia (Hg.), Naples

Terry Coleman, Nelson. L'uomo che sconfisse Napoleone, Mailand 2001

Alessandro Coletti, La Regina di Napoli, Novara 1986

Pietro Colletta, Storia del reame di Napoli dal 1734 al 1825, Mailand 1870

Alberto Consiglio, Storia dei maccheroni, Neapel 1997

David Constantine, Fields of Fire. A Life of Sir William Hamilton, London 2001

Egon Caesar Conte Corti, Ich, eine Tochter Maria Theresias. Ein Lebensbild der Königin Marie Karoline von Neapel, München 1950

Correspondance inédite de Marie-Caroline, reine de Naples et de Sicile, avec le marquis de Gallo, II Bde., Paris 1911

Benedetto Croce, La riconquista del Regno di Napoli nel 1799, Bari 1943

Ders., La rivoluzione napoletana del 1799, Neapel 1998 (zuerst 1948)

Ders., Un paradiso abitato da diavoli, Mailand 2006.

Vincenzo Cuoco, Saggio storico sulla rivoluzione di Napoli, Bari/Rom 1998 (zuerst 1801)

Vittorio Dini, Masaniello, Neapel 1999

Maria Rosaria de Divitiis, Einleitung zum Ausstellungskatalog: Serra di Cassano. Un palazzo, una famiglia, la storia. Tesori di una dimora napoletana del Settecento, Neapel, Palazzo Serra di Cassano-Palazzo Marigliano, 22. Januar–4. Juni 2005, Neapel 2005

Alexandre Dumas, Il corricolo, Neapel 1999 (zuerst 1843)

Ders., Storia dei Borbone di Napoli, (1862), II Bde., o. O. o. J.

Ders., La Sanfelice, Neapel 1998 (zuerst 1865)

Joseph Forsyth, Remarks on Antiquities, Arts and Letters During an Excursion in Italy in the Years 1802 and 1803, Genf 1804

Brian Fothergill, Sir William Hamilton. Diplomat, Naturforscher, Kunstsammler, München 1971

Carlo Francovich, Storia della massoneria in Italia: Dalle origini alla rivoluzione francese, Florenz 1974

Flora Fraser, Emma, Lady Hamilton, New York 1987

Giuseppe Galasso, Storia del Regno di Napoli, IV Bde., Turin 2007

Ders., Storia d'Italia, Bd. XV, 1–4, Turin 2007

Giuseppe Gorani, Geheime und kritische Nachrichten von Italien, nebst einem Gemälde der Höfe, Regierungen und Sitten der vornehmsten Staaten dieses Landes, Frankfurt/Leipzig 1794

Peter Gunn, Neapel. Stadt am Mittelmeer, München 1964

William Hamilton, The Hamilton Letters: the Naples Dispatches of Sir William Hamilton, London 2008

Joseph Alexander von Helfert, Königin Karolina von Neapel und Sicilien im Kampf gegen die französische Weltherrschaft (1790–1814), Wien 1878

Ders., Maria Karolina von Österreich, Königin von Neapel und Sicilien. Anklagen und Verteidigung, Wien 1884

Ders., Memorie segrete des Freiherrn Giangiacomo von Cresceri. Enthüllungen über den Hof von Neapel, in: Sitzungsberichte der Kais. Akademie der Wissenschaften, Wien, philosophisch-historische Klasse, 27/1892

Girolamo Imbruglia (Hg.), Naples in the 18th Century. The Birth and Death of a Nation State, Cambridge 2000

Robert Matteson Johnston (Hg.), Mémoire de Marie Caroline, Reine de Naples intitulé De la Revolution du royaume de Sicile … par un témoin oculaire, London 1912

Journal de Marie-Amélie, reine des Français, hg. v. Suzanne d'Huart, Paris 1940

Carlo Knight, Hamilton a Napoli, Neapel 1990

Michel Lacour-Gayet, Marie Caroline reine de Naples (1752–1814): une adversaire de Napoleon, Paris 1990

Daniela De Liso u. a., Eleonora Fonseca Pimentel. Una donna fra le muse. La produzione poetica, Neapel 1999

Maria Antonietta Macciocchi, L'amante della rivoluzione, Mailand 1998

Mirella Mafrici, Il re delle speranze. Carlo di Borbone da Madrid a Napoli, Neapel 1998

Dies., Un'austriaca alla Corte napoletana: Maria Carolina d'Asburgo-Lorena, in: Dies. (Hg.), All'ombra della Corte. Donne e potere nella Napoli borbonica (1734–1860), Neapel 2010

Benedetto Maresca, Carteggio della Regina Maria Carolina col cardinale Ruffo nel 1799, Archivio storico per le province napoletane, Bd. V, 1880

Ders., Un documento inedito di Maria Carolina, Archivio storico per le province napoletane, Bd. VI, 1881

Romualdo Marrone, Guida insolita ai misteri, ai segreti, alle leggende e alle curiosità di Napoli, Neapel 1999

Luigi Mascilli-Migliorini (Hg.), Italia Napoleonica. Dizionario critico, Turin 2011

Mare Monnier, Un aventurier italien du siècle dernier, Paris 1884

Carlo De Nicola, Diario Napoletano 1798–1825, II Bde., Neapel 1906

Nicola Nicolini, Luigi de' Medici ed il giacobinismo napoletano, Florenz 1935

Ders., Teodoro Monticelli e la Società pattriotica napoletana, in: Archivio storico pugliese, VIII, 1955

Hans Ottomeyer, Michaela Völkel (Hgg.), Die öffentliche Tafel. Hofzeremoniell 1300–1900, Wolfratshausen 2002

N. Palmieri, Saggio storico e politico sulla Costituzione del Regno di Sicilia, Palermo 1972 (zuerst 1847)

Raffaele Palumbo, Carteggio di Maria Carolina, regina delle Due Sicilie con Lady Emma Hamilton, Neapel 1877

Tommaso Pedio, Massoni e giacobini nel regno di Napoli. Emmanuele de Deo e la congiura del 1794, in: Biblioteca di cultura, Bd. XI, Neapel 1976

Maria Rosaria Pelizzari, La modernità di Galanti, in: Dies./Mirella Mafrici, Un'illuminista ritrovato. Giuseppe Maria Galanti, Salerno 2006

Andreas Platthaus, 1813. Die Völkerschlacht und das Ende der alten Welt, Berlin 2013

Tom Pocock, Stopping Napoleon: War and Intrigue in the Mediterranean, London 2004

Raffaela Del Puglia, La Regina di Napoli. Il regno di Maria Carolina dal Vesuvio alla Sicilia, Pavia, 1989

Kuno Raeber, Das Leben des Pietro Metastasio, in: Ders., Werke, Bd. VII, München 2010

Anna Maria Rao, Il regno di Napoli nel '700, Neapel 1983

Dies., La repubblica napoletana del 1799, in: Giuseppe Galasso/Rosario Romeo (Hgg.), Storia del Mezzogiorno, Bd. IV, 2, Rom 1986

Dies., Il riformismo borbonico a Napoli, in: Storia della società italiana, Bd. XII, Il secolo dei Lumi e delle riforme, Mailand 1989

Dies., La Repubblica Napoletana del 1799, Neapel 1999

Dies., The feudal question, judicial systems and the Enlightenment, in: Imbruglia (Hg.), Naples

Dies., La Massoneria nel Regno di Napoli, in: Storia d'Italia (Einaudi), Annali, XXI, La massoneria, Turin 2006

Dies., Fortune e sfortune della Descrizione delle Sicilie di Giuseppe Maria Galanti, in: Mirella Mafrici, Maria Rosaria Pelizzari (Hgg.), Tra res e imago. In memoria di Augusto Placanica, Soveria Mannelli 2007

Dies., Corte e paese: Il Regno di Napoli dal 1734 al 1806, in: Mirella Mafrici, (Hg.), All'ombra della Corte. Donne e potere nella Napoli borbonica (1734–1860), Neapel 2010

Dies., Lumi, riforme e rivoluzione: percorsi storiografici, Rom 2011

Francesco Renda, Maria Carolina e Lord Bentinck nel diario di Luigi de' Medici, Palermo 2011

Pia Omnis Rosa, Filippo Buonarroti e altri studi, Rom 1971

Alberto Rossi, La fabbrica del Re, Mailand 2012

Domenico Sacchinelli, Memorie storiche sulla vita del cardinale Fabrizio Ruffo, Neapel 1836

Valentino Sani, 1799. Napoli. La rivoluzione, Venosa 1999

Domenico Scafoglio, Il carnevale napoletano. Storia, maschere e rituali dal XVI al XIX secolo, Neapel 1999

Ders., Il gioco della cuccagna: spreco e tumulti festivi nella carestia del 1764 a Napoli, Cava de' Tirreni (Salerno) 2001

Matthias Seefelder, Opium. Eine Kulturgeschichte, München 1996

Ursula Tamussino, Des Teufels Großmutter. Eine Biographie der Königin Maria Carolina von Neapel-Sizilien, Wien 1991

Mélanie Travérsier, Fêtes urbaines et cérémonies du pouvoir à Naples 1735–1815, in: Gilles Bertrand, Ilaria Taddei, Le destin des rituels, Rom 2008

Rita Unfer Lukoschik (Hg.), Der Salon als kommunikations- und transfergenerierender Kulturraum, München 2008

Elena Urgnani, La vicenda letteraria e politica di Eleonora de Fonseca Pimentel, Neapel 1998

Angela Valente, Gioacchino Murat e l'Italia meridionale, Turin 1941

Franco Valsecchi, Il riformismo borbonico in Italia, Rom 1990

Nadia Verdile, Un'anno di lettere coniugali, Caserta 2008

Dies., Maria Carolina e la Colonia di San Leucio, in: Mirella Mafrici, (Hg.), All'ombra della Corte. Donne e potere nella Napoli borbonica (1734–1860), Neapel 2010

Florence Vidal, Caroline Bonaparte, Paris 2006

Pasquale Villani, Rivoluzione e diplomazia. Agenti francesi in Italia (1792–
1798), Neapel, 2002
Johannes Willms, Napoleon, München 2007

Bildnachweis

Register

Italien 1768

Italien 1809